《国学经典藏书》丛书编委会

国学经典藏书

孟　子

房　伟　译注

吉林大学出版社
长　春

图书在版编目（CIP）数据

孟子 / 房伟译注 .—长春：吉林大学出版社，2020.10
（国学经典藏书）
ISBN 978-7-5692-7008-2

Ⅰ . ①孟… Ⅱ . ①房… Ⅲ . ①儒家②《孟子》－译文③《孟子》－注释 Ⅳ . ① B222.5

中国版本图书馆 CIP 数据核字（2020）第 168954 号

国学经典藏书：孟子
GUOXUE JINGDIAN CANGSHU: MENGZI

作　　者：房　伟 译注
策划编辑：魏丹丹
责任编辑：陶　冉
责任校对：马宁徽
装帧设计：蒋宏工作室
开　　本：880mm × 1230mm　1/32
字　　数：238 千字
印　　张：11.5
版　　次：2020 年 10 月第 1 版
印　　次：2024 年 4 月第 3 次印刷

出版发行：吉林大学出版社
地　　址：长春市人民大街 4059 号（130021）
0431-89580028/29/21
http://www.jlup.com.cn
E-mail:jdcbs@jlu.edu.cn
印　　刷：河北松源印刷有限公司

ISBN 978-7-5692-7008-2　　定价：40.00 元

编者的话

经典是人类知识体系的根基，是人类的精神家园，是我们走向未来的起点。莎士比亚说过："生活里没有书籍，就好像没有阳光；智慧里没有书籍，就好像鸟儿没有翅膀。"21 世纪中国国民的阅读生活中最迫切的事情是什么？我们的回答是阅读经典！

中国有数千年一脉相传、光辉灿烂的文化，并长期处于世界文化发展的前列，尤其是在近代以前，曾长期引领亚洲乃至世界文化的发展方向。长期超稳定的社会发展形态和以小农生产为基础的、悠闲的宗法农业社会，塑造了中华民族注重实际、过分地偏重经验、重视历史的文化心理特征。从殷商时代的"古训是式"（《诗经·大雅·烝民》），到孔子的"述而不作，信而好古"（《论语·述而》），可以清楚地看出这种文化心理不断强化的轨迹。于是，历史就被赋予了神圣的光环，它既是人们获得知识的源泉，也是人们价值标准的出处。它不再是僵死的、过去的东西，而是生动活泼、富有生命力，并对现世仍有巨大指导作用的事实。因而就形成了这样一种固定的文化思维方式，也就是"以铜为鉴，可正衣冠；以古为鉴，可知兴替；以人为鉴，可明得失"（《新唐书·魏徵传》）。中国的文化人世代相承，均从历史中寻求真理，寻求"修身、齐家、治国、平天下"的崇高理想模式。

这种对于历史所怀有的深沉强烈的认同感，正是历史典籍赖以发展、繁荣的文化心理基础。历史上最初给历史典籍的研究和整理工作涂上政治、道德和伦理色彩的是春秋时期的孔子。当时的孔子因感“周室微而礼乐废、《诗》《书》缺”，于是乃删订了《诗》《书》《礼》《乐》《易》《春秋》等“六经”（见《史记·孔子世家》），寄托了自己在政治上“复礼”和道德上“归仁”的最高理想。孔子以后，历史典籍的编撰无不遵循着这一最高原则。所以《隋书·经籍志》总序中就说：“夫经籍也者，机神之妙旨，圣哲之能事。所以经天地，纬阴阳，正纲纪，弘道德，显仁足以利物，藏用足以独善……其王者之所以树风声，流显号，美教化，移风俗，何莫由乎斯道？……其教有适，其用无穷，实仁义之陶钧，诚道德之橐籥也。……夫仁义礼智，所以治国也；方技数术，所以治身也。诸子为经籍之鼓吹，文章乃政化之黼黻，皆为治国之具也。”（《隋书·经籍志一》）由此可见，历史典籍的编撰整理工作，已不仅仅是文化技术问题，更重要的是它还负有“正纲纪，弘道德”的政治和道德使命。于是，在两千多年的历史发展过程中，先人们为我们留下了汗牛充栋的文化典籍。这些宝贵的精神财富，不仅是我们中华民族的骄傲，也是全人类的骄傲，并已成为世界文化宝藏的重要组成部分。

中国的先哲们一向对古代典籍充满崇敬之情，他们认为，先王之道、历史经验、人伦道德以及治国安邦之术、读书治学之法等等，都蕴藏于典籍之中。文献典籍是先王之道、历史经验、人伦道德等赖以传递后世的重要手段。离开书籍，后人将无法从前朝吸取历史经验，无法传承先王之道。在日新月异的当代，如何对待这份优秀的文化遗产？毛泽东同志早就指出：“中国的长期封建社会中，创造了灿烂的古代文化。清理古代文化的发展过程，剔除其封建性的糟粕，吸取其民主性的精华，是发展民族新文化、提高民族自信心的必要条件。……中国现时的新文化也是从古代的旧文化发展而来，因此，我们必须尊重自己的历史，决不能割断历史。但是，这种尊重是给历史以一定的科学地位，是尊重历史的辩证法的发展，而不是颂古非今。”（毛泽东《新民主主义论》）古代典籍，不仅对中华民族的形成与发展历史地发挥了巨大的凝聚力作用，而且在当今中华民族伟大复兴中，依然会发挥无可替代的重要作用。

在科学技术迅猛发展的当代社会，人们的生活、观念正在发生着巨大而深刻的变革，面对蓬勃发展的现代科技和汹涌而至的各种思潮，人们依然能深切地感受到中国传统文化无所不在的巨大力量。人们渴望了解这种无形的力量源泉，于是绚丽多姿的中华典籍就成了人们首要的选择。它能够使我们在精神上成为坚强、忠诚和有理智的人，成为能够真正爱人类、尊重人类劳动、衷心地欣赏人类的伟大劳动所产生的美好果实的人。所以，在今天，我们要阅读经典；当数字化、网络化带来的“信息爆炸”占领人们的头脑、占用人们的时间时，我们要阅读经典；当中华民族迈向和平崛起和民族复兴的伟大征程时，我们更要阅读经典。因此，读经典，这个我们习以为常的平凡过程，实际上就成了人的心灵和上下古今一切民族的伟大智慧相结合的过程。但由于时代的变迁，这些经典对现代人来说已是谜一样的存在。为继承这份优秀的文化遗产，帮助人们更好地利用这些经典，在全国学术界诸多专家学者的支持下，我们策划了这套“国学经典藏书”丛书。

丛书以弘扬传统、推陈出新、汇聚英华为宗旨，以具有中等以上文化程度的广大读者为对象，从我国古代经、史、子、集四部典籍中精选50种，以全注全译或节选的形式结集出版。在书目的选择上，重点选取我国古代哲学、历史、地理、文学、科技、教育、生活等领域历经岁月洗礼、汇聚人类最重要的精神创造和知识积累的不朽之作。既注重选取历史上脍炙人口、深入人心的经典名著，又注重其适应现代社会的人文价值趋向。丛书不仅精校原文，而且从前言、题解，到注释、译文，均在吸收历代学者研究成果的基础上精心编撰。在注重学术性标准的基础上，尽量做到通俗易懂。我们相信，本丛书的出版，对提高人们的古代典籍认知水平，阅读和利用中华传统经典，传播中华优秀文化，提高人们的民族自信心和文化自豪感，进而为中华民族伟大复兴做贡献，均将起到应有的作用。高尔基说："书籍是人类进步的阶梯。""要热爱读书，它会使你的生活轻松，它会友爱地帮助你了解纷繁复杂的思想、感情和事件；它会教导你尊重别人和你自己；它以热爱世界、热爱人类的情感，来鼓舞智慧和心灵。""当书本给我讲到闻所未闻、见所未见的人物、感情、思想和态度时，似乎是每一本书都在我面前打开一扇窗户，并让我看到一个不可思议的新世界。""每一本书是一级小阶梯，我每爬一级，就……更接近美好生活的观念，更热爱这书"（《高尔基论青年》，中国青年出版社1956年版）。流传千年的文化经典，让我们受益匪浅，使我们懂得更多。正如德国著名作家歌德所说："读一本好书，就是和一位品德高尚的人谈话。"的确，读一本好书，就像是结交了一位良师益友。我们真诚希望，这套经典丛书能够真正进入您的生活，成为人人应读、必读和常读的名著。

陈　虎

庚子岁孟秋

前　言

继往圣　开来学

——孟子与中国文化

孟子，名轲，战国时期邹国人（今山东邹城）。孟子的生卒，史籍无明确记载，学者们多认为，孟子大约晚于孔子百年左右，生于公元前372年，卒于公元前289年。作为充满世间关怀的思想家，孟子一生致力推行“王道”，他对儒家义理进行了多层面、多角度的新阐发，不仅使儒家学派有效抵制了杨、墨诸家的挤压与侵蚀，更极大地充实了儒家思想的学理与内涵。孟子的这些努力，使他无可争议地成为早期儒学发展的又一高峰，被后人尊为“亚圣”。

一、孟子生平与学术渊源

赵岐《孟子题辞》中讲，孟子是“鲁公族孟孙之后”。孟孙氏是春秋时鲁国“三桓”之一，推本溯源，“三桓”乃周公长子伯禽之后。关于孟子的父亲，典籍少有记载，而孟母的事迹则多见于文献。孟母教子的故事较多，孟母三迁、断机教子、买肉啖子、反对孟子休妻的故事都流传非常广。这些故事包含了古代儿童教育最重要的内容,孟子日后成才与孟母的善于教化有着密不可分的联系。

孟子对孔子充满敬仰,他认为虽然古代圣人众多,但“自生民以来,未有盛于孔子也”(《孟子·公孙丑上》),“乃所愿,则学孔子也”(同上)。孟子自己曾说:“予未得为孔子徒也,予私淑诸人也。”(《孟子·离娄下》)司马迁在《史记·孟子荀卿列传》中则指出,孟子曾受业于子思之门人。子思是孔子的孙子,名伋,字子思。子思幼时曾跟随孔子活动,并亲承孔子的教诲,是孔子之后、孟子以前儒家重要的代表人物。子思和孟子虽没有直接的师生关系,但子思的言行对孟子仍有重要影响。孟子对子思非常推崇。曾子居武城,子思居卫,同样面临来犯之敌,而他们的反应迥然不同,曾子一走了之,子思却坚持不走,负起抵抗之责。对此,孟子的评论是:“曾子、子思同道。曾子,师也,父兄也;子思,臣也,微也。曾子、子思易地则皆然。”(《孟子·离娄下》)曾子在武城为师,为父兄,肩负着师教的重任,有来犯之兵理应先受到保护;而子思在卫国为臣,大敌当前,他必须担当起保卫的职责。如果他们调换位置,也许都会照着对方的样子去做。孟子认为曾子、子思同道,说明孟子与他们在思想上、精神上有某种契合。

孟子还十分赞赏子思的气节。子思曾做过鲁穆公的老师,一次鲁穆公问子思,大国的国君应当如何与士人交友?子思却非常不悦,反驳说:“以位,则子,君也;我,臣也,何敢与君友也?以德,则子事我者也,奚可以与我友?”(《孟子·万章下》)子思以德抗位让孟子非常钦佩。后来,孟子一身正气,与国君交往从不畏畏缩缩,有时还让国君下不了台,这不能不说受到子思的影响。

孟子虽然没有直接受业于子思,但他的思想与子思却存在继承关系。比如,孟子倡导的仁、义、礼、智"四德"正是思孟学派"五行"的基本构成部分。荀子曾说:

> 略法先王而不知其统……案往旧造说,谓之五行。甚僻违而无类,幽隐而无说,闭约而无解。案饰其辞而祗敬之曰:此真先君子之言也。子思唱之,孟轲和之,世俗之沟犹瞀儒,嚾嚾然不知其所非也,遂受而传之,以为仲尼、子游为兹厚于后世。是则子思、孟轲之罪也。(《荀子·非十二子》)

荀子批评子思、孟子一派儒家只知取法先王而不知道纲领,依据往古旧制,臆造了"五行"学说;同时又指出思、孟的"五行"学说不伦不类,神秘而难以通晓,晦涩而难以理解。但是荀子在文中并未明言"五行"为何指,故引起后人的种种猜测。例如,唐代杨倞(jìng)为《荀子》作注,他认为:"五行,五常,仁、义、礼、智、信是也。"即"五常"是五种德行。近代章太炎作《子思孟轲五行说》,援引郑玄"木神则仁,金神则义,火神则礼,水神则智,土神则信"之说,进一步将五行与五常相搭配,并认为此乃"子思之遗说"。郭沫若则作《儒家八派的批判》,亦大致接受了以"五常"为"五行"的说法,只不过他认为,思孟学派的"五行",并非指仁、义、礼、智、信,而是指仁、义、礼、智、诚。在郭沫若看来,"信"在孟子哲学中并不重要,而且孟子从未将"信"与仁、义、礼、智并提。但孟子却明言："诚者，天之道也；思诚者，人之道也。至诚而不动者未之有也，不诚未有能动者也。"(《孟子·离娄上》)可见，诚是天道，故可与仁、义、礼、智相配。

关于思孟"五行"的问题一直存在争议，不过马王堆帛书《五行》篇、郭店竹简《五行》篇的问世，为解决这一问题提供了新的契机。20世纪70年代，马王堆帛书《五行》篇问世后，庞朴先生对其做了深入细致的研究，他认为，帛书《五行》篇的五行说应来自《孟子》，并进一步断定帛书《五行》篇中的五行乃指仁、义、礼、智、圣。其根据是《孟子》一书中已有将仁、义、礼、智、圣并提的证据，如《尽心下》篇说："仁之于父子也，义之于君臣也，礼之于宾主也，智之于贤者也，圣人之于天道也。"原文作"圣人之于天道也"，庞朴认为，"人"字乃衍文。由此可见，仁、义、礼、智、圣是五种德行，它们与金、木、水、火、土之类毫无联系，全无瓜葛(庞朴:《帛书五行篇研究》，齐鲁书社1980年版)。1993年，湖北省荆门市郭店的战国楚墓葬中出土了一批战国时期的竹简，其中就有《五行》一篇。该篇与帛书《五行》篇"经"的部分完全相同，而无其"说"的部分，从而对庞朴先生的观点提供了有力支持。

中年以后，孟子开始"以儒道游于诸侯"，多年游走于各国之间，劝导各国国君、贵族施行仁政，推行儒家学说。在邹国，他劝邹穆公力行仁政，才能使民众亲附。在齐国，他参与稷下学宫的学术活动，也向齐威王、齐宣王进言。虽然没有得到齐威王重用，但当他后来第二次来到齐国时，齐宣王对他则颇为看重，在燕王让位、齐人伐燕等问题上听取孟子的意见，齐宣王甚至言"吾甚惭于孟子"，可见孟子的影响力。在宋国，他帮助宋君延揽人才、推行仁政。在滕国，与滕文公的谈话中，他第一次详细阐述了自己的仁政主张。在魏国，他积极劝说梁惠王不可一味言利，而要讲求仁义，全面推行仁政。然而，在战国中期战乱杀伐横起、诸侯争霸愈演愈烈的局势中，孟子“性善”“仁政”等理念和主张却难以获得统治者的青睐。他的社会影响力虽日益扩大，但其政治主张却一直无法施行。以至到垂暮之年，孟子也不由感叹：“五百年必有王者兴，其间必有名世者。由周而来七百有余岁矣，以其数则过矣，以其时考之则可矣。夫天未欲平治天下也！”（《孟子·公孙丑下》）此后他选择落叶归邹，与弟子“序《诗》《书》，述仲尼之意，作《孟子》七篇。”（《史记·孟子荀卿列传》）以此寄希望于后世。

孟子还是先秦时期重要的教育家。他说人生最快乐的事，莫过于“得天下英才而教育之”（《孟子·尽心上》）。孟子的高足弟子，从《孟子》本书所记，大约有公孙丑、万章、乐正子、公都子、屋庐子、孟仲子等十数人。

在长期的游历中，孟子与各国国君、贵族、学者等交流、交锋，同时讲学授徒，不仅扩大了儒家思想的影响力，还在孔子、子思等人的基础上扩展、深化了儒学的理论内涵，从而为早期儒学发展开辟了新的篇章。

二、孟子的思想与学术

孟子是孔子之后又一位伟大的儒家圣哲，他以孔子的私淑弟子自居，深受孔子思想的启发。孟子的思想较为丰富，包含了性善论、义利之辨、王霸之辨、民本、仁政等诸多内容。

（一）孟子的性善论

性善论是孟子仁政学说以及伦理学说的理论基石。后儒对孟子的性善说有着很高的评价，宋人程颐说："孟子有大功于世，以其言性善也。""孟子性善、养气之论，皆前圣所未发"（朱熹《孟子序说》引）。可以说，性善论的提出，是孟子在儒家思想发展史上的重大贡献。

在中国思想史上，对于人性问题的思考很早就已开始。早在孔子以前的典籍中，有关人性的问题就曾被多次提及，当然这些还只能算是关于人性的朦胧意识。至孔子时，他明确提出了"性相近也，习相远也"（《论语·阳货》）的命题，这在人性问题上，较前人推进了一大步。但对人性到底是什么，人性又是如何发挥作用的，从现有材料看，孔子似乎并未做充分论证。

孔子之后，孔门弟子对于人性问题有了更为深入的探讨。据《论衡·本性篇》记载：

> 周人世硕，以为人性有善有恶，举人之善性，养而致之则善长；性恶，养而致之则恶长。如此，则性各有阴阳，善恶在所养焉。故世子作《养书》一篇。宓子贱、漆雕开、公孙尼子之徒，亦论情性，与世子相出入，皆言性有善有恶。

周人世硕认为性有善有恶，而宓子贱、漆雕开、公孙尼子之徒与其观点类似，皆言性有善有恶。

孔子嫡孙子思也对人性问题提出了许多新的认识，尤以

《中庸》中的论述最为深刻而全面。《中庸》开篇便讲道："天命之谓性，率性之谓道，修道之谓教。"这就是说，天所赋予的称为人性，顺应天性称为道，而按照道的要求进行修身就称为教。其中，"天命之谓性"与郭店简《性自命出》中"性自命出，命自天降"如出一辙，都是在讲人性由天所赋予。可见，人性中一切符合真、善、美要求的品性都具有天然的合法性。子思将天道、人性、教化很好地结合起来，将人性作为其治世之道的基础和主体，认为人性是人与生俱来的、不教而能的喜怒哀乐之情，要建立和谐的社会秩序，首先必须顺应人性。

到了孟子时代，关于人性的观点共有四种，除孟子的性善论外，还有"性无善无不善""性可以为善，可以为不善"以及"有性善，有性不善"（《孟子·告子上》）。对于这些关于人性的论述，孟子并非一概反对，比如他承认人性善恶与外在环境有着密切关系，也认为物质财产对于一般民众道德水平的提高发挥着基础性作用。但孟子也认识到，这些言性的方式只是对人性的一种外在概括和描述，并没有突出人的道德主体性，无法确立人生的信念和目标，不能给人以精神的方向和指导，更不能安顿生命，满足人的终极关怀。因此，孟子道性善，采取了不同的思维进路。

在与告子的辩论中，孟子提出人性之善如同水之就下，人没有本性不善良的，犹如水没有不向低处流的一样。孟子还曾告诉公都子：

> 乃若其情，则可以为善矣，乃所谓善也。若夫为不善，非才之罪也。恻隐之心，人皆有之；羞恶之心，人皆

有之;恭敬之心,人皆有之;是非之心,人皆有之。恻隐之心,仁也;羞恶之心,义也;恭敬之心,礼也;是非之心,智也。(《孟子·告子上》)

恻隐、羞恶、恭敬、是非"四心"说与仁、义、礼、智"四德"说的提出,是孟子对儒家理论的一个重要发展,他"把仁的基点由血亲孝悌转换到'恻隐''羞恶''辞让''是非'等更为普遍的道德情感中"(梁涛:《郭店竹简与思孟学派》,中国人民大学出版社,2008 年,第 318 页)。"四心"与"四德"说成为孟子构建其性善论的理论基石,也是他思想成熟的真正标志。在孟子看来,恻隐、羞恶、恭敬、是非之心可以表现为具体的善行,由心善可以肯定性善。孟子还认为:

可欲之谓善,有诸己之谓信,充实之谓美,充实而有光辉之谓大,大而化之之谓圣,圣而不可知之之谓神。(《孟子·尽心下》)

"可欲之谓善"实际是说,"善"是不受外在条件的限制,完全可以由我欲求、控制、掌握的,具体讲,人生而具有的恻隐、羞恶、恭敬、是非之心或仁、义、礼、智就是"善"。也就是说,与前人谈论性善与性恶时以是否符合社会、民众的一般认识为标准不同,孟子是以内在的道德禀赋为善,认为这种道德禀赋可以表现为具体的善行,这是一种主体自主、自觉的内在标准。

可见,孟子性善论的核心不在于性为什么是善的,而在于人是否有善性存在,以及为什么要把善看作是性。关于人有善性,孟子首先将善性溯源于形上的层面，认为善性是天赋予的，“仁义礼智，非由外铄我也，我固有之也”（《孟子·告子上》）。同时，孟子还强调人有善性可以在经验世界中得到证明。也就是说，孟子认为，人性善可以通过每一个人都具有的普遍的心理活动加以验证。既然这种心理活动是普遍的，因此性善就是出于人的本性、天性的，其内在依据就落实在“四端”之上。孟子曾论证说：

> 今人乍见孺子将入于井，皆有怵惕恻隐之心——非所以内交于孺子之父母也，非所以要誉于乡党朋友也，非恶其声而然也。由是观之，无恻隐之心，非人也；无羞恶之心，非人也；无辞让之心，非人也；无是非之心，非人也。恻隐之心，仁之端也；羞恶之心，义之端也；辞让之心，礼之端也；是非之心，智之端也。人之有四端也，犹其有四体也。有是四端而自谓不能者，自贼者也；谓其君不能者，贼其君者也。凡有四端于我者，知皆扩而充之矣，若火之始然，泉之始达。苟能充之，足以保四海；苟不充之，不足以事父母。（《孟子·公孙丑上》）

“乍见”“孺子将入于井”之时，人们都会产生“怵惕恻隐之心”，此“心”的产生，是在没有任何目的、没有任何预期的心理状态下发生的，是发自内心的善性。孟子以此“示例”说明，任何人在生活中都会有本心、良心的呈现，即人皆有善性。

为何要把善性看作真正的性呢？孟子主要从“人禽之辨”

“大体与小体之别”“性命之分”等方面进行论证。

首先,孟子通过人与禽兽的区别来界定“性”。他说:“圣人,与我同类者”(《孟子·告子上》),认为人作为一个统一的物类是有共性的。他把人的共性分为三个层次:第一,人的体貌是相似的;第二,口之于味,耳之于声,目之于色有共同的感受;第三,礼义是人类共同的心理需求。在这三个层次中,第三个层次才是人类共性中最高的层次。这说明人不仅有共同的生理需求,更重要的是具有共同的心理需要,而心理需要才是人类区别于动物的根本标志。这种共同的心理需要就是人具有仁、义、礼、智四种向善的本能。所以,孟子从人与禽兽的区别上来把握人性,进而找出了人“异于禽兽者”的根本原因。

其次,孟子认为,人性终究是“心之官”之性,而不是“耳目之官”之性。孟子说:

> 耳目之官不思,而蔽于物。物交物,则引之而已矣。心之官则思,思则得之,不思则不得也。此天之所与我者。先立乎其大者,则其小者不能夺也。此为大人而已矣。(《孟子·告子上》)

孟子认为,人有大体、小体之分,而“心之官”为“大体”“贵体”,“耳目之官”为“小体”“贱体”。这是因为“耳目之官”不能思考,常常会受外物的引诱而受蒙蔽,但“心之官”具有思维功能,“心”可以通过思维进而找到自己内心所固有的善性。由于“心之官”所具有的自觉性,所以孟子强调人应“先立乎其大者”,就是要先立足本心。当然,孟子也没有完全否认人的自然属性,他认为人不能没有“小体”“贱体”，只是他更加强调，人之所以异于禽兽，在于人具备“大体”。

最后，孟子通过对“性”和“命”的区分来界定人性。孟子认为，人本身具有动物性，那些声色等人之所欲的实现会受到外在条件的限制，即“命”；但仁、义、礼、智等是人内在的德性，属于人的固有之“善端”，能否实现则完全取决于自己，这是“性”。显然，“性”与“命”是有区别的，只有将其区别开来，才能更好地理解“人性”。

尽管如此，孟子并不否认人有不善的事实，但他明确指出，这与人性本身无关，而是由于外部环境的影响造成的。孟子说，牛山上的树木本来是茂盛而美丽的，但是由于不断遭到砍伐和牛羊的啃噬，才变成了光秃秃的荒山，这并不说明牛山的本性是不能生长树木。人性也是一样，人由于受外部环境的引诱，有时会有不善的举动。比如，在丰收的年景里，少年子弟多会懒惰，在有灾荒的年景里，少年子弟会有暴力倾向，这都是由于外界环境的影响造成的。

归根结底，孟子道性善，本身并非在于对“性”做客观的描述与分析，而是将“性”看作人之为人之所在，进而通过对“性”的反省、自觉，使人们按性善的要求修治自己，由此确立人生信念，安顿精神生命，实现终极关怀，最终实现整个社会的和谐稳定。孟子认为，尧、舜是古代先王，是扩充善性、完善自身的典范。以舜为例，舜在深山之中时，居住在木石堆砌的房子里，与野兽为伍，从表面看，他几乎与野人无异。但是，一旦他听到一句善言或看到一件善行，马上像江河决堤般沛然起效仿之念，因而能充实其善性，得以成为圣人。可以说，从善如流、扩充善性，是尧、舜等圣人区别于常人的最显著处。常人也有恻隐、羞恶、辞让、是非之心，也同样具备善端，只是常人还没有将自身善性扩而充之。如果做到了，那么人人都可以成为尧、舜那样的圣人，由此整个社会自然也会进入一个和谐稳定的完美样态中。

孟子的性善论，实际包含了孟子对人性的内容与作用、人的价值与意义、人的终极关怀等一系列问题的思考。他从"人之所以为人"的角度，将人类之性与动物之性区别开来，开启了内求诸己、扩充善端的教化模式，为人们提供了修己成圣的法门。总之，在充满血腥气息、人性颠倒的战国时代，孟子热情赞美和讴歌人性，这在当时可以说独树一帜，在中国思想史上也具有十分重大的意义。

（二）孟子的"仁政"思想

孟子在政治上极力主张"法先王"，要求实行"仁政"。他说：

> 人皆有不忍人之心。先王有不忍人之心，斯有不忍人之政矣。以不忍人之心，行不忍人之政，治天下可运之掌上。（《孟子·公孙丑上》）

"不忍人之心"就是仁心，"不忍人之政"也就是仁政。孟子推崇尧、舜、禹、汤、文、武诸位先王，认为只有效法先王，"行不忍人之政"，才会真正地平治天下。

为实现"仁政"目标，孟子孜孜以求，他提出"王霸之辨"，提倡"王道"政治。孟子指出：

以力假仁者霸，霸必有大国；以德行仁者王，王不待大——汤以七十里，文王以百里。以力服人者，非心服也，力不赡也；以德服人者，中心悦而诚服也，如七十子之服孔子也。（《孟子·公孙丑上》）

孟子认为，“霸”与“王”不同，依仗实力，假借仁义之名而统一天下的叫作“霸”，要称霸，一定要凭借强大的国力；依靠道德，推行仁义而统一天下的叫作“王”，要称王，不一定得有强大的国家。比如，商汤只有方圆七十里，文王只有方圆百里，但他们依然可以平治天下。在孟子看来，霸者崇尚“力”，可以成为大国；王者崇尚“德”，可以一统天下。霸者以力服人，但无法收服人心；王者依靠道德使人心悦诚服，如同七十子诚心归服孔子。“道二，仁与不仁而已矣”（《孟子·离娄上》），判断政治有道与无道，就是看其是否符合仁德。可见，“王道”就是要以德服人，而“王道”理论的核心便是仁德。

孟子推崇“仁政”，反对“虐政”、暴君。他认为，桀、纣等残暴之君失德丧国是罪有应得，而汤、武革命则是合理的，所谓：“闻诛一夫纣矣，未闻弑君也！”（《孟子·梁惠王下》）他还抨击当时的统治者只贪图个人享受，不问人民疾苦，不顾人民死活的暴行。“庖有肥肉，厩有肥马，民有饥色，野有饿殍，此率兽而食人也”（《孟子·梁惠王上》）。这种识见和勇气，千载而下，仍令人感佩系之。

仁政的本质在于以民为本，贵民爱民。“民本”思想在中国产生很早，《尚书》《国语》等典籍中多有记载，对早期儒家的政治思想有着直接影响。孔子接受和继承了西周以来“敬天保民”的思想,将“重民”作为政治生活中的头等大事。要求以教化为先,主张“为政以德”(《论语·为政》),统治者要“节用而爱人,使民以时”(《论语·学而》),要“因民之所利而利”(《论语·尧曰》)。

在此基础上,孟子继承和发展了古代的“民本”思想,并通过对历史和现实统治经验的总结,提出了“民贵君轻”的命题,把中国古代的“民本”思想发展到了一个新的高度。面对广大人民在兼并战争中所显示出的巨大力量,孟子说:“民为贵,社稷次之,君为轻。是故得乎丘民而为天子,得乎天子为诸侯,得乎诸侯为大夫。”(《孟子·尽心下》)他认为,民心向背决定了统治者的政治根基,从某种意义上说,人民比君主更为重要。因此,孟子提出了“天时不如地利,地利不如人和”的观点,他指出:

> 三里之城,七里之郭,环而攻之而不胜。夫环而攻之,必有得天时者矣,然而不胜者,是天时不如地利也。城非不高也,池非不深也,兵革非不坚利也,米粟非不多也。委而去之,是地利不如人和也。(《孟子·公孙丑下》)

可见,民心归服才是统一天下的决定性因素。只有行“王道”,得到人民的全力支持,才能真正治国安邦、拥有天下。所以孟子得出结论说:“天下不心服而王者,未之有也。”(《孟子·离娄下》)

此外,孟子还把民心置于天意之上,认为民心是至高无上、不可违抗的。孟子赋予了“天命”以新的解释,《万章上》记载说:

> 万章曰:“尧以天下与舜,有诸?”孟子曰:“否。天子不能以天下与人。”“然则舜有天下也,孰与之?”曰:“天与之。”“天与之者,谆谆然命之乎?”曰:“否。天不言,以行与事示之而已矣。”曰:“以行与事示之者,如之何?”曰:“天子能荐人于天,不能使天与之天下;诸侯能荐人于天子,不能使天子与之诸侯;大夫能荐人于诸侯,不能使诸侯与之大夫。昔者,尧荐舜于天,而天受之;暴之于民,而民受之。故曰:‘天不言,以行与事示之而已矣。’”曰:“敢问‘荐之于天,而天受之;暴之于民,而民受之’如何?”曰:“使之主祭,而百神享之,是天受之;使之主事,而事治,百姓安之,是民受之也。天与之,人与之,故曰:‘天子不能以天下与人。’舜相尧二十有八载,非人之所能为也,天也。尧崩,三年之丧毕,舜避尧之子于南河之南,天下诸侯朝觐者,不之尧之子而之舜;讼狱者,不之尧之子而之舜;讴歌者,不讴歌尧之子而讴歌舜,故曰,天也。夫然后之中国,践天子位焉。而居尧之宫,逼尧之子,是篡也,非天与也。《太誓》曰:‘天视自我民视,天听自我民听。’此之谓也。”

对于尧、舜的禅让,孟子认为,天子不能够拿天下授予人,尧让舜主持祭祀，百神都来享用，天接受他；让舜主持政事，政事治理得很好，百姓很满意，百姓也接受了他。因此，天不说话，只是用行为和政事来表示赞同或反对罢了，“天与”最终还是要表现在“人归”上。

孟子推行“仁政”，还提出“义利之辨”。孔子就曾讲：“君子喻于义，小人喻于利”（《论语·里仁》），把义和利作为区分君子与小人的标准。孟子继承了孔子的“重义轻利”的观点，他认为，对统治者来说，应着重于“义”：

> 孟子见梁惠王。王曰：“叟！不远千里而来，亦将有以利吾国乎？”孟子对曰：“王何必曰利？亦有仁义而已矣。王曰‘何以利吾国？’大夫曰‘何以利吾家？’士庶人曰‘何以利吾身？’上下交征利而国危矣。万乘之国，弑其君者，必千乘之家；千乘之国，弑其君者，必百乘之家；万取千焉，千取百焉，不为不多矣。苟为义而先利，不多不餍。未有仁而遗其亲者也，未有义而后其君者也。王亦曰仁义而已矣，何必曰利？”（《孟子·梁惠王上》）

国有国的利，家有家的利，如果一个社会仅以逐利作为终极目的的话，必然会激化各种矛盾，争夺、残杀，甚至毁家亡国的事情便不可避免。相反，如果能“去利怀义”，君臣、父子都能以仁义相处，上下争行仁义之事，便可在“不曰利”之中实现大利，就能创造出王道天下的局面来。孟子认为，民只有在获得实际的利益后，才能讲仁义。统治者应满足人民对于“利”的正当要求，施

"利"于民,用看得见、摸得着的物质利益来安抚、稳定人民,才能"保民而王"。

对于如何实现"仁政",孟子也提出了一系列具体措施。

首先,"制民之产"。孟子强调要首先满足人民生存所必需的衣、食、住、行等条件,他提出:

> 无恒产而有恒心者,惟士为能。若民,则无恒产,因无恒心。苟无恒心,放辟邪侈,无不为已。……是故明君制民之产,必使仰足以事父母,俯足以畜妻子,乐岁终身饱,凶年免于死亡,然后驱而之善,故民之从之也轻。(《孟子·梁惠王上》)

对统治者而言,一个亟须解决的问题,就是老百姓的温饱问题。只有解决了这个问题,才有可能引导人民"从善"与"为仁"。如果民众的生计都难以维持,那么,仁义便无从谈起了。可见,孟子强调"恒产"是"恒心"的物质前提,他把经济条件与道德教化有机结合起来,是对孔子"富而后教"思想的重要发展。

其次,"取民有制"。孟子主张轻税薄敛,对人民征收赋税要有一定的制度,他认为在一般的情况下,只收农业税而不主张对其他行业征税。而对于农业税的征收,他提出实行劳役税的"助"法,反对实物税的"贡"法。农业税的税率,他认为"什一而税"和耕者"九一而助"比较合理。如果赋敛过重,必会侵害百姓利益。

最后,尊贤重教。"仁政"是一种贤人政治,先有"仁人"而后才有"仁政"。孟子大力提倡尊贤使能,他说:"为天下得仁者谓之仁”(《孟子·滕文公上》),“不信仁贤,则国空虚”(《孟子·尽心下》)。孟子希望统治者“贵德而尊士”,让“贤者在位,能者在职”,广泛招揽人才,形成人才济济的局面,他特别注重从下层社会选拔人才,如孟子对出身贫贱的舜、胶鬲、傅说等人都曾给予高度评价。

此外,注重道德教化,也是孟子仁政学说的又一重要内容。他说:

> 仁言不如仁声之入人深也,善政不如善教之得民也。善政,民畏之;善教,民爱之。善政得民财,善教得民心。(《孟子·尽心上》)

孟子继承了孔子“富而后教”的主张,认为“德治”要胜于“政刑”。他说:“上无礼,下无学,贼民兴,丧无日矣。”(《孟子·离娄上》)教化是统治者施仁政、争得民心的重要条件。对于如何施教,孟子主张“谨庠序之教,申之以孝悌之义。”(《孟子·梁惠王上》)在孟子看来,人因为有“心”而与动物有着本质的不同。他说:“人之有道也,饱食暖衣,逸居而无教,则近于禽兽。”(《孟子·滕文公上》)如果没有教化,一个人只知吃、穿、安乐,那就与禽兽没有什么差别。教化可以使人“明人伦”,使之做到“父子有亲,君臣有义,夫妇有别,长幼有序,朋友有信”(《孟子·梁惠王上》),“人人亲其亲,长其长”(《孟子·离娄上》)。

三、孟子对后世的影响

面对时代剧变,孟子展现出坚韧不拔的生命特质,他以“当今之世，舍我其谁”的气魄与担当，批判统治者“望之不似人君”，斥责四处征战的将领应服“上刑”，驳斥杨朱、墨翟的思想学说乃是“无君”“无父”。从《孟子》中，我们能够读出孟子所怀抱的高尚心灵，也能领悟到儒家士大夫的人格与境界，而这些都对中国思想文化的发展产生了深远影响。

（一）《孟子》其书及影响

《孟子》现存七篇，分别是《梁惠王》《公孙丑》《滕文公》《离娄》《万章》《告子》《尽心》，每篇分为上、下两部分，共 14 卷，计 261 章，约 35000 多字。《孟子》一书记载了孟子在各国的游说、论辩等活动，是研究孟子思想最为重要的传世文献。

孟子曾经游历诸侯推行“王道”主张，但并不为世人所接受。到了晚年，孟子“退而与万章之徒序《诗》《书》，述仲尼之意，作《孟子》七篇”（《史记·孟子荀卿列传》）。东汉赵岐也认为《孟子》是“孟子之所作也，故总谓之《孟子》……于是退而论集所与高弟公孙丑、万章之徒难疑答问，又自撰其法度之言，著书七篇”（《孟子题辞》）。对于《孟子》的篇数，东汉应劭在《风俗通义·穷通》篇中却说有 11 篇，班固的《汉书·艺文志》也说“《孟子》十一篇”。对此，赵岐认为《孟子》有《外书》4 篇，即《性善》《辨文》《说孝经》《为政》。所谓《孟子》11 篇，是在 7 篇的基础上再加上《外书》的 4 篇。不过，赵岐对《外书》4 篇有所怀疑，认为“其文不能宏深，不与内篇相似，似非孟子本真，后世依放而托之者也”（《孟子题辞》）。因此，《外书》4 篇被弃而不用，最终归于亡佚。

《孟子》一书可能在战国时期就已成型，并在社会上流传。

《韩非子·显学》称,孔子之后“儒分为八”,“孟氏之儒”是其中一派,说明当时在孔门内部有一定影响力。但秦汉以降至两宋前,《孟子》一书的地位一直不高,仅被当作一般的子书看待。值得一提的是,汉文帝时曾设立“《孟子》博士”一职,将《孟子》立于学官,专管《孟子》的学习与传授,但持续时间不长。至唐代,孟子的地位虽有所提高,但仍未有根本改善。比如,唐代科举考试时设有“明经”科,其内容包括《周礼》《仪礼》《礼记》《左传》《公羊传》《穀梁传》《周易》《尚书》《毛诗》“九经”,《论语》《孝经》被列为“兼经”,但《孟子》一书并未在其中。甚至到唐文宗时,在“九经”基础上,又加入《论语》《孝经》《尔雅》称“十二经”,仍未有《孟子》。可见,《孟子》一书在当时并未得到广泛认可。

由于儒学自身形态的发展变化,到了宋代,孟子地位开始上升,历经四五百年的发展,孟子与儒家道统结合在一起,成为儒家正统的代表,而《孟子》亦由“子”上升为“经”。

唐代韩愈崇儒学,辟佛老,首倡“道统”说,将孟子置于儒家道统传承的关键环节。他的这一观点得到了宋人的普遍认可,孙复、石介、范仲淹、欧阳修、王安石、程颢、程颐等都推崇孟子。程颐就说:“孟子有功于圣门不可言。如仲尼只说一个仁,孟子开口便说仁义;仲尼只说一个志,孟子便说许多养气出来。只此二字,其功甚多。”(《河南程氏遗书》卷18)随着孟子逐渐成为仅次于孔子的“亚圣”,《孟子》一书也升格为“经”,成为士人必读的官方教科书。熙宁四年(1071)二月,《孟子》首次被列入科举考试的科目之中。北宋宣和年间,《孟子》一书首次被刻成石经,成为“十三经”之一。至南宋时,朱熹穷一生之力为《大学》

《中庸》《论语》《孟子》作注。《孟子》一书也随“四书”的广泛传播而更加受到重视，不仅成为后世学人必读书目，也被列入科举考试的内容之中，在中国传统社会后期产生了巨大影响。

关于《孟子》的注疏，比较重要的有东汉赵岐的《孟子章句》、南宋朱熹的《孟子集注》、清代焦循的《孟子正义》。赵著以训诂见长，是汉代诸家《孟子》注释中唯一完整保留至今的注本，反映了汉代《孟子》研究的整体状况。朱著以义理见长，对孟子性善、心性等思想都有深刻阐发，是其四书学体系的重要组成部分。焦著内容颇为全面，考据与义理相结合，疏解明晰。这三部著作代表了儒学发展史上的三个重要时代，因而各具特色，是研究《孟子》的必读书籍。

（二）孟子从祀文庙

文庙是传统社会中祭祀孔子的礼制性庙宇，宣示着对孔子儒学的尊崇。然而文庙中除主祭孔子外，还会附祭历代官方认可的儒家圣贤，诸如颜回、曾参等均享受此殊荣，孟子亦如之。此制度的形成，既有上古礼制作为依据，又有后世统治者及士人阶层的大力推动。文庙从祀诸儒虽入祀原因各异，但无一不是“文章”“道德”俱佳的楷模，儒家思想的精义正是通过他们得以传承和深化。于是，在文庙中出现了以孔子为中心，从祀贤儒相环绕的教化体系，有效促成了后人“成圣希贤”的归属感。

从祀大典，乃乾坤第一大事。历代文庙从祀既是一部鲜活的官修儒学史，儒学本身学术和信仰的变化均可以在其中找到依据。同时，从祀贤儒的进退去取，均须受到官方的认可与节制，因而又成为传统社会中政治与文化两股力量最耀眼的交点。

孟子对后世的影响、《孟子》地位的变迁以及孟学发展的历史，都可以在孟子从祀文庙的历程中得到展现。

按照与孔子关系的远近和对儒学发展贡献的大小，文庙从祀可分为“配享”“配祀”“从祀”三个位阶。“配享”是祭孔时陪祭的第一等级，即我们通常所说的“四配”。四配位于文庙大成殿内，颜回、孔伋在左，亦称为“东配”；曾参、孟轲在右，又称为“西配”。四人配享文庙因缘不一，历史迥异。

孟子配享始于宋代。宋神宗熙宁七年(1074)，判国子监常秩等请立孟轲、扬雄像于庙庭。接着在元丰六年(1083)，依吏部尚书曾孝宽之请，诏封孟轲为邹国公，这成为孟子入祀文庙的先声。元丰七年，孟子进入配享之列。这一年，朝廷从晋州州学教授陆长愈之请，诏以孟轲配祀文宣王。此后，孟子屡受加封。元文宗至顺二年(1331)，加赠邹国亚圣公。明嘉靖九年(1530)，改称亚圣孟子。

相比于颜子、曾子以及子思子，孟子进入配享之位的道路显得异常坎坷。首先，入祀较晚。孟子入祀文庙直到宋代才得以实现。如前所述，颜回配享可追溯到东汉末年，而曾参也在唐初享受到入祀文庙之荣。两相比较，孟子在宋代以前可谓“星光黯淡”。探究其中的缘由，虽有选取标准不同而导致的入祀时间上的差异，但更主要的原因还在于儒学内部学术风向的演变。其实，早在西汉孝文帝之时，《孟子》一书就已设置博士官，但武帝时又被废除。而后私家著作固不乏征引者，唯无复享有官学地位。唐中叶以后，《孟子》又逐渐受到重视。唐肃宗宝应二年(763)，礼部侍郎杨绾谓：“《论语》《孝经》皆圣人深旨。孟子亦儒门之达者。其学官望兼习此三者。”(王溥：《唐会要》卷76，中华书局 1955 年版,第 1396 页)即主张孝廉一科兼习《论语》《孝经》及《孟子》。孟子地位得到实质性的提升是在宋代,但其源头则可追溯到中唐时期的韩愈。他在《原道》一文中讲道:

> 斯吾所谓道也,非向所谓老与佛之道也。尧以是传之舜,舜以是传之禹,禹以是传之汤,汤以是传之文、武、周公,文、武、周公传之孔子,孔子传之孟轲。轲之死,不得其传焉。(《原道》)

在这一叙述中,韩愈将孟子视为孔子真传,认为“求观圣人之道,必自孟子始”的结论。韩愈所揭示的这一道统谱系,成为宋代儒学振兴的基础。由于他着意突出孟子在道统延续中承先启后的重要地位,以至宋代儒学不论各派观点如何,都以继承孟子为志业。在宋初儒者的观念中,孟子处于儒学发展中不可或缺的枢纽地位。这种学风的改变,为孟子荣登孔庭奠定了理论基础。

需要指出的是,有关孟子进入地方文庙的记录出现甚早。韩愈所撰《处州孔子庙碑》中已透露出孟轲、荀况、韩婴、董仲舒、扬雄诸儒,原不在从祀之列,却随从祀之儒而图之壁上。宋初,柳开为润州孔子庙所撰的碑文中亦道出,宋太宗太平兴国八年(983),润州所重修的文庙已立有孟子塑像一事。京师文庙处于京畿重地,仪典森严,官规严格,很难变通;反之,地方文庙则较为灵活,可因地制宜,不但及时反映出时代思潮的变化,且能预示着文庙从祀制度变动的趋势。

其次,争议较大。宋神宗元丰七年(1084),孟子开始配享孔圣。但朝廷仍有颇多异议者，他们认为配享、从祀文庙之人皆与孔子同时，而今以孟轲并配，乃不当之举。但礼臣援引唐贞观从祀之例，以伏生、高堂生、杜预、范宁、郑玄等人与颜子并配，至宋仍然从祀，足见入祀文庙未必同时。“挺孟派”与“倒孟派”一时争论激烈，最终朝廷采纳了“挺孟派”的建议，由宋神宗亲自下诏裁定才平息了这场争论。而到了明太祖朱元璋时期，孟子的配享地位再次受到冲击。洪武五年(1372)，朱元璋以《孟子》一书所言“君之视臣如土芥，则臣视君如寇仇”乃“非臣之所宜言”而取消孟子的配享。此举受到朝廷大臣的反对，刑部尚书钱唐更是冒死谏言，为孟子鸣冤(《明史》卷139《钱唐传》)。虽然第二年就以“辨异端，辟邪说，发明孔子之道”恢复了孟子的配享之位(《明史》卷50《礼志四》)，但朱元璋仍然对孟子耿耿于怀，于是在洪武二十七年(1394)，命令翰林学士刘三吾对《孟子》进行删节，成《孟子节文》一书，并以此作为科举取士的范本。

目　录

卷一　梁惠王上

〔题解〕

本篇共七章。第一至五章是孟子与梁惠王(魏惠王)的对话,第六章为孟子与梁襄王的对话,末章为孟子与齐宣王的对话。全篇围绕“仁政”这一主题展开,涉及“义利之辨”“与民偕乐”“仁者无敌”“保民而王”“恒产与恒心”“制民之产”等许多重要议题。

约公元前320年,孟子在滕国推行仁政失败后,听说梁惠王招贤纳士,于是率领门徒来到魏国。而恰在此时,魏国在几次对外战争中遭到惨败,梁惠王正经历着人生的巨大挫折。因而当二人相见时,梁惠王首先问道:“您能给我的国家带来什么好处?”针对梁惠王的发问,孟子则明确提出“何必言利,只有仁义罢了。”他认为“仁者无敌”,只有施行仁政才能称王天下,所以,国君应像“民之父母”一样去保民、爱民、养民,而只有与民同乐,得到百姓支持,国君才能真正享受到快乐。公元前319年,梁惠王去世,第二年梁襄王即位。孟子告诫梁襄王,只有仁者才能统一天下。但与襄王接触后,孟子感到他不像一个有为的君主,很失望,不久便离开了魏国。

孟子离开魏国后来到齐国。在齐国时,孟子与齐宣王有多次对话,《孟子》全书就记录了十四处,本篇末章是篇幅最长且影响较大的一段文字。孟子主张王道,反对霸道。在孟子看来,“王道”不过是将“不忍人之心”外推,由亲人推及他人,再由他人推及天下。对于百姓,首先应“制民之产”,解决其物质生活问题,然后再推行教化。孟子还向齐宣王描绘了“仁政”的蓝图,这也成为后来无数仁人志士不断努力追求的目标。

此外,在与诸位国君的谈话中,孟子显示了极高的谈话技巧。在对话中,他都能抓住要害,把注意力引向仁政。

一

1·1 孟子见梁惠王①。王曰:“叟②!不远千里而来,亦将有以利吾国乎?”

孟子对曰:“王!何必曰利?亦有仁义而已矣③。王曰:‘何以利吾国?’大夫曰:‘何以利吾家?’士庶人曰:‘何以利吾身?’上下交征利而国危矣④。万乘之国⑤,弑其君者,必千乘之家⑥;千乘之国,弑其君者,必百乘之家。万取千焉,千取百焉,不为不多矣。苟为后义而先利,不夺不餍⑦。未有仁而遗其亲者也,未有义而后其君者也。王亦曰仁义而已矣,何必曰利?”

〔注释〕

①梁惠王:魏惠王,名罃。惠是其谥号。

②叟:老人,老者。

③亦:只。

④征:取。

⑤万乘(shèng)之国:拥有一万辆兵车的国家。乘,量词,兵车一辆称

一乘。春秋战国时以兵车的多少来衡量国家的大小强弱，万乘之国为当时的大国。

⑥家：卿大夫的封邑。

⑦餍（yàn）：满足。

〔译文〕

孟子拜见梁惠王。梁惠王说："老先生！您不远千里而来，是不是将给我国带来利益呢？"

孟子答道："王！何必非要说利呢？只要有仁义就好了。如果王只是说：'怎样才对我的国家有利？'那大夫也会说：'怎样才对我的封地有利？'一般士子以至平民百姓也都会说：'怎样才对我自身有利？'这样上下争夺私利，国家就危险了。在拥有一万辆兵车的国家里，杀害其国君的，一定是拥有一千辆兵车的大夫；在拥有一千辆兵车的国家里，杀害其国君的，一定是拥有一百辆兵车的大夫。在一万辆兵车的国家里，拥有一千辆兵车；在一千辆兵车的国家里，拥有一百辆兵车，这些大夫的产业不可谓不多。但如果他们重私利而轻道义，那就会把国君的一切全都夺取，否则不会满足。没有重视仁却遗弃父母的人，也没有喜好义却怠慢君主的人。王只要讲仁义就可以了，何必谈利呢？"

二

1·2 孟子见梁惠王。王立于沼上，顾鸿雁麋鹿[①]，曰："贤者亦乐此乎？"

孟子对曰："贤者而后乐此，不贤者虽有此，不乐也。《诗》云[②]：'经始灵台[③]，经之营之，庶民攻之，不日成之。经始勿亟[4],庶民子来[5]。王在灵囿,麀鹿攸伏[6]。麀鹿濯濯[7],白鸟鹤鹤[8]。王在灵沼,於牣鱼跃[9]。'文王以民力为台为沼,而民欢乐之,谓其台曰灵台,谓其沼曰灵沼,乐其有麋鹿鱼鳖。古之人与民偕乐,故能乐也。《汤誓》曰[10]:'时日害丧[11],予及女偕亡!'民欲与之偕亡,虽有台池鸟兽,岂能独乐哉?"

〔注释〕

①顾:看。

②《诗》:《诗经》。引诗出自《诗经·大雅·灵台》,记述周文王营造灵台之事。

③经始灵台:开始规划修建灵台。经:测量。灵台:祭祀神灵之台。

④亟(jí):急。

⑤子:像儿子那样。

⑥麀(yōu):母鹿。攸:所。伏:安然不动。

⑦濯濯(zhuó):肥硕而有光泽的样子。

⑧鹤鹤:羽毛洁白的样子。

⑨於(wū):句首语气词,表示赞叹。牣(rèn):满。

⑩《汤誓》:《尚书》的一篇,为商汤伐夏桀的誓师词。

⑪时日害丧:这个太阳何时灭亡?时,这个。害,同"曷",何时。此句是百姓诅咒夏桀的话。

〔译文〕

孟子拜见梁惠王。惠王站在池塘边,观赏着鸿雁和麋鹿,问:"有德行的人也享受这种快乐吗?"

孟子答道:"只有有德行的人才会以此为乐,没有德行的人即使拥有这一切,也无法感到快乐。《诗经》说:'开始筑灵台,测量又施工。百姓来建造，很快就落成。王说莫要急，百姓更卖力。王到灵囿中，母鹿卧不惊。母鹿光且肥，白鸟羽毛洁。文王到灵沼，满池鱼儿跳。’周文王虽然借助民力兴建高台深池，可百姓却很高兴，把这台称为灵台，把这池称为灵沼，还为那里有许多麋鹿和鱼鳖而高兴。古时圣王因为能与百姓同乐，所以才能得到真正的快乐。《汤誓》说：‘这个太阳何时陨落，我宁肯和你一道灭亡！’百姓要和他一起灭亡，即使拥有高台深池、珍禽异兽，难道还能独自享受吗？”

三

1·3 梁惠王曰：“寡人之于国也[1]，尽心焉耳矣。河内凶，则移其民于河东，移其粟于河内[2]。河东凶亦然[3]。察邻国之政，无如寡人之用心者。邻国之民不加少，寡人之民不加多，何也？”

孟子对曰：“王好战，请以战喻。填然鼓之[4]，兵刃既接[5]，弃甲曳兵而走。或百步而后止，或五十步而后止。以五十步笑百步，则何如？”

曰：“不可，直不百步耳[6]，是亦走也。”

曰：“王如知此，则无望民之多于邻国也。不违农时，谷不可胜食也；数罟不入洿池[7]，鱼鳖不可胜食也；斧斤以时入山林，材木不可胜用也。谷与鱼鳖不可胜食，材木不可胜用，是使民养生丧死无憾也。养生丧死无憾，王道之始也。五亩之宅，树之以桑，五十者可以衣帛矣。鸡豚狗彘之畜，无失其时，七十者可以食肉矣。

百亩之田，勿夺其时，数口之家可以无饥矣。谨庠序之教[⑧]，申之以孝悌之义，颁白者不负戴于道路矣[⑨]。七十者衣帛食肉，黎民不饥不寒，然而不王者[⑩]，未之有也。狗彘食人食而不知检，途有饿莩而不知发[⑪]；人死，则曰：'非我也，岁也。'是何异于刺人而杀之，曰：'非我也，兵也。'王无罪岁，斯天下之民至焉。"

〔注释〕

①寡人：古代王侯的自谦之辞。

②河内：魏国的河内地，指今河南省黄河以北的地区，即今河南济源一带。

③河东：黄河以东地区的魏国领土，指今山西省西南部。

④填然：形容击鼓的声音。

⑤兵：兵器。

⑥直：只不过。

⑦数(cù)罟(gǔ)：密网。洿(wū)池：大池。

⑧庠(xiáng)序：学校。

⑨颁白：须发斑白。负：背负。戴：顶在头上。

⑩王(wàng)：以仁义统一天下。

⑪途：道路。莩(piǎo)：饿死的人。

〔译文〕

梁惠王〔对孟子〕说："我对于国家，真是尽心尽力了。河内发生灾荒，我便把那里的百姓迁移到河东，还把河东的粮食运到河内。河东遭了灾也是这样办的。考察邻国的政治，没有一个国家能像我这样尽心尽力的。可是，邻国的百姓并没有减少，而魏国的百姓也没有增多，这是为什么呢？"

孟子答道："王喜欢战争，就请让我用战争来作比喻吧。战鼓咚咚一响,兵器刚一接触,就抛下盔甲拖着兵器逃跑了。有的跑了一百步停住脚,有的跑了五十步停住脚。那些跑五十步的因此就嘲笑跑了一百步的,您觉得如何?”

梁惠王说:“不行,他只不过没有跑到一百步罢了,但这同样也是逃跑了呀。”

孟子说:“王如果懂得这个道理,那就不要再指望您的百姓比邻国多了。如果不妨碍农时,粮食便吃不完;如果不用太过细密的鱼网去池塘捕鱼,鱼鳖就吃不完;如果按照时令砍伐树木,木材也会用之不尽。粮食和鱼鳖吃不完,木材用不尽,百姓对生养死葬便没有缺憾。百姓对于生养死葬没有遗憾,这就是王道的开端。五亩的田宅,在里面种些桑树,五十岁以上的人就可以穿上丝织品了。鸡、狗和猪这一类的家畜,不要耽误繁殖的时机,七十岁以上的人就可以有肉吃了。一百亩的田地,不要侵占农时,一家人就可以不饿肚子了。注重学校教育,宣讲孝悌的道理,头发斑白的老人也就用不着在路上头顶肩扛干重活了。七十岁以上的人有丝织品穿,有肉吃,平民百姓不挨饿受冻,做到这些却未能使天下归服的,是从未有过的事。猪狗能吃上人吃的粮食却不知道制止,路上有饿死的人却不知道开仓赈济。老百姓饿死了,却说:‘不是我的原因,是收成不好。’这种说法和拿刀子杀了人,却说:‘不是我杀的,是兵器杀的’有什么不同呢?王如果不去怪罪年成不好,那么天下的百姓就都会来投奔了。”

四

1·4 梁惠王曰:“寡人愿安承教[①]。”

孟子对曰:“杀人以梃与刃[②],有以异乎?”

曰："无以异也。"

"以刃与政，有以异乎？"

曰："无以异也。"

曰："庖有肥肉③，厩有肥马④，民有饥色，野有饿莩，此率兽而食人也。兽相食，且人恶之。为民父母，行政，不免于率兽而食人，恶在其为民父母也⑤？仲尼曰：'始作俑者，其无后乎！'为其象人而用之也⑥。如之何其使斯民饥而死也？"

〔注释〕

①安：乐意。承：接受。

②梃（tǐng）：木棒。

③庖（páo）：厨房。

④厩（jiù）：马棚。

⑤恶（wū）：何。

⑥象：同"像"。

〔译文〕

梁惠王说："我愿意诚心接受您的教诲。"

孟子问道："用木棒打死人和用刀杀死人，有什么不同吗？"

梁惠王说："没有什么不同。"

"用刀杀死人和用苛政害死人，有什么不同吗？"

梁惠王说："也没有什么不同。"

孟子又说："厨房里有充足的肉食，马厩里有健壮的马，百姓却面带饥色，野外有饿死的人，这就如同率领着禽兽来吃人。野兽自相残杀，人尚且厌恶。作为老百姓的父母官来管理政务，却不免于率领禽兽来吃人，这又怎么算是老百姓的父母官呢？孔子曾说：'率先用人俑来陪葬的人，该会断子绝孙吧！'这是因为人俑模仿人的样子，却用来陪葬。〔用人俑陪葬，尚且不可〕又怎么能让百姓饥饿而死呢？"

五

1·5 梁惠王曰："晋国[①]，天下莫强焉，叟之所知也。及寡人之身，东败于齐，长子死焉[②]；西丧地于秦七百里[③]；南辱于楚[④]。寡人耻之，愿比死者壹洒之[⑤]，如之何则可？"

孟子对曰："地方百里而可以王[⑥]。王如施仁政于民，省刑罚，薄税敛，深耕易耨[⑦]，壮者以暇日修其孝弟忠信，入以事其父兄，出以事其长上，可使制梃以挞秦、楚之坚甲利兵矣。彼夺其民时，使不得耕耨以养其父母。父母冻饿，兄弟妻子离散。彼陷溺其民，王往而征之，夫谁与王敌？故曰：'仁者无敌。'王请勿疑！"

〔**注释**〕

①晋国：魏国。

②东败于齐，长子死焉：马陵之役。魏惠王二十九年（前341）魏伐韩，韩向齐求救，齐威王派田忌、孙膑伐魏救韩，大败魏军于马陵。魏将庞涓自杀，太子申被俘。

③西丧地于秦七百里：马陵之役后，魏国又屡败于秦国，被迫割让河西之地和上郡十五城。

④南辱于楚：梁惠王后元十一年（前324），楚魏襄陵之战，魏军败北，

被迫割让大片土地。

⑤愿比(bì)死者壹洒(xǐ)之:想要为所有死者报仇雪恨。比:替。壹:全。洒:同“洗”,雪耻。

⑥地方百里:方圆百里的土地。

⑦易耨(nòu):及时除草。

〔译文〕

梁惠王说:“魏国的强大,天下没有比得上的,这是老先生您知道的。但到了我这时候,先是东边败给齐国,长子阵亡;西边割让了七百里疆土给秦国;南边又被楚国欺侮。我对此深感屈辱,希望为所有死难者报仇雪恨,要怎么办才好呢?”

孟子答道:“即使方圆百里的小国也可以行仁政使天下归服。您如果对百姓施行仁政,减免刑罚,减轻赋税,让百姓深耕细作,及时除草,让青壮年在闲暇之时能讲求孝顺父母、敬爱兄长、为人忠心、诚实守信的道理,在家侍奉父兄,出外侍奉尊长。这样,就是举着木棒也足以抗击披坚执锐的秦、楚军队了。别国的统治者经常侵夺百姓的生产时间,使他们不能耕种来养活父母。父母受冻挨饿,兄弟妻儿东离西散。他们让百姓陷入痛苦的深渊,您前去讨伐他们,那谁还能与您对抗呢?所以说:‘仁者无敌于天下。’请您不要疑虑!”

六

1·6 孟子见梁襄王[①],出,语人曰[②]:“望之不似人君,就之而不见所畏焉。卒然问曰[③]:‘天下恶乎定?’吾对曰:‘定于一。’‘孰能一之?’对曰:‘不嗜杀人者能一之。'‘孰能与之[4]?’对曰:‘天下莫不与也。王知夫苗乎?七八月之间旱[5],则苗槁矣。天油然作云,沛然下雨,则苗浡然兴之矣[6]。其如是,孰能御之?今夫天下之人牧[7],未有不嗜杀人者也。如有不嗜杀人者,则天下之民皆引领而望之矣。诚如是也,民归之,由水之就下[8],沛然谁能御之?'”

〔注释〕

①梁襄王:梁惠王之子,名嗣,公元前318年继位。

②语(yù):告诉。

③卒(cù)然:同“猝然”。

④与:跟随,亲附。

⑤七八月:周历的七八月,相当于夏历的五六月。

⑥浡(bó)然:兴起的样子。

⑦人牧:治理人民的人,指国君。

⑧由:同“犹”,如同。

〔译文〕

孟子谒见了梁襄王,出来以后告诉别人说:“远远望去,不像国君;接近他,看不出威严。突然问我:‘天下如何才能安定?’我答道:‘天下统一,才会安定。’他又问:‘谁能统一天下?’我回答:‘不好杀人的国君,就能统一天下。’他又问:‘那有谁来归附他呢?’我回答:‘天下的人没有不跟随他的。您知道禾苗的情况吗?七八月间遭遇干旱,禾苗就枯槁了。这时假若乌云出现,天降大雨,禾苗便又茂盛地生长起来了。这种趋势,有谁能够阻挡呢?如今各国的君王,没有不好杀人的。如果有一位不好杀人的君王，那么，天下的百姓都会伸长脖子盼望他。真能如此，百姓归顺他，就好像水向低处奔流一样，浩浩荡荡，谁能阻挡？'”

七

1·7　齐宣王问曰[①]：“齐桓、晋文之事可得闻乎[②]？”

孟子对曰：“仲尼之徒无道桓、文之事者，是以后世无传焉，臣未之闻也。无以[③]，则王乎[④]？”

曰：“德何如则可以王矣？”

曰：“保民而王，莫之能御也。”

曰：“若寡人者，可以保民乎哉？”

曰：“可。”

曰：“何由知吾可也？”

曰：“臣闻之胡龁曰[⑤]，王坐于堂上，有牵牛而过堂下者，王见之，曰：‘牛何之？’对曰：‘将以衅钟[⑥]。’王曰：‘舍之！吾不忍其觳觫[⑦]，若无罪而就死地。’对曰：‘然则废衅钟与？’曰：‘何可废也？以羊易之！’——不识有诸？”

曰：“有之。”

曰：“是心足以王矣。百姓皆以王为爱也[⑧]，臣固知王之不忍也。”

王曰："然，诚有百姓者。齐国虽褊小[⑨]，吾何爱一牛？即不忍其觳觫，若无罪而就死地，故以羊易之也。"

曰："王无异于百姓之以王为爱也[⑩]。以小易大，彼恶知之？王若隐其无罪而就死地[⑪]，则牛、羊何择焉？"

王笑曰："是诚何心哉？我非爱其财而易之以羊也。宜乎百姓之谓我爱也。"

曰："无伤也，是乃仁术也，见牛未见羊也。君子之于禽兽也，见其生，不忍见其死；闻其声，不忍食其肉。是以君子远庖厨也。"

〔注释〕

①齐宣王：威王之子，名辟疆。

②齐桓、晋文之事：齐桓公、晋文公称霸之事。齐桓公名小白，晋文公名重耳，于春秋时代先后称霸。

③无以：不得已。

④王（wàng）：推行王道。

⑤胡龁（hé）：齐宣王身边的近臣。

⑥衅（xìn）：古代一种祭祀仪式，用牲畜血涂器祭祀。衅钟：新钟铸成后，杀牲取血，涂在钟的缝隙处。

⑦觳觫（húsù）：因恐惧而发抖。

⑧爱：吝啬。

⑨褊（biǎn）：狭小。

⑩异：奇怪。

⑪隐：怜悯。

〔译文〕

齐宣王问道:“齐桓公、晋文公的事迹,您可以讲给我听吗?”

孟子回答:“孔子的门徒没有谈论齐桓公、晋文公的事迹的,因此没有流传到后世,我也不曾听说过。王如果一定要我讲的话,那就说说王道吧?”

宣王问道:“要有怎样的道德才能够称王天下呢?”

孟子说:“安抚天下百姓而实现王道,便没有人能够阻挡。”

宣王问:“像我这样的人,能够安抚百姓吗?”

孟子说:“可以。”

宣王说:“凭什么知道我可以呢?”

孟子说:“我曾听胡龁说,王坐在殿堂之上,有人牵着牛从堂下经过,王看到了,便问道:‘把牛牵到哪里去?’对方回答:‘准备杀它来衅钟。’王便说:‘放了它吧!我不忍心看它战栗发抖,就像没有罪过却要被处死的样子。’对方又说:‘那么要废除衅钟这一仪式吗?’王又说:‘这怎么能废除呢?用羊替代它!’——不知道有没有这件事?”

宣王说:“有的。”

孟子说:“有这样的想法就足以使天下归服了。百姓都以为王是吝啬,我却知道王是不忍心。”

宣王说:“对呀,确实有百姓这样认为。齐国虽狭小,我又何至于舍不得一头牛?我只是不忍心看到它战栗发抖,就像没有罪过却要被处死,所以才用羊来替换它。”

孟子说:“百姓说王吝啬,王也不必奇怪。您用小的代替大的，他们哪能体会到王的深意呢？王如果可怜牛没有罪过而被处死，那么牛和羊又有什么区别呢？”

宣王笑着说：“这到底是什么心理呢？我并非吝啬钱财而用羊去替换牛，〔您这么一说，〕百姓说我吝啬也没有什么不对的。”

孟子说：“没关系，这种怜悯之心正是仁爱。因为您只看到了牛而没有看到羊。君子对于飞禽走兽，看见它们活着就不再忍心看见它们死去；听到它们的啼叫，便不再忍心吃它们的肉。君子总是远离厨房，说的就是这个道理。”

王说曰[①]：“《诗》云[②]：‘他人有心，予忖度之[③]。’夫子之谓也。夫我乃行之，反而求之，不得吾心。夫子言之，于我心有戚戚焉[④]。此心之所以合于王者，何也？”

曰：“有复于王者曰：‘吾力足以举百钧[⑤]，而不足以举一羽；明足以察秋毫之末[⑥]，而不见舆薪[⑦]。’则王许之乎？”

曰：“否。”

“今恩足以及禽兽，而功不至于百姓者，独何与？然则一羽之不举，为不用力焉；舆薪之不见，为不用明焉；百姓之不见保，为不用恩焉。故王之不王，不为也，非不能也。”

曰：“不为者与不能者之形何以异？”

曰：“挟太山以超北海[⑧]，语人曰：‘我不能。’是诚不能也。为长者折枝[⑨]，语人曰：‘我不能。’是不为也，非不能也。故王之不王，非挟太山以超北海之类也；王之不王，是折枝之类也。老吾老，以及人之老；幼吾幼，以及人之幼。天下可运于掌。《诗》云[10]：‘刑于寡妻[11]，至于兄弟，以御于家邦。’言举斯心加诸彼而已。故推恩足以保四海，不推恩无以保妻子。古之人所以大过人者，无他焉，善推其所为而已矣。今恩足以及禽兽，而功不至于百姓者，独何与？权，然后知轻重；度，然后知长短。物皆然，心为甚。王请度之！抑王兴甲兵，危士臣，构怨于诸侯，然后快于心与？”

〔注释〕

①说：同“悦”。

②《诗》：引诗见《诗经·小雅·巧言》。

③忖度（cǔnduó）：揣测。

④戚戚：心动的样子。

⑤钧：古代的重量单位，三十斤为一钧。

⑥秋毫：秋天鸟兽身上新长的细毛，后用以比喻微小的事物。

⑦舆薪：一车薪柴。

⑧太山：泰山。北海：渤海。

⑨折枝：按摩肢体，比喻轻而易举。枝，通“肢”。

⑩《诗》：引诗见《诗经·大雅·思齐》。

⑪刑：同“型”，示范。寡妻：嫡妻。

〔译文〕

宣王高兴地说：“《诗经》说：‘别人有心事，我能揣摩到。’就是说的您啊。我只是这样做了,反过来找原因,自己却想不出所以然来。经您这么一说,我的心里便豁然开朗了。但我这种想法合于王道,又是为什么呢?”

孟子说:“假如有人向王报告说:‘我的力气能够举起三千斤,却拿不起一根羽毛;我的眼力足以看清秋毫的末端,却看不见眼前的一车柴火。’您会相信这种话吗?”

宣王说:“不会。”

孟子接着说:“如今王的恩惠能够扩展到禽兽,却不能使百姓得到好处,这是为什么呢?显然,一根羽毛都拿不起,只是不肯用力气的缘故;一车柴火都看不见,只是不肯用眼睛的缘故;百姓得不到安定的生活,只是不肯施恩的缘故。所以,王未能称王天下,只是不愿意做,而不是做不到。”

宣王说:“不愿做和做不到有什么不同呢?”

孟子说:“扛着泰山跨越北海,对别人说:‘我做不到。’这是真的不能。替老年人按摩这种轻而易举的事,对别人说:‘我做不到。’这是不肯做,而不是做不到。王不行仁政不是属于扛着泰山跨越北海一类,而是属于替老年人按摩肢体一类的。敬重自己的长辈,进而敬重他人的长辈;爱护自己的孩子,进而爱护他人的孩子,这样治理天下就如同在手心里转动东西一样容易了。《诗经》说:‘先给妻子做榜样,再推广到兄弟,再进而推广到封邑和国家。’这就是说把自己的不忍人之心推及别人身上就可以了。所以推广恩惠便足以安定天下,不推广恩惠连妻子儿女都保护不了。古代的圣贤之所以远远地超过一般人,没有别的原因,只是他们善于扩展他们的善行罢了。如今您的恩情可以推及禽兽,但百姓却得不到好处,这是为什么呢?称一称,才知道轻重;量一量,才知道长短。凡事皆如此,人心更是这样。王考虑一下吧!难道说,王要兴师动众,让将士们冒着危险,去和别的国家结下仇怨,这样做您心里才痛快吗?"

王曰:"否。吾何快于是?将以求吾所大欲也。"

曰:"王之所大欲可得闻与?"

王笑而不言。

曰:"为肥甘不足于口与?轻暖不足于体与?抑为采色不足视于目与?声音不足听于耳与?便嬖不足使令于前与[1]?王之诸臣皆足以供之,而王岂为是哉?"

曰:"否。吾不为是也。"

曰:"然则王之所大欲可知已,欲辟土地,朝秦、楚,莅中国而抚四夷也[2]。以若所为求若所欲[3],犹缘木而求鱼也。"

王曰:"若是其甚与?"

曰:"殆有甚焉。缘木求鱼,虽不得鱼,无后灾。以若所为求若所欲,尽心力而为之,后必有灾。"

曰:"可得闻与?"

曰:"邹人与楚人战,则王以为孰胜?"

曰:"楚人胜。"

曰:"然则小固不可以敌大,寡固不可以敌众,弱固不可以敌强。海内之地方千里者九,齐集有其一。以一服八,何以异于邹敌楚哉?盖亦反其本矣[4]。今王发政施仁,使天下仕者皆欲立于王之朝,耕者皆欲耕于王之野，商贾皆欲藏于王之市，行旅皆欲出于王之途，天下之欲疾其君者皆欲赴愬于王⑤。其若是，孰能御之？”

〔注释〕

①便嬖（piánbì）：君主左右受宠幸的小臣。

②莅（lì）：统治，治理。抚：据有。

③若：如此，这样。

④盖：同“盍”，何不。

⑤愬：同“诉”，告诉。

〔译文〕

宣王说：“不，我怎么会为此痛快？这样做，不过是追求我的最大愿望。”

孟子说：“王的最大愿望可以说来听听吗？”

宣王笑而不答。

孟子问：“是为了肥美的食物不够吃吗？是为了轻暖的衣服不够穿吗？或者是为了鲜艳的彩色不够看吗？是为了美妙的音乐不够听吗？还是侍从不够使唤呢？这些，您的臣下都能够提供，难道您是为了这些吗？”

宣王说：“不，我不是为了这些。”

孟子说：“那么，王的最大的愿望便可以知道了。您是想要开辟疆土，使秦、楚等大国都来朝贡，君临华夏而据有四夷。不过，以您这样的作为来实现您的愿望，就好比爬到树上去捉鱼一样。”

宣王说：“有这么严重吗？”

孟子说：“恐怕比这还要严重呢！爬上树去捉鱼，虽然捉不到，却没有灾祸。以您这样的做法去实现您的愿望，费尽心力去做，最后一定会有灾祸。”

宣王说：“可以说来听听吗？”

孟子说：“邹国与楚国打仗，王以为谁会获胜？”

宣王说：“楚国会胜。”

孟子说：“可见，小国本来就敌不过大国，人口少的国家也敌不过人口众多的国家，弱国敌不过强国。四海之内方圆千里的土地有九个，齐国不过是占有它的九分之一。凭其一而征服其他，这跟邹国对抗楚国有什么不同呢？为何不回到根本上呢？如果王能发布政令，施行仁政，使天下的士大夫都想到齐国来做官，耕田的都想到王的土地上耕作，行商坐贾都想到齐国来做生意，来往的旅客也都想取道齐国，各国痛恨本国君主的人也都想跑来向王申诉。若能这样做，又有谁能抵挡得住呢？”

王曰：“吾惛[①]，不能进于是矣。愿夫子辅吾志，明以教我。我虽不敏，请尝试之。”

曰：“无恒产而有恒心者，惟士为能。若民，则无恒产，因无恒心。苟无恒心，放辟邪侈，无不为已。及陷于罪，然后从而刑之，是罔民也[②]。焉有仁人在位，罔民而可为也？是故明君制民之产[③]，必使仰足以事父母，俯足以畜妻子，乐岁终身饱，凶年免于死亡，然后驱而之善，故民之从之也轻[④]。今也制民之产，仰不足以事父母，俯不足以畜妻子，乐岁终身苦，凶年不免于死亡。此惟救死而恐不赡[⑤]，奚暇治礼义哉[⑥]？王欲行之，则盍反其本矣。五亩之宅，树之以桑，五十者可以衣帛矣。鸡豚狗彘之畜，无失其时，七十者可以食肉矣。百亩之田，勿夺其时，八口之家可以无饥矣。谨庠序之教，申之以孝悌之义，颁白者不负戴于道路矣。老者衣帛食肉，黎民不饥不寒，然而不王者，未之有也。”

〔注释〕

①惛：同“昏”，昏乱，糊涂。

②罔：同“网”，陷害。

③制：制定法度。

④轻：容易。

⑤赡（shàn）：足够。

⑥奚暇：哪里顾得上。

〔译文〕

宣王说：“我头脑昏乱，不能领会这些道理。希望您能辅佐我达到目的，明明白白地教导我。我虽然不聪明，也不妨试一试。”

孟子说：“没有固定的产业而有恒定的信念，只有士人才能够做到。至于一般人，如果没有固定的产业，也就没有恒定的信念。若没有恒定的信念，就会胡作非为，违法乱纪，什么事都干得出来。等他们犯了罪，然后再施以刑罚，这无异于陷害。哪有仁者当政却做出了陷害百姓的事呢？因此，贤明的君主规划百姓的产业，一定要使他们上足以赡养父母，下足以养活妻儿；好年成，丰衣足食；坏年成，也不致饿死。然后再去引导他们向善，这样百姓也就很乐于听从了。如今规划百姓的产业，上不足以赡养父母，下不足以抚养妻儿；好年成，一年到头辛苦；坏年成，要么死要么逃。这样，百姓连保命恐怕都顾不上，哪还有闲暇去讲求礼义呢？王如果要施行仁政，为什么不从根本着手呢？五亩田宅，种上桑树，五十岁以上的人就能穿上丝织品了。鸡、猪、狗等家畜，不要耽误繁殖的时机，七十岁以上的人就都有肉可吃了。一百亩的田地，不要耽误农时，八口之家就可以不挨饿了。重视学校教育，宣讲孝悌的道理，头发斑白的老人就不必在路上头顶肩扛干重活了。老人有丝织品穿，有肉吃，百姓不挨饿受冻，这样还不能使天下归服，是从来没有的。”

卷二　梁惠王下

〔题解〕

本篇共十六章。主要是孟子与齐宣王的对话，内容涉及孟子的仁政、民本、王道等思想。

孟子对齐宣王循循善诱，不断宣讲“仁政”“王道”的道理。他提出“与民同乐”，认为这是行“仁政”“王道”的重要基础。孟子劝君主“与民同乐”，实际上蕴含着孟子对君民关系的理解。孟子既承认君主为政治的现实主体，又主张“民为贵”，以民为政治的价值主体，强调民意在决策中的重要性。也就是说，孟子在有限地承认君主合法地位的同时，又用民的主体性消解君主的主体性。在孟子看来，君主不过是上天推选的管理者，只有实行仁政，保民、爱民，其统治才具有合法性。若残害仁义，便成为人人皆可诛之的独夫民贼。

在与邻国相处上，孟子提出了“仁”“智”的外交原则，认为仁者能够以大国平等对待小国，智者能够以小国侍奉大国。仁者可以行王道，保有天下，而智者只能保住国家。因此，即使如滕国这样的小国，夹在齐、楚两个大国之间，也应该争取民心，加强备战，自力更生。

一

2·1 庄暴见孟子，曰："暴见于王[①]，王语暴以好乐，暴未有以对也。"曰："好乐何如？"

孟子曰："王之好乐甚，则齐国其庶几乎！"

他日，见于王曰："王尝语庄子以好乐，有诸？"

王变乎色，曰："寡人非能好先王之乐也，直好世俗之乐耳。"

曰："王之好乐甚，则齐其庶几乎！今之乐由古之乐也。"

曰："可得闻与？"

曰："独乐乐，与人乐乐，孰乐？"

曰："不若与人。"

曰："与少乐乐，与众乐乐，孰乐？"

曰："不若与众。"

"臣请为王言乐。今王鼓乐于此，百姓闻王钟鼓之声，管籥之音[②]，举疾首蹙頞而相告曰[③]：'吾王之好鼓乐，夫何使我至于此极也？父子不相见，兄弟妻子离散。'今王田猎于此，百姓闻王车马之音，见羽旄之美[④]，举疾首蹙頞而相告曰：'吾王之好田猎，夫何使我至于此极也？父子不相见，兄弟妻子离散。'此无他，不与民同乐也。今王鼓乐于此，百姓闻王钟鼓之声，管籥之音，举欣欣然有喜色而相告曰：'吾王庶几无疾病与，何以能鼓乐也？’今王田猎于此，百姓闻王车马之音，见羽旄之美，举欣欣然有喜色而相告曰：‘吾王庶几无疾病与，何以能田猎也？’此无他，与民同乐也。今王与百姓同乐，则王矣。”

〔注释〕

①王：齐宣王。

②管籥（yuè）：古代吹奏乐器。

③蹙頞（è）：皱着鼻梁，形容愁眉苦脸的样子。

④羽旄（máo）：旗帜。

〔译文〕

庄暴来见孟子，说：“我去拜见王，王告诉我，他爱好音乐，我不知应该怎样回答。”接着又说：“喜好音乐，究竟好不好？”

孟子说：“王如果非常喜好音乐，那齐国就能治理得差不多了。”

过了些时日，孟子谒见齐王，问道：“您曾经告诉庄暴，说您喜好音乐，有这事吗？”

齐王很不好意思地说：“我并不是喜好古代音乐，只是喜好世俗音乐罢了。”

孟子说：“王如果非常喜好音乐，那齐国就能治理得差不多了。无论世俗音乐还是古代音乐都是一样的。”

齐王说：“可以说给我听听吗？”

孟子说：“一个人独自欣赏音乐是快乐的，与别人一起欣赏音乐也是快乐的，究竟哪一种更快乐呢？”

齐王说：“当然是跟别人一起欣赏更快乐。”

孟子说:“与少数人一起欣赏音乐是快乐的,跟多数人一起欣赏也是快乐的,究竟哪一种更快乐呢?”

齐王说:“当然跟多数人一起欣赏更快乐。”

孟子说:“请让我为您谈谈欣赏音乐的道理。假如王在这里奏乐,百姓听到钟鼓、管籥的声音,却全都愁眉苦脸地互相议论说:‘我们的国王喜好音乐,为何却使我们穷困到这般地步呢?父子不能相见,兄弟妻儿离散。’假如王在这里打猎,老百姓听到王的车马声,看到仪仗的华丽,却全都愁眉苦脸地互相议论说:‘我们的国王喜欢打猎,为何却使我们穷困到这般地步呢?父子不能相见,兄弟妻儿离散。’这里没有别的原因,只是因为不能和百姓一同享受快乐。假如王在这里奏乐,百姓听到钟鼓、管籥的声音,全都眉开眼笑地互相议论说:‘我们的国王大概没有疾病吧,不然怎么能奏乐呢?’假如王在这里打猎,老百姓听到王的车马声,看到仪仗的华丽,全都眉开眼笑地互相议论说:‘我们的国王大概没有疾病吧,不然怎么能打猎呢?’这没有别的原因,只是因为王和百姓一同享受快乐。如果王能够与百姓一起享受快乐,就可以使天下归服了。”

二

2·2 齐宣王问曰:“文王之囿方七十里,有诸?”

孟子对曰:“于传有之。”

曰:“若是其大乎?”

曰:“民犹以为小也。”

曰:“寡人之囿方四十里,民犹以为大,何也?”

曰:“文王之囿方七十里,刍荛者往焉①,雉兔者往焉，与民同之。民以为小，不亦宜乎？臣始至于境，问国之大禁，然后敢入。臣闻郊关之内有囿方四十里，杀其麋鹿者如杀人之罪。则是方四十里为阱于国中。民以为大，不亦宜乎？”

〔注释〕

①刍荛（chúráo）：割草打柴的人。

〔译文〕

齐宣王问道：“周文王的园林方圆七十里，有这回事吗？”

孟子答道：“文献上有记载。”

宣王说：“真有这么大吗？”

孟子说：“老百姓还觉得太小呢。”

宣王说：“我的园林方圆四十里，老百姓还认为太大了，这又是为什么？”

孟子说：“文王的狩猎场方圆七十里，割草打柴的去那里，捕鸟打兔子的也去那里，与老百姓一同享用。老百姓以为太小，这不很自然吗？我刚到齐国的国境，先打听国家的重要禁令，然后才敢进入。我听说国都郊外有个方圆四十里的园林，如果有人要杀掉里面的麋鹿，就同杀人一样治罪。那么，这就如同在国内设置一个方圆四十里的陷阱。对百姓来说，他们认为太大了，不也应该的吗？”

三

2·3 齐宣王问曰：“交邻国有道乎？”

孟子对曰："有。惟仁者为能以大事小，是故汤事葛[①]，文王事昆夷[②]。惟智者为能以小事大，故太王事獯鬻[③]，句践事吴[④]。以大事小者，乐天者也；以小事大者，畏天者也。乐天者保天下，畏天者保其国。《诗》云：'畏天之威，于时保之[⑤]。'"

王曰："大哉言矣！寡人有疾，寡人好勇。"

对曰："王请无好小勇。夫抚剑疾视曰：'彼恶敢当我哉！'此匹夫之勇，敌一人者也。王请大之！《诗》云：'王赫斯怒[⑥]，爰整其旅[⑦]，以遏徂莒[⑧]，以笃周祜[⑨]，以对于天下。'此文王之勇也。文王一怒而安天下之民。《书》曰[⑩]：'天降下民，作之君，作之师，惟曰其助上帝宠之。四方有罪无罪惟我在，天下曷敢有越厥志？'一人衡行于天下[⑪]，武王耻之。此武王之勇也。而武王亦一怒而安天下之民。今王亦一怒而安天下之民，民惟恐王之不好勇也。"

〔注释〕

①汤：商汤，商朝的创建人。葛：葛伯，葛国的国君。"汤事葛"之事详见《滕文公下》第五章。

②昆夷：亦作"混夷"，周朝初年的西戎国名。

③太王：亦作"大王"，古公亶父。獯鬻（xūnyù）：亦作"熏育"，猃狁（xiǎnyǔn），当时的北方少数部族。可与本篇第十五章互参。

④句践事吴：句，同"勾"。越王勾践败于吴王夫差，逃至会稽山，后向吴国求和，本人替吴王当马前卒，后终灭吴。

⑤于时：于是。引诗见《诗经·周颂·我将》。

⑥王:周文王。

⑦爰:于是。

⑧遏:阻止。徂(cú):往,到。莒:国名。

⑨笃:厚,指增添。祜(hù):福。引诗见《诗经·大雅·皇矣》。

⑩《书》:见《尚书·泰誓》。

⑪一人:商纣王。

〔译文〕

齐宣王问道:“和邻国交往有什么原则吗?”

孟子答道:“有的。只有仁爱的人能以大国服事小国,所以商汤服事葛伯,文王服事昆夷。只有聪明的人能以小国服事大国,所以太王服事獯鬻,勾践服事吴王。以大国服事小国的,是乐安天命的人;以小国服事大国的,是敬畏天命的人。乐安天命者保有天下,敬畏天命者保有自己的国家。《诗经》说:‘敬畏上天的威严,于是保有这个国家。’”

宣王说:“您的话真高明!不过,我有个缺点,就是喜爱勇武。”

孟子答道:“王请不要喜爱小勇。按着刀剑瞪眼说:‘他怎么敢抵挡我呢!’这只是匹夫之勇,只能敌得住一个人。希望王能够把它扩大!《诗经》说:‘文王勃然大怒,于是整肃部队,阻止不义之师,增添周人福祉,来报答天下仰望之心。’这便是文王的勇。文王一发怒而安定天下百姓。《尚书》说:‘上天降生了民众,也为他们降生了君王,又为他们降生了师傅,他们是帮助天帝爱护人民。四方之内,有罪者和无罪者,都由我负责。普天之下,何人敢越过本分胡作妄为?’有一个人横行于天下,武王以为奇耻大辱。这便是武王的勇。武王也一发怒而安定天下百姓。假如您也是一发怒而安定天下百姓,天下百姓唯恐王不喜爱勇武呢。”

四

2·4 齐宣王见孟子于雪宫①。王曰:“贤者亦有此乐乎?”

孟子对曰:“有。人不得,则非其上矣。不得而非其上者,非也;为民上而不与民同乐者,亦非也。乐民之乐者,民亦乐其乐;忧民之忧者,民亦忧其忧。乐以天下,忧以天下,然而不王者,未之有也。昔者齐景公问于晏子曰:‘吾欲观于转附、朝儛②,遵海而南,放于琅邪③,吾何修而可以比于先王观也?’晏子对曰:‘善哉问也!天子适诸侯曰巡狩。巡狩者,巡所守也。诸侯朝于天子曰述职。述职者,述所职也。无非事者。春省耕而补不足,秋省敛而助不给。夏谚曰:“吾王不游,吾何以休?吾王不豫④,吾何以助?一游一豫,为诸侯度。”今也不然:师行而粮食,饥者弗食,劳者弗息。睊睊胥谗⑤,民乃作慝⑥。方命虐民⑦,饮食若流。流连荒亡,为诸侯忧。从流下而忘反谓之流,从流上而忘反谓之连,从兽无厌谓之荒,乐酒无厌谓之亡。先王无流连之乐,荒亡之行。惟君所行也。’景公悦,大戒于国,出舍于郊。于是始兴发补不足。召大师曰⑧:‘为我作君臣相说之乐!’盖《徵招》《角招》是也⑨。其《诗》曰:‘畜君何尤?’畜君者,好君也。”

〔注释〕

①雪宫:齐宣王的行宫。

②转附、朝儛:二者均为山名。转附,疑即今芝罘(fú)山。朝儛,疑即今山东荣城县东之召石山。

③琅邪:山名,在今山东诸城东南。

④豫:帝王秋天出巡。

⑤睊睊(juàn)胥谗:忿恨地互相埋怨。睊睊,因忿恨而侧目相视的样子。胥,皆也,相也。

⑥慝(tè):恶。

⑦方命:违背天命。方,违背。

⑧大师:读为"太师",宫廷乐官。

⑨《徵(zhǐ)招》《角招》:徵和角是古代五音(宫、商、角、徵、羽)中的两个。招,同"韶"。

〔译文〕

齐宣王在雪宫里接见孟子。宣王问:"贤者也有这种快乐吗?"

孟子答道:"有的。人们得不到这种快乐,就埋怨他们的君王。得不到快乐而埋怨君王,是不对的;作为百姓的君王而不能与百姓一同享乐,也是不对的。为百姓的快乐而快乐,百姓也会为君王的快乐而快乐;为百姓的忧愁而忧愁,百姓也会为君王的忧愁而忧愁。与天下之人同忧同乐,这样还不能使天下归服,是从来不曾有的事。过去齐景公问晏子:'我想到转附山、朝儛山上去看看,然后沿海向南,直到琅邪山。我该怎样办才能和古代圣王的巡游相比?'晏子答道:'问得好啊!天子到诸侯国去叫作巡狩。巡狩,就是巡视诸侯所守的疆土。诸侯来朝见天子叫作述职。述职，就是报告本职工作。没有不和工作相结合的。春天时考察耕作的情况，补助贫困者；秋天时考察收获的情况，补助收成不足者。夏代的谚语说：“我王不出来游，我的休息向谁求？我王不出来走，我的补助哪会有？我的王游游走走，足以作为诸侯的法度。”现在却不是这样了，国王一出巡，兴师动众，聚敛粮食，饥饿的人吃不上饭，劳苦的人得不到休息。人们侧目而视，怨声载道，百姓于是犯上作乱。这样的出巡既违背天意又虐待百姓，大吃大喝，浪费饮食如同流水。流连忘返，荒亡无行，使诸侯为此而忧虑。任随自己到下游去玩乐，快活起来便忘了返回，叫作流；任随自己到上游去玩乐，快活起来便忘了返回，叫作连；放肆地打猎而没有节制，叫作荒；任性地饮酒而没有节制，叫作亡。古代的圣王没有流连的快乐、荒亡的行为。请您考虑该怎么办吧。’景公听了非常高兴，在国内做了很多准备，然后驻扎郊外，开仓发粮，赈济灾民。景公又叫来太师，说：‘为我创作君臣同乐的音乐！’这就是《徵招》《角招》，其中有句歌词说：‘匡正君主有什么不对呢？’匡正君主，就是爱护君王的意思。”

五

2·5 齐宣王问曰：“人皆谓我毁明堂①，毁诸？已乎？”

孟子对曰：“夫明堂者，王者之堂也。王欲行王政，则勿毁之矣。”

王曰：“王政可得闻与？”

对曰：“昔者文王之治岐也②，耕者九一③，仕者世禄，关市讥而不征[4]，泽梁无禁[5]，罪人不孥[6]。老而无妻曰鳏，老而无夫曰寡，老而无子曰独，幼而无父曰孤。此四者，天下之穷民而无告者。文王发政施仁，必先斯四者。《诗》云：'哿矣富人[7]，哀此茕独[8]。'"

王曰："善哉言乎！"

曰："王如善之，则何为不行？"

王曰："寡人有疾，寡人好货。"

对曰："昔者公刘好货[9]，《诗》云：'乃积乃仓，乃裹糇粮[10]，于橐于囊[11]。思戢用光[12]。弓矢斯张，干戈戚扬[13]，爰方启行[14]。'故居者有积仓，行者有裹囊也，然后可以爰方启行。王如好货，与百姓同之，于王何有？"

王曰："寡人有疾，寡人好色。"

对曰："昔者太王好色[15]，爱厥妃。《诗》云：'古公亶甫，来朝走马[16]，率西水浒[17]，至于岐下，爰及姜女[18]，聿来胥宇[19]。'当是时也，内无怨女，外无旷夫。王如好色，与百姓同之，于王何有？"

〔注释〕

①明堂：古代帝王宣明政教的场所，凡朝会、祭祀等重大典礼都在明堂举行。

②岐：地名，在今陕西岐山县一带。

③耕者九一：井田制。

④讥：稽查。征：征税。

⑤泽梁：在流水中拦鱼的一种装置。

⑥孥：本意是妻子、儿女，这里用如动词，指不连累妻子、儿女。

⑦哿(gě):可。

⑧茕(qióng):孤独。引诗出自《诗经·小雅·正月》。

⑨公刘:周人创业的始祖,后稷的曾孙。

⑩糇(hóu)粮:干粮。

⑪橐(tuó):无底的口袋。囊:有底的袋子。

⑫思:发语词。戢(jí):和睦。用:因而。光:光大。

⑬干:盾。戈:平头戟。戚:斧。扬:举起。

⑭爰:于是。方:开始。引诗出自《诗经·大雅·公刘》。

⑮太王:亦作“大王”,古公亶父,公刘的十世孙,周文王的祖父。

⑯来朝:清早。走马:驱马快跑。

⑰率:沿着。西:豳(bīn)邑以西。水:漆水。浒:水边。

⑱姜女:古公亶父的妻子太姜。

⑲聿来胥宇:修建宫室之前察看地势。聿,语助词。胥,察看。宇,屋宇。引诗出自《诗经·大雅·绵》。

〔译文〕

齐宣王问道:“别人都建议我把明堂拆毁,究竟是拆毁呢?还是不拆毁呢?”

孟子答道:“明堂是王者的殿堂。您如果要施行王政,就不要把它毁掉了。”

王说:“什么是王政?可以讲给我听听吗?”

孟子答道:“从前周文王治理岐地,农民的税率是九分抽一,做官的世代承袭俸禄,关口和市场上只维持秩序而不征税,到湖泊池塘捕鱼不受禁止,处罚犯罪的人不牵连到他的妻室儿女。年老而没有妻室的叫作鳏,年老而没有丈夫的叫作寡,年老而没有儿女的叫作独,年幼而没有父亲的叫作孤。这四种人是天下最穷苦而无依无靠的人。周文王实行仁政,一定最先考虑到他们。《诗经》说：‘富人可以过得去了，哀怜这些孤单的人。’”

宣王说：“这话说得真好呀！”

孟子说：“您如果认为这话好，那为什么不照着做呢？”

宣王说：“我有个毛病，我喜爱钱财。”

孟子答道：“从前公刘也喜爱钱财，《诗经》写道：‘积存谷粮到仓里，包好干粮存起来，橐里囊里全装满。人心和顺扬光辉。张开弓来搭上箭，盾牌戈斧举起来，于是出发向前进。’因此，留在家里的有仓里的贮粮，行军的有囊里的干粮，然后才能出发前进。王如果喜爱钱财，就跟百姓共同拥有，那么，使天下归服又有什么困难呢？”

宣王又说：“我有个毛病，我喜好女色。”

孟子答道：“从前周太王也喜好女色，疼爱他的妃子。《诗经》写道：‘古公亶父一早就赶马出发，沿着豳西的水边，来到岐山脚下，还带着姜氏女，察看盖房的地形。’在那个时候，没有嫁不出去的姑娘，也没有找不着妻子的男人。王假若喜好女色，就跟百姓一道，那么，使天下归服又有什么困难呢？”

六

2·6　孟子谓齐宣王曰：“王之臣有托其妻子于其友而之楚游者，比其反也[①]，则冻馁其妻子，则如之何？”

王曰：“弃之。”

曰：“士师不能治士[②]，则如之何？”

王曰：“已之[③]。”

曰：“四境之内不治，则如之何？”

王顾左右而言他。

〔注释〕

①比(bì):及,至。反:同“返”。

②士师:狱官。

③已:罢免。

〔译文〕

孟子对齐宣王说:“您有一个臣子把妻室儿女托付给朋友照顾,自己到楚国去了。等他回来的时候,妻儿却在挨饿受冻,对于这样的朋友,应该怎么办?”

宣王说:“和他绝交。”

孟子说:“狱官不能管好他的下级,应该怎么办?”

宣王说:“撤掉他。”

孟子说:“一个国家治理不好,应该怎么办?”

齐宣王左右张望,把话题扯开了。

七

2·7 孟子见齐宣王,曰:“所谓故国者,非谓有乔木之谓也,有世臣之谓也。王无亲臣矣,昔者所进,今日不知其亡也[①]。”

王曰:“吾何以识其不才而舍之?”

曰:“国君进贤,如不得已,将使卑逾尊,疏逾戚,可不慎与?左右皆曰贤,未可也;诸大夫皆曰贤,未可也;国人皆曰贤,然后察之。见贤焉,然后用之。左右皆曰不可，勿听；诸大夫皆曰不可，勿听；国人皆曰不可，然后察之。见不可焉，然后去之。左右皆曰可杀，勿听；诸大夫皆曰可杀，勿听；国人皆曰可杀，然后察之。见可杀焉，然后杀之。故曰：'国人杀之也。'如此，然后可以为民父母。"

〔注释〕

①亡：去位，去国。

〔译文〕

孟子拜见齐宣王，说："所谓'故国'，不是说国中要有高大的树木，而是说要有世代建立功勋的大臣。王连亲信的大臣都没有了，过去所任用的，今天都不知到哪里去了。"

宣王问："我怎么辨别一个人没有才能而舍弃不用呢？"

孟子说："国君进用贤才，如果碰到不得已的情况，会使卑贱者位居尊贵者之上，疏远者位居亲近者之上，对此可以不慎重吗？左右亲近之人都说有才能，不可轻信；众位大夫都说有才能，也不可轻信；全国的人都说有才能，然后考察他。发现他真有才干，然后再任用他。左右亲近之人都说不好，不要听信；众位大夫都说不好，也不要听信；全国之人都说不好，然后去考察他。发现他真的不可用，然后再罢免他。左右亲近之人都说可杀，不要听信；众位大夫都说可杀，也不要听信；全国之人都说某人可杀，然后去考察他。发现他该杀，然后再杀他。所以说：'这是国人杀掉他的。'这样，才可以做百姓的父母官。"

八

2·8 齐宣王问曰："汤放桀，武王伐纣，有诸？"

孟子对曰："于传有之。"

曰："臣弑其君，可乎？"

曰："贼仁者谓之'贼'，贼义者谓之'残'。残贼之人谓之'一夫'①。闻诛一夫纣矣②，未闻弑君也③。"

〔注释〕

①一夫：众叛亲离的孤立者。

②诛：合乎正义地杀。

③弑：臣下杀死君主或儿女杀死父母称"弑"，贬义。

〔译文〕

齐宣王问道："商汤流放夏桀，武王讨伐殷纣，有这样的事吗？"

孟子说："史籍上有这样的记载。"

宣王说："臣子杀掉他的君主，可以吗？"

孟子说："破坏仁爱的人叫作'贼'，破坏道义的人叫作'残'。残贼的人，叫作'独夫'。我只听说过周武王诛杀了独夫纣，没听说他弑君。"

九

2·9 孟子见齐宣王,曰:“为巨室,则必使工师求大木[①]。工师得大木,则王喜,以为能胜其任也。匠人斫而小之[②],则王怒,以为不胜其任矣。夫人幼而好学之,壮而欲行之,王曰‘姑舍女所学而从我[③]’,则何如?今有璞玉于此[④],虽万镒[⑤],必使玉人雕琢之。至于治国家,则曰‘姑舍女所学而从我’,则何以异于教玉人雕琢玉哉?”

〔注释〕

①工师:古代官名,主管各种工匠。

②斫(zhuó):砍削。

③女:通“汝”,你。

④璞玉:未经加工的玉。

⑤镒(yì):古代重量单位,二十两为一镒。

〔译文〕

孟子拜见齐宣王,说道:“建造巨大的宫室,就一定要派工师去寻找大木料。工师找到大木料,王就高兴,认为他能够胜任。如果工匠把木料砍小了,王就会发怒,以为他不能胜任。有些人,从小学习一门专业,长大了便想运用它来实践,王却说‘把你所学的暂时放下,听从我的’,这又怎么行呢?假定王有一块未经雕琢的玉石,就算它价值二十万两,您也一定要请玉匠雕琢它。至于治理国家,却说‘把你所学的暂时放下,听从我’,

这同教导玉匠雕琢玉石又有什么区别呢?”

十

2·10 齐人伐燕,胜之。宣王问曰:“或谓寡人勿取,或谓寡人取之。以万乘之国伐万乘之国,五旬而举之,人力不至于此。不取,必有天殃。取之,何如?”

孟子对曰:“取之而燕民悦,则取之。古之人有行之者,武王是也①。取之而燕民不悦,则勿取。古之人有行之者,文王是也②。以万乘之国伐万乘之国,箪食壶浆以迎王师③,岂有他哉?避水火也。如水益深,如火益热,亦运而已矣④。”

〔注释〕

①武王是也:武王伐纣,取商之地而享有天下。

②文王是也:文王三分天下有其二,却仍臣服于商。

③箪(dān):盛饭的竹筐。

④运:转换。

〔译文〕

齐国攻打燕国,大获全胜。齐宣王问道:“有人劝我不要吞并燕国,有人劝我吞并它。以一个拥有万辆兵车的大国去攻打同样拥有万辆兵车的大国,五十天内便打下来了,光凭人力是做不到的。不吞并的话,一定会有天灾。吞并它,怎么样?”

孟子答道:“吞并它而燕国百姓高兴的话,便吞并它。古人有这样做的,周武王便是。吞并它但燕国百姓不高兴的话,那就不要吞并它。古人有这样做的,周文王便是。以一个拥有万辆兵车的大国来攻打同样拥有万辆兵车的大国,百姓却用箪盛饭、用壶盛酒来迎接王的军队,难道有别的原因吗?只不过是想逃开那水深火热的苦日子罢了。如果他们的灾难更加深了,那也就只好走避他方了。"

十一

2·11 齐人伐燕,取之。诸侯将谋救燕。宣王曰:"诸侯多谋伐寡人者,何以待之?"

孟子对曰:"臣闻七十里为政于天下者,汤是也。未闻以千里畏人者也。《书》曰:'汤一征①,自葛始。'天下信之,东面而征,西夷怨②;南面而征,北狄怨,曰:'奚为后我?'民望之,若大旱之望云霓也③。归市者不止,耕者不变,诛其君而吊其民,若时雨降。民大悦。《书》曰:'徯我后④,后来其苏。'今燕虐其民,王往而征之,民以为将拯己于水火之中也,箪食壶浆以迎王师。若杀其父兄,系累其子弟⑤,毁其宗庙,迁其重器⑥,如之何其可也?天下固畏齐之强也,今又倍地而不行仁政⑦,是动天下之兵也。王速出令,反其旄倪⑧,止其重器,谋于燕众,置君而后去之,则犹可及止也。"

〔注释〕

①一征:始征,初征。

②西夷:古代指我国西部地区的部族。

③霓：日在东方时，日光射入水气折而返照成为出现于西方的虹，因之是下雨的先兆。

④徯(xī)：等待。后：王。

⑤系累：捆绑。

⑥重器：国家的宝器。

⑦倍地：齐国吞并燕国后，增一倍之地。

⑧旄倪(màoní)：老人和幼儿。

〔译文〕

齐国攻打燕国，吞并了它。其他诸侯国谋划救助燕国。宣王说："很多诸侯国在谋划攻打我齐国，要怎样对待他们？"

孟子答道："我听说过凭借纵横七十里的土地就能在天下实行统治，商汤就是。没听说过凭借纵横一千里的土地还害怕别国的。《尚书》说：'商汤征服天下，从葛国开始。'天下人都很信任他，当他向东部征伐时，西方各族的百姓便抱怨；当他向南部征伐，北方各族的百姓便抱怨，他们都说：'为什么把我们放到后面？'百姓盼望他，就像大旱时盼望乌云和虹霓一样。(汤的征伐，一点儿也不惊扰百姓，)商人照样经商，农民照常下地。杀掉暴君而抚恤百姓，就像及时雨一样，百姓很高兴。《尚书》说：'等待我们的王，他到了我们就能生活快活！'如今燕国的君主虐待百姓，您前往征讨，百姓认为您是要把他们从水深火热的苦难中解救出来，因此都用箪盛着饭、用壶盛着酒来欢迎您的军队。可是您却杀掉他们的父兄，掳掠他们的子弟，毁坏他们的宗庙，搬走他们的国家宝器。这怎么行呢？天下各国本来就害怕齐国强大，如今齐国的土地又扩大了一倍，依然不施行仁政，这自然会招致各国兴兵动武。王赶快下达命令，遣回老少俘虏，停止搬运燕国宝器，与燕国百姓协商，择立一位燕王，然后自己从燕国撤出，这样还来得及使各国停止用兵。”

十二

2·12 邹与鲁鬨[①]。穆公问曰[②]：“吾有司死者三十三人[③]，而民莫之死也。诛之，则不可胜诛；不诛，则疾视其长上之死而不救，如之何则可也？”

孟子对曰：“凶年饥岁，君之民老弱转乎沟壑，壮者散而之四方者，几千人矣；而君之仓廪实，府库充，有司莫以告，是上慢而残下也。曾子曰[④]：‘戒之戒之！出乎尔者，反乎尔者也。’夫民今而后得反之也。君无尤焉[⑤]。君行仁政，斯民亲其上，死其长矣。”

〔注释〕

①鬨(hòng)：古同“哄”，交战，争斗。

②穆公：邹穆公。

③有司：有关官吏。

④曾子：曾参，孔子弟子。

⑤尤：责备。

〔译文〕

邹国同鲁国交战。邹穆公问：“我的官吏战死了三十三个，百姓却没有拼死相救的。杀了他们吧，杀不了那么多；不杀吧，他们眼看着长官死掉而不去营救，实在可恨。怎样办才好呢？”

孟子答道：“灾荒年岁，您的百姓中，年老体弱者被弃尸于山沟荒野之中，年轻力壮的则四处逃荒，差不多有近千人；而在您的谷仓中堆满了粮食，库房里装满了财宝，这种情形，您的有关官吏谁也不来报告，这就是在上位的人懒政而残害百姓。曾子说：‘警惕啊警惕！你怎样去对待别人，别人就将怎样回报你。’如今，百姓得到报复的机会了。您不要责备他们吧！只要您施行仁政，百姓自然就会爱护他们的上级，情愿为他们的长官付出生命了。”

十三

2·13 滕文公问曰：“滕[1]，小国也，间于齐、楚。事齐乎？事楚乎？”

孟子对曰：“是谋非吾所能及也。无已，则有一焉：凿斯池也[2]，筑斯城也，与民守之，效死而民弗去[3]，则是可为也。”

〔注释〕

①滕：周代诸侯国，姬姓，侯爵，始封之君为周武王十四弟绣。故城在今山东滕州西南。

②池：护城河。

③效：献。

〔译文〕

滕文公问道：“滕国是一个弱小的国家，处在齐国和楚国的中间，是服事齐国呢，还是服事楚国呢？”

孟子答道：“这个问题不是我的能力所能解决的。如果一定要说，那就只有一个办法：深挖护城河，筑牢城墙，同百姓一道来守卫，宁肯献出生命，百姓都不离开，这样还可以一试。”

十四

2·14 滕文公问曰：“齐人将筑薛[①]，吾甚恐，如之何则可？”

孟子对曰：“昔者大王居邠[②]，狄人侵之，去，之岐山之下居焉。非择而取之，不得已也。苟为善，后世子孙必有王者矣。君子创业垂统，为可继也。若夫成功，则天也。君如彼何哉？强为善而已矣。”

〔注释〕

①筑薛：在薛地筑城墙。

②邠(bīn)：同“豳”，在今陕西旬邑县西。

〔译文〕

滕文公问道：“齐国人打算在薛地加固城墙，我很担心，您说怎么办才好？”

孟子答道：“从前周太王居住在邠地，狄人来侵犯，他便离开，迁往岐山之下。这并不是太王的主动选择，实在是迫不得已。要是一个君主能施行仁政，后世子孙一定会有成为天下之王的。君子创立功业，奠定传统，正是为了能够被承继下去。至于是否能成功，还要看天命。您能对齐人怎样呢？只有努力施行仁政罢了。”

十五

2·15 滕文公问曰："滕，小国也。竭力以事大国，则不得免焉，如之何则可？"

孟子对曰："昔者大王居邠，狄人侵之。事之以皮币[1]，不得免焉；事之以犬马，不得免焉；事之以珠玉，不得免焉。乃属其耆老而告之曰[2]：'狄人之所欲者，吾土地也。吾闻之也，君子不以其所以养人者害人。二三子何患乎无君？我将去之。'去邠，逾梁山[3]，邑于岐山之下居焉。邠人曰：'仁人也，不可失也。'从之者如归市。或曰：'世守也，非身之所能为也。效死勿去。'君请择于斯二者。"

〔注释〕

①皮：毛皮制成的裘。币：缯帛。

②属：召集。耆老：一地之年老者统称为耆老。耆，指六十岁的人。老，指七十岁的人。

③梁山：山名，在今陕西乾县西北。

〔译文〕

滕文公问道："滕是个小国，尽心竭力来服事大国，仍然难免祸害，应该怎么办才行？"

孟子答道："古时候太王居于邠地，狄人来侵犯他。太王进献皮裘和缯帛，仍不能免遭侵犯；又进献狗和名马，仍不能免遭侵犯；又进献珍珠和美玉，仍不能免遭侵犯。太王于是召集当地的老人，告诉他们：‘狄人想要的是我们的土地。我听说过，君子不用养人的东西害人。你们何必担心没有君主呢？我准备离开这里。’太王离开邠地，越过梁山，在岐山之下建造城邑居住。邠地的百姓说：‘这是一位有仁德的人啊，不能失去他。’追随他而去的人如同赶集一样。也有人说：‘世代相守的地方，自己不可以擅自处理，就是死也不能离开。’请您在这两种做法中选择吧。”

十六

2·16 鲁平公将出，嬖人臧仓者请曰[①]：“他日君出，则必命有司所之。今乘舆已驾矣，有司未知所之，敢请。”

公曰：“将见孟子。”

曰：“何哉！君所为轻身以先于匹夫者，以为贤乎？礼义由贤者出，而孟子之后丧逾前丧[②]。君无见焉！”

公曰：“诺。”

乐正子入见[③]，曰：“君奚为不见孟轲也？”

曰：“或告寡人曰：‘孟子之后丧逾前丧’，是以不往见也。”

曰：“何哉，君所谓逾者？前以士，后以大夫；前以三鼎，而后以五鼎与[④]？”

曰：“否。谓棺椁衣衾之美也[⑤]。”

曰：“非所谓逾也，贫富不同也。”

乐正子见孟子曰：“克告于君，君为来见也。嬖人有臧仓者沮君⑥，君是以不果来也。”

曰：“行，或使之；止，或尼之。行止，非人所能也。吾之不遇鲁侯，天也。臧氏之子焉能使予不遇哉？”

〔注释〕

①嬖（bì）人：身份卑下而受宠爱的人。

②后丧：母亲的丧事。前丧：父亲的丧事。孟子先丧父，后丧母。

③乐正子：名克，孟子弟子。

④三鼎：用三个鼎盛贡品。五鼎：用五个鼎盛贡品。依礼制，三鼎和五鼎体现出士礼和卿大夫之礼的区别。

⑤棺：内棺。椁（guǒ）：外棺。衣衾：装殓死者的衣被。

⑥沮：通“阻”。

〔译文〕

鲁平公准备外出，宠臣臧仓请示说：“平日您出外，一定把要去的地方通知管事的人。现在车马已经准备好了，管事的人还不知道您要去哪里，所以冒昧地询问一下。”

鲁平公说：“我要去拜访孟子。”

臧仓说：“您不顾及自己的身份去拜访一个普通人，为什么呢？您以为孟子是贤人吗？贤德之人的行为应该合乎礼义，而孟子操办母亲的丧事，超过了先前父亲的丧事。您不要去见他！”

鲁平公说：“好吧。”

乐正子见鲁平公，问道：“您为什么没去见孟轲啊？”

鲁平公说：“有人告诉我说：‘孟子操办母亲的丧事，超过了先前父亲的丧事’，所以不去看他了。”

乐正子说:“您所说的‘超过’是什么意思呢?是指先用士礼,后来用大夫之礼吗?先前用三个鼎,后来用五个鼎吗?”

鲁平公说:“不,是指棺椁衣物的华美。”

乐正子说:“那不能叫‘超过’,只是前后贫富不同罢了。”

乐正子去见孟子,说道:“我同国君讲了,他要来见您。可是有个叫臧仓的宠臣阻止了他,所以国君最终没来。”

孟子说:“人要做事,是有人促使他做;不做事,是有人阻止他做。不过做或不做,并不是人力所能主宰。我不能与鲁侯相见,是天意啊。臧仓那个小子怎能阻止我见鲁君呢?”

卷三　公孙丑上

〔题解〕

本篇共九章。第一、二章为孟子与弟子公孙丑的对话，其余七章均为孟子语录，基本上是孟子第二次游齐时的言行记录，内容主要涉及仁政、人格修养以及人性等问题。

孟子肯定人有不忍人之心，也就是恻隐、羞恶、辞让、是非之心。此“四端”与仁、义、礼、智“四德”有密切关系，恻隐之心是仁的开端，羞恶之心是义的开端，辞让之心是礼的开端，是非之心是智的开端。当然，孟子虽然肯定人有良知、良能，有先天的四端之心，但更强调对其扩而充之，注重后天的培养，这无疑是理解孟子性善论的关键。

孟子还将性善论与仁政结合在一起，把仁政的根本依据落实到人的内心。他认为，仁政的基础在于每个人都具有“不忍人之心”，心具有先天的善端，此善端外发出来便是仁、义、礼、智，在社会上拓展开去，就是仁政。孟子还提出仁政的五条措施，包括尊贤使能的用人政策，有利于商业发展的商业政策，只稽查不征税的关卡政策，只助耕而不征税的农业政策，不征收劳役、住宅税的居民政策。

孟子对于王道与霸道有着严格区分，他认为霸道“以力服人”，不能长久，而王道“以德服人”，可以使天下心悦诚服。在孟子看来，只有施行仁政，才能实现王道。

在个人修养问题上，孟子提出“养浩然之气”。浩然之气，具有道德属性，至大至刚，配道与义。浩然之气铸造了中华民族的脊梁，对于塑造中华民族精神的气质特征，产生了积极而重要的影响。

一

3·1 公孙丑问曰[①]：“夫子当路于齐[②]，管仲、晏子之功[③]，可复许乎[④]？”

孟子曰：“子诚齐人也，知管仲、晏子而已矣。或问乎曾西曰[⑤]：‘吾子与子路孰贤[⑥]？’曾西蹴然曰[⑦]：‘吾先子之所畏也[⑧]。’曰：‘然则吾子与管仲孰贤？’曾西艴然不悦[⑨]，曰：‘尔何曾比予于管仲[⑩]？管仲得君如彼其专也，行乎国政如彼其久也，功烈如彼其卑也。尔何曾比予于是？’”曰：“管仲，曾西之所不为也，而子为我愿之乎？”

曰：“管仲以其君霸，晏子以其君显。管仲、晏子犹不足为与？”

曰：“以齐王，由反手也[⑪]。”

曰：“若是，则弟子之惑滋甚。且以文王之德，百年而后崩[⑫]，犹未洽于天下；武王、周公继之，然后大行。今言王若易然，则文王不足法与？”

曰：“文王何可当也？由汤至于武丁，贤圣之君六七作，天下归殷久矣，久则难变也。武丁朝诸侯，有天下，犹运之掌也。纣之去武丁未久也，其故家遗俗，流风善政，犹有存者；又有微子、微仲、王子比干、箕子、胶鬲，皆贤人也，相与辅相之⑬，故久而后失之也。尺地，莫非其有也；一民，莫非其臣也；然而文王犹方百里起，是以难也。齐人有言曰：'虽有智慧，不如乘势；虽有镃基⑭，不如待时。'今时则易然也。夏后、殷、周之盛，地未有过千里者也，而齐有其地矣；鸡鸣狗吠相闻，而达乎四境，而齐有其民矣。地不改辟矣⑮，民不改聚矣，行仁政而王，莫之能御也。且王者之不作，未有疏于此时者也；民之憔悴于虐政，未有甚于此时者也。饥者易为食，渴者易为饮。孔子曰：'德之流行，速于置邮而传命⑯。'当今之时，万乘之国行仁政，民之悦之，犹解倒悬也。故事半古之人，功必倍之，惟此时为然。"

〔注释〕

①公孙丑：孟子弟子。

②当路：身居要职。

③管仲：名夷吾，齐桓公之相。晏子：名婴，齐景公之相。

④许：期待。

⑤曾西：名西，字子照，曾参之孙。

⑥子路：孔子弟子。

⑦蹴(cù)然：不安的样子。

⑧先子：自己已去世的父亲或祖父。

⑨艴(fú)然：生气的样子。

⑩曾：居然。

⑪由：同“犹”。

⑫百年而后崩：古代传说周文王九十七岁死，这里说“百年”，是举其成数。

⑬微子：名启，商纣王的庶兄。微仲：微子之弟，名衍。王子比干：商纣王的叔父。箕（jī）子：商纣王的叔父。胶鬲（gé）：商纣王之臣。

⑭镃（zī）基：锄头。

⑮改：更加。

⑯置邮：“置”和“邮”都是名词，相当于后代的驿站。

〔译文〕

公孙丑问道：“先生如果在齐国当权，管仲、晏子的功业可以再度实现吗？”

孟子说：“你真是个齐国人啊，只知道管仲、晏子。曾经有人问曾西：‘您和子路相比，谁更有才能？’曾西不安地说：‘他是先祖父所敬畏的人。’那人又问：‘那么您和管仲相比，谁更贤能呢？’曾西变了脸色，不高兴地说：‘你怎么能拿我跟管仲相比？管仲得到齐桓公的信赖是那样专一，行使国家的政权是那样长久，而功业却那样卑微。你怎么能拿我跟他相比？’”孟子又接着说：“管仲是曾西所不屑的，你以为我愿意学他吗？”

公孙丑说：“管仲辅佐桓公使他称霸天下；晏子辅佐景公使他名扬诸侯。管仲、晏子不值得学吗？”

孟子说：“以齐国来统一天下，易如反掌。”

公孙丑说：“您这么说，我就更糊涂了。以文王的贤德，活了将近一百岁，还不能统一天下；武王、周公继承他的事业，然后才极大地推行王道。现在您把统一天下说得那样容易，那么文王也不值得效法吗？”

孟子说：“怎么能和文王相比呢？从商汤到武丁，贤明的君主有六七个，天下归服于商很久了，时间一久便难以改变。武丁使诸侯来朝，统治天下，就像玩弄于手掌之上那么轻而易举。商纣距离武丁不久，先王时的世家贵族、善良习俗、淳厚民风、仁惠政教都还有留存；又有微子、微仲、王子比干、箕子、胶鬲，他们都是贤德的人，共同来辅助他，所以很久才亡国。当时没有一尺土地不是纣王所有；没有一个百姓不是他的臣民；然而文王仅仅凭借纵横百里的土地建立功业，所以是很困难的。齐国有句民谣：'即使有智慧，不如趁形势；即使有锄头，不如待农时。'现在的时势要推行王道可就好办了。在夏、商、周最兴盛的时候，疆土还没有超过纵横千里的，而现在齐国却有这么广阔的土地了；鸡鸣狗吠的声音互相听得见，一直到四周的边境，现在齐国有这么多的百姓了。疆土不必再扩张，百姓也不必再增加，只要施行仁政就能统一天下，谁也阻挡不住。况且，一统天下的君王不出现，没有比现在隔得更久；百姓忍受暴政的折磨，没有比现在更厉害。饥饿的人不苛择食物，口干舌燥的人不苛择饮品。孔子说过：'德政的流行，比驿站的传递政令还要迅速。'当今之世，拥有万辆兵车的大国实行仁政，百姓感到喜悦，就像倒悬着被解救下来一样。所以相对古人取得事半功倍的功效，只有在这个时代才能做到。"

二

3·2 公孙丑问曰："夫子加齐之卿相，得行道焉，虽由此霸王，不异矣。如此，则动心否乎？"

孟子曰："否！我四十不动心。"

曰："若是，则夫子过孟贲远矣①。"

曰："是不难，告子先我不动心[②]。"

曰："不动心有道乎？"

曰："有。北宫黝之养勇也，不肤桡[③]，不目逃；思以一豪挫于人，若挞之于市朝；不受于褐宽博[④]，亦不受于万乘之君；视刺万乘之君，若刺褐夫；无严诸侯[⑤]，恶声至，必反之。孟施舍之所养勇也，曰：'视不胜犹胜也。量敌而后进，虑敌而后会[⑥]，是畏三军者也。舍岂能为必胜哉？能无惧而已矣。'孟施舍似曾子[⑦]，北宫黝似子夏[⑧]。夫二子之勇，未知其孰贤，然而孟施舍守约也。昔者曾子谓子襄曰[⑨]：'子好勇乎？吾尝闻大勇于夫子矣[⑩]：自反而不缩[⑪]，虽褐宽博，吾不惴焉；自反而缩，虽千万人，吾往矣。'孟施舍之守气，又不如曾子之守约也。"

〔注释〕

①孟贲：古代勇士。

②告子：名不害，与孟子同时而年长于孟子，曾受教于墨子。

③桡（náo）：退缩。

④褐宽博：卑贱者。褐，粗布衣服。宽博，宽大的衣服。褐、宽博，都是贱者的衣服。

⑤严：畏惧。

⑥会：交战。

⑦曾子：曾参，孔子弟子。

⑧子夏：姓卜，名商，字子夏，孔子弟子。

⑨子襄：曾子弟子。

⑩夫子：孔子。

⑪缩：直。

〔译文〕

公孙丑问道:“先生如果做了齐国的卿相,得以推行自己的主张,即使成就了霸王的事业,也是不足为奇的。如果这样,您会动心吗?”

孟子说:“不!我从四十岁以后就不再动心了。”

公孙丑说:“如此看来,先生比孟贲强多了。”

孟子说:“这不难,告子还比我先做到不动心呢。”

公孙丑说:“不动心有诀窍吗?”

孟子说:“有。北宫黝培养勇气的方法是,肌肤被刺也不要颤动发抖,眼睛被戳也能目不转睛;他以为受一点挫折,就像在大庭广众被鞭打一样;既不受卑贱者的侮辱,也不受大国之君的侮辱;在他看来,刺杀大国之君与刺杀卑贱者一样;对各国的君主毫不畏惧,遭到训斥一定回击。孟施舍培养勇气又有所不同,他说:‘我把不能取胜的形势看成可以取胜。如果估量了敌人才前进,考虑了胜败才交战,这是畏惧强大的敌军啊。我怎能保证一定取胜呢?不过是能够无所畏惧罢了。’孟施舍像曾子,北宫黝像子夏。这两个人的勇气,不知道谁更强些,但孟施舍显然抓住了关键。从前曾子对子襄说:‘你喜欢勇敢吗?我曾经从孔子那里听到过关于大勇的理论:反躬自问,正义不在我,对方即使是卑贱的人,我也不去恐吓他;反躬自问,正义在我,对方纵是千军万马,我也勇往直前。’孟施舍所守的一身正气,曾子却能有所反省,循礼而动,所以孟施舍又不如曾子能够抓住要领。”

曰:“敢问夫子之不动心与告子之不动心,可得闻与？”

“告子曰：‘不得于言，勿求于心；不得于心，勿求于气。’不得于心，勿求于气，可；不得于言，勿求于心，不可。夫志，气之帅也；气，体之充也。夫志至焉，气次焉；故曰：‘持其志，无暴其气①。’”

“既曰‘志至焉，气次焉’，又曰‘持其志，无暴其气’者，何也？”

曰：“志壹则动气，气壹则动志也。今夫蹶者趋者，是气也，而反动其心。”

〔注释〕

①暴：显露。

〔译文〕

公孙丑说：“请问先生的不动心和告子的不动心，可以讲给我听吗？”

孟子说：“告子讲过：‘言语有过失，不必到内心去寻求原因；心中有所不安，不必求助于意气。’心中有所不安，不必求助于意气，是可以的；言语有过失，不必到内心去寻求原因，却不可以。思想意志是意气感情的统帅；意气感情是充满体内的力量。思想意志到哪里，感情意气就跟着到哪里。所以说：‘要坚定自己的思想意志，也不要滥用自己的意气感情。’”

公孙丑说：“既然说‘思想意志到哪里，感情意气就跟着到哪里’，但又说‘要坚定自己的思想意志，又不要滥用自己的意气感情’，这是为什么呢？”

孟子说："思想意志专一，意气感情自必为之转移；意气感情专一，也会影响思想意志。比如跌倒和奔跑，这只是气有所动，但也能反过来扰动心志。"

"敢问夫子恶乎长？"

曰："我知言，我善养吾浩然之气。"

"敢问何谓浩然之气？"

曰："难言也。其为气也，至大至刚，以直养而无害，则塞于天地之间。其为气也，配义与道。无是，馁也。是集义所生者，非义袭而取之也①。行有不慊于心②，则馁矣。我故曰：告子未尝知义，以其外之也。必有事焉而勿正③，心勿忘，勿助长也。无若宋人然：宋人有闵其苗之不长而揠之者④，芒芒然归⑤，谓其人曰：'今日病矣⑥！予助苗长矣！'其子趋而往视之，苗则槁矣。天下之不助苗长者寡矣。以为无益而舍之者，不耘苗者也⑦；助之长者，揠苗者也，非徒无益，而又害之。"

"何谓知言？"

曰："诐辞知其所蔽⑧，淫辞知其所陷⑨，邪辞知其所离⑩，遁辞知其所穷⑪。生于其心，害于其政；发于其政，害于其事。圣人复起，必从吾言矣。"

"宰我、子贡善为说辞⑫，冉牛、闵子、颜渊善言德行⑬，孔子兼之，曰：'我于辞命，则不能也。'然则夫子既圣矣乎？"

曰："恶！是何言也！昔者子贡问于孔子曰：'夫子

圣矣乎？’孔子曰：‘圣则吾不能，我学不厌而教不倦也。’子贡曰：‘学不厌，智也；教不倦，仁也。仁且智，夫子既圣矣。’夫圣，孔子不居，是何言也！”

〔注释〕

①义袭：平时不按良知行事，偶然良心发现而做一下好事。

②慊（qiè）：满意。

③正：预期。

④揠（yà）：拔。

⑤芒芒然：疲倦的样子。

⑥病：疲倦。

⑦耘：除草。

⑧诐（bì）：偏颇。蔽：遮蔽。

⑨淫：过分。陷：沉溺。

⑩邪：邪僻，不正。离：背离。

⑪遁辞：躲闪的言辞，闪烁其辞。穷：理屈。

⑫宰我：姓宰，名予，字子我。子贡：姓端木，名赐，字子贡。均为孔子弟子。

⑬冉牛：姓冉，名耕，字伯牛。闵子：姓闵，名损，字子骞。颜渊：姓颜，名回，字子渊。均为孔子弟子。

〔译文〕

公孙丑问：“请问先生，您擅长哪一方面呢？”

孟子说：“我善于分析别人的言辞，也善于培养我的浩然之气。”

公孙丑问：“请问什么叫作浩然之气呢？”

孟子说：“这很难说清楚。那一种气，最伟大，最刚强，用正义去培养它，一点儿不加伤害，就会充满天地之间。那种气，必须用义和道去培养，否则就会显得软弱无力。那种气，是由义积聚产生的，不是偶然有正义的举动就获得的。只要做了一件有愧于心的事，这种气就会萎缩了。所以我说，告子不懂得义，因为他把义看成心外之物。对于浩然之气一定要去培养，但不要有主观预期，不要忘记，也不要助长。不要像那个宋国人一样：宋国有一个担心庄稼苗不长而去把它拔高些的人，十分疲倦地回去，对家里人说：'今天累坏了！我帮助庄稼生长了！'他儿子赶紧跑去一看，禾苗都枯槁了。天下不帮助禾苗生长的人实在很少啊。对于浩然之气，以为培养无益处而弃置一边的，就是种庄稼不锄草的人；盲目帮助它生长的，就像拔苗助长的人，这不但没有益处，反而会伤害它。"

公孙丑问："什么叫善于分析别人的言辞呢？"

孟子说："偏颇的言辞，知道它片面的地方；浮夸的言辞，知道它失实的地方；邪僻的言辞，知道背离正道的地方；躲闪的言辞，知道理屈的地方。这四种言辞从心中产生，就会危害政治；在政治中表现出来，就会危害具体事务。如圣人再出现，也一定会赞同我的话。"

公孙丑说："宰我、子贡善于言辞，冉牛、闵子、颜渊长于德行，孔子则兼而有之，但他却说：'我对于辞令，太不擅长。'（而您善于分析言辞，）那么，您已经是位圣人了吧？"

孟子说："唉！这是什么话！从前子贡问孔子：'先生是位圣人了吧？'孔子说：'圣人，我做不到；我只是学习不觉满足，教人不知疲倦。'子贡说：'学习不觉满足，这是智；教人不知疲倦，这是仁。您既仁且智，先生已经是圣人了。'连孔子都不敢自居于圣人，你这是什么话呢！"

“昔者窃闻之：子夏、子游、子张皆有圣人之一体[1]，冉牛、闵子、颜渊则具体而微[2]。敢问所安。”

曰：“姑舍是[3]。”

曰：“伯夷、伊尹何如[4]？”

曰：“不同道。非其君不事，非其民不使；治则进，乱则退，伯夷也。何事非君，何使非民；治亦进，乱亦进，伊尹也。可以仕则仕，可以止则止，可以久则久，可以速则速，孔子也。皆古圣人也，吾未能有行焉。乃所愿，则学孔子也。”

“伯夷、伊尹于孔子，若是班乎[5]？”

曰：“否。自有生民以来，未有孔子也。”

曰：“然则有同与？”

曰：“有。得百里之地而君之，皆能以朝诸侯，有天下；行一不义，杀一不辜而得天下，皆不为也，是则同。”

曰：“敢问其所以异。”

曰：“宰我、子贡、有若[6]，智足以知圣人，污不至阿其所好[7]。宰我曰：‘以予观于夫子，贤于尧、舜远矣[8]。’子贡曰：‘见其礼而知其政，闻其乐而知其德，由百世之后，等百世之王[9]，莫之能违也。自生民以来，未有夫子也。’有若曰：‘岂惟民哉？麒麟之于走兽，凤凰之于飞鸟，太山之于丘垤[10]，河海之于行潦[11]，类也；圣人之于民，亦类也。出于其类，拔乎其萃，自生民以来，未有盛于孔子也。’”

〔注释〕

①子游:姓言,名偃,字子游。子张:姓颛孙,名师,字子张。均为孔子弟子。

②具体:全体。微:狭小。

③姑:暂且。舍:古同“捨”,放下。

④伯夷:商末孤竹国君的长子。周武王伐纣时,伯夷与弟弟叔齐拦马谏阻。周灭商后,两人隐居首阳山,不食周粟而死。伊尹:名挚。辅佐商汤灭夏,建立商朝。

⑤班:等同。

⑥有若:姓有,名若。孔子弟子。

⑦污(wū):同“汙”字,卑劣。

⑧尧、舜:儒家推崇的古代理想圣君。

⑨等:区别。

⑩丘垤(dié):小土堆。

⑪行潦(lǎo):沟中的流水。

〔译文〕

公孙丑说:“我以前曾听说,子夏、子游、子张各有孔子的一些长处;冉牛、闵子、颜渊则大体近于孔子,却不如他那样博大精深。请问您是哪一种情况呢?”

孟子说:“暂且不谈这个。”

公孙丑问:“伯夷和伊尹怎么样?”

孟子答道:“他们的主张不同。不认可的君主不侍奉,不认可的百姓不使唤;天下太平就出仕,天下混乱就隐居,这是伯夷。任何君主都可侍奉,任何百姓可以使唤;天下太平出仕为官,天下混乱也是如此,这是伊尹。该出仕就出仕,该辞职就辞职,该长久就长久，该短暂就短暂，这是孔子。他们都是古代的圣人，我还做不到他们那样。至于我所希望的，是向孔子学习。”

公孙丑问：“伯夷、伊尹可以与孔子相提并论吗？”

孟子答道：“不可以。自有人类以来，没有比得上孔子的。”

公孙丑又问：“那么他们有相同的地方吗？”

孟子说：“有。如果让他们管理方圆百里的土地，都可以使诸侯来朝，天下归附；如果做一件不义的事，杀一个无辜的人因而得到天下，他们都不会做。这是他们相同的地方。”

公孙丑问：“请问他们不同的地方又在哪里呢？”

孟子说：“宰我、子贡、有若的智慧足以了解圣人，虽然地位低下，但不会对喜欢的人加以追捧。宰我曾说：‘以我对先生的观察，先生远远超过了尧、舜。’子贡说：‘看见一国的礼俗，就可以了解这个国家的政治；听到一国的音乐，就可以了解这个国家的道德风气；即使从百代以后去评价百代以来的君王，任何一个君王都不能违背孔子之道。从有人类以来，没有谁比得上孔子。’有若说：‘难道只是人类存在差别吗？麒麟之于走兽，凤凰之于飞鸟，泰山之于土堆，河海之于水沟，都属于同类；圣人相对于百姓，亦是同类，但圣人高出了同类，超出了同群。自有人类以来，没有比孔子更伟大的。”

三

3·3 孟子曰：“以力假仁者霸，霸必有大国；以德行仁者王，王不待大[①]——汤以七十里，文王以百里。以力服人者，非心服也，力不赡也[②]；以德服人者，中心悦而诚服也，如七十子之服孔子也[③]。《诗》云[④]：‘自西自东，自南自北，无思不服。’[⑤]此之谓也。”

〔注释〕

①待:等待。引申为依靠。

②赡(shàn):足。

③七十子:孔子弟子。

④《诗》:引诗出自《诗经·大雅·文王有声》。

⑤思:语助词,无实义。

〔译文〕

孟子说:“依仗实力,假借仁义之名而统一天下的叫作‘霸’,要称霸,一定要凭借强大的国力;依靠道德,推行仁义而统一天下的叫作‘王’,要称王,不一定得有强大的国家——商汤只有方圆七十里,文王只有方圆百里。用武力使人臣服,不是真心服从,只是力量不够;依靠道德来使人归服,才是心悦诚服,就像七十子归服孔子。《诗经》说:‘从西至东,从南至北,无不服从。’正是这个意思。”

四

3·4 孟子曰:“仁则荣,不仁则辱。今恶辱而居不仁,是犹恶湿而居下也。如恶之,莫如贵德而尊士,贤者在位,能者在职。国家闲暇,及是时,明其政刑,虽大国必畏之矣。《诗》云①:‘迨天之未阴雨②,彻彼桑土③,绸缪牖户④。今此下民⑤,或敢侮予?’孔子曰:‘为此诗者,其知道乎!能治其国家,谁敢侮之?’今国家闲暇,及是时,般乐怠敖⑥,是自求祸也。祸福无不自己求之者。《诗》云⑦：‘永言配命，自求多福。’《太甲》曰⑧：‘天作孽，犹可违⑨；自作孽，不可活。’此之谓也。”

〔注释〕

①《诗》：引诗出自《诗经·豳风·鸱鸮》。

②迨(dài)：趁着。

③彻：剥取。桑土(dù)，桑杜，桑根之皮。

④绸缪：缠结。牖户：窗门。

⑤此：《诗》原文作“女”。下民：下面的人。

⑥般(pán)乐：大肆作乐。怠敖：怠慢，骄傲。

⑦《诗》：引诗出自《诗经·大雅·文王》。

⑧《太甲》：《尚书》篇名。

⑨违：避开。

〔译文〕

孟子说：“如果施行仁政，就会有荣耀；如果行不仁之政，就会遭受屈辱。如今的人们厌恶屈辱却又自处于不仁之地，这正好比厌恶潮湿却又自处于低洼之地一样。如果真的厌恶屈辱，就不如重视仁德而尊敬士人，使贤人在位，能人在职。国家无内忧外患，趁这个时候修明政教刑法，即使大国也一定会害怕。《诗经》说：‘趁着天晴没阴雨，剥些桑树根的皮，补好窗子和门户。从今之后你们下面的人，有谁还敢来欺辱？’孔子说：‘写这首诗的人，是懂得道啊！能治理他的国家，谁还敢欺侮他？’如今国家没有内忧外患，却享乐怠惰，这是自找灾祸啊。祸与福无不是自己找的。《诗经》说：‘永远想着配合天命，自己求来无穷之福。’《尚书·太甲》说：‘天降的灾害还可以躲避，自作的罪孽，无处可逃。’说的就是这个道理。”

五

3·5 孟子曰:“尊贤使能,俊杰在位,则天下之士皆悦,而愿立于其朝矣。市,廛而不征①,法而不廛②,则天下之商皆悦,而愿藏于其市矣;关,讥而不征③,则天下之旅皆悦,而愿出于其路矣;耕者,助而不税④,则天下之农皆悦,而愿耕于其野矣;廛⑤,无夫里之布⑥,则天下之民皆悦,而愿为之氓矣⑦。信能行此五者,则邻国之民仰之若父母矣。率其子弟,攻其父母,自有生民以来未有能济者也。如此,则无敌于天下。无敌于天下者,天吏也。然而不王者,未之有也。”

〔注释〕

①廛(chán):市中储藏或堆积货物的宅舍。此处用作动词,指对宅舍征收税。

②法而不廛:依法对市场进行管理而不对宅舍征税。

③讥:查问。

④助:上古九百亩为一井,状如井,八家各有一百亩,中为公田,公事毕然后敢治私事,这种制度称为“助”。

⑤廛:宅舍,此处用作名词。

⑥夫里之布:“夫布”“里布”。布,古代的一种货币。夫布,一夫的劳役税。里布,一户的地税。

⑦氓(méng):古代称百姓。

〔译文〕

孟子说:“尊重贤才,使用能人,杰出的人物都有官位,那么，天下的士人都会高兴，愿意到这样的朝廷做官。市场，只对宅舍征税而不对货物征税，或者只依法管理而不对宅舍征税，那么，天下的商人都会高兴，愿意把货物存放在这个市场；关卡，只稽查而不征税，那么，天下的旅客都会高兴，愿意经过这里的道路；耕田的人，只要求助耕公田，而不对私田征税，那么，天下的农夫都会高兴，愿意在这里的土地上耕种；人们居住的地方，没有劳役税和额外的地税，那么，天下的百姓都会高兴，愿意迁到这里生活。真正能够做到这五项，邻国的百姓仰望你如同父母。若有邻国想率领百姓攻打你，就好比率领子弟攻打父母，自有人类以来没有能成功的。这样，就能无敌于天下。无敌于天下的人就是‘天吏’。如此而不能统一天下，是从来没有的。”

六

3·6 孟子曰：“人皆有不忍人之心。先王有不忍人之心，斯有不忍人之政矣。以不忍人之心，行不忍人之政，治天下可运之掌上。所以谓人皆有不忍人之心者，今人乍见孺子将入于井[①]，皆有怵惕恻隐之心[②]——非所以内交于孺子之父母也[③]，非所以要誉于乡党朋友也[④]，非恶其声而然也。由是观之，无恻隐之心，非人也；无羞恶之心，非人也；无辞让之心，非人也；无是非之心，非人也。恻隐之心，仁之端也[⑤]；羞恶之心，义之端也；辞让之心，礼之端也；是非之心，智之端也。人之有是四端也，犹其有四体也[⑥]。有是四端而自谓不能者，自贼者也；谓其君不能者，贼其君者也。凡有四端于我者，知皆扩而充之矣，若火之始然[7]，泉之始达[8]。苟能充之，足以保四海；苟不充之，不足以事父母。”

〔注释〕

①今：假如。

②怵惕：惊惧。恻隐：同情，怜悯。

③内交：结交。

④要誉：博取名誉。要，通“邀”，求。

⑤端：开端，源头。

⑥四体：四肢。

⑦然：同“燃”。

⑧达：冒出地面。

〔译文〕

孟子说：“每个人都有不忍别人遭受痛苦的心。因为先王有不忍人遭受痛苦的心，所以就有不忍人遭受痛苦的政治。用不忍人遭受痛苦的心，施行不忍人遭受痛苦的政治，那么治理天下就像在手掌上玩弄东西那样容易。之所以说每个人都有不忍人遭受痛苦的心，原因在于：假如突然看到一个小孩子要跌到井里，任何人都会有惊恐、同情之心。这种心情的产生，不是为着要与孩子的父母攀结交情，不是为着要在乡里朋友中博取名誉，也不是厌恶孩子的哭喊声。由此看来，没有同情之心，不是人；没有羞恶之心，不是人；没有辞让之心，不是人；没有是非之心，不是人。同情之心是仁的开端，羞耻之心是义的开端，辞让之心是礼的开端，是非之心是智的开端。人拥有这四端，就像人拥有四肢一样。拥有四端却自认为不能实行的，是自暴自弃的人；认为国君不能实行的，是残害国君的人。凡自身拥有四端，知道把它们扩充起来,便会像刚刚烧燃的火,像刚刚流出的泉水。如果能够扩充,便足以保有天下;如果不能扩充,就连侍奉父母也做不到。”

七

3·7 孟子曰:“矢人岂不仁于函人哉①?矢人唯恐不伤人,函人唯恐伤人。巫匠亦然②。故术不可不慎也。孔子曰:‘里仁为美③。择不处仁,焉得智?’夫仁,天之尊爵也,人之安宅也。莫之御而不仁④,是不智也。不仁不智,无礼无义,人役也。人役而耻为役,由弓人而耻为弓⑤,矢人而耻为矢也。如耻之,莫如为仁。仁者如射:射者正己而后发,发而不中,不怨胜己者,反求诸己而已矣。”

〔注释〕

①矢人:造箭的人。函人:造铠甲的人。函,铠甲。
②巫:巫医。匠:匠人,这里特指做棺材的木匠。
③里仁为美:居住在仁者所居之里,或谓与仁人为邻。
④御:阻挡。
⑤由:同“犹”,好像。

〔译文〕

孟子说:“造箭的人难道比制造铠甲的人本性要残忍吗?造箭的人唯恐不能射伤人,而制造铠甲的人却唯恐人被射伤。巫医和棺材匠也是如此。所以,对于谋生职业的选择不能不慎重啊。孔子说：'与仁者为邻是美好的。选择邻里，却不与仁共处，怎能算是智？'仁是上天尊贵的爵位，是人间安逸的住宅。没有人阻挡却不追求仁，这是愚蠢。不仁不智，无礼无义，这种人只配被别人役使。被别人役使却自以为耻，就好比造弓的人以造弓为耻、造箭的人以造箭为耻一般。如果真以为耻，那就不如好好地去实行仁。实行仁，如同射箭，射箭的人须先端正自己的姿势然后放箭，如果没有射中，不是埋怨比自己射得好的人，而是反过来在自己身上找原因。"

八

3·8 孟子曰："子路，人告之以有过，则喜。禹闻善言①，则拜。大舜有大焉②，善与人同，舍己从人，乐取于人以为善。自耕稼、陶、渔以至为帝③，无非取于人者。取诸人以为善，是与人为善者也④。故君子莫大乎与人为善。"

〔**注释**〕

①禹：儒家推崇的古代圣王。曾奉舜命治理洪水，后成为夏朝的开国君主。

②有：同"又"。

③自耕稼、陶、渔以至为帝：传说舜为天子之前，曾在历山耕种，在河滨做瓦器，在雷泽打鱼。

④与：帮助，赞许。

〔**译文**〕

孟子说："子路，别人指出他的过错，他便高兴。禹听到善言，就给人拜谢。伟大的舜更是了不起，善于与他人达成一致，抛弃自己的不足，接受他人的长处，乐于吸取别人的优点来行善。从农夫、陶工、渔夫一直到成为天子，没有一处优点不是从别人那里吸取来的。吸取别人的优点来行善，就是偕同别人一道行善。所以君子最了不起的地方，就是偕同别人一道行善。”

九

3·9 孟子曰：“伯夷，非其君不事，非其友不友。不立于恶人之朝，不与恶人言。立于恶人之朝，与恶人言，如以朝衣朝冠坐于涂炭①。推恶恶之心，思与乡人立，其冠不正，望望然去之②，若将浼焉③。是故诸侯虽有善其辞命而至者，不受也。不受也者，是亦不屑就已。柳下惠不羞污君④，不卑小官；进不隐贤，必以其道；遗佚而不怨⑤，阨穷而不悯⑥。故曰：‘尔为尔，我为我，虽袒裼裸裎于我侧⑦，尔焉能浼我哉？’故由由然与之偕而不自失焉⑧，援而止之而止。援而止之而止者，是亦不屑去已。”孟子曰：“伯夷隘，柳下惠不恭。隘与不恭，君子不由也。”

〔注释〕

①涂炭：烂泥和炭火，比喻污浊之地。

②望望然：扫兴的样子。

③浼（měi）：污染，传染。

④柳下惠：春秋时鲁国大夫，姓展，名获，字子禽。因封邑在柳下，谥

号“惠”,故称柳下惠。

⑤遗佚:亦作“遗逸”。遗弃而不用。

⑥悯:忧伤,忧愁。

⑦袒裼(tǎnxī):袒露肉体。裸裎(chéng):赤身露体。

⑧由由然:高兴的样子。

〔译文〕

孟子说:“伯夷,不是他认可的君主就不去侍奉,不是他中意的朋友就不去交结。不到坏人的朝廷里做官,不同坏人交谈。到坏人的朝廷里做官,同坏人交谈,就好像穿戴朝服、朝冠坐在污泥黑炭上一样。把这种厌恶坏人的心情推广开来,他便觉得即便和乡亲站在一起,如果那人帽子没有戴正,自己也会失望地走开,好像自己会被传染似的。所以,虽然有诸侯用好言好语来聘请他,他也不接受。不接受,是因为自己不屑于同流合污。柳下惠不以侍奉暴君为羞耻,也不嫌弃做小官;入朝做官不隐藏自己的才能,必定按照自己的原则办事;被遗弃也不怨恨,身处穷困也不忧愁。所以他说:‘你是你,我是我,即使你赤身露体地站在我身边,你又怎么能玷污我呢?’所以悠然自得地与他人同处而不丧失自己,要他留下就留下。要他留下就留下,这是因为他不把避开当作高洁。”孟子又说:“伯夷狭隘,柳下惠不严肃。狭隘与不严肃,君子是不这样做的。”

卷四　公孙丑下

〔题解〕

本篇共十四章。主要记录了孟子在齐国时的活动，内容涉及治国之道、君臣关系等方面。

天时、地利、人和决定战争成败，而其中的关键就是民心向背，孟子由此提出“天时不如地利，地利不如人和”的思想，认为只有实行仁政，才能战无不胜。这种思想也体现在孟子对齐国伐燕的态度中，不论是拥护还是反对，孟子都以燕国民众的利益为出发点，可以说，民本是孟子处理燕国政治事件的最高原则。

孟子对王道政治充满信心，同时也相信王道的实现需要一定的客观条件和历史机缘。他一直对齐王能行仁政抱有较大的期望，但齐王的做法令他失望，于是决定辞职归家。有说客前来挽留，孟子告诉他与其替齐王留住自己，不如去劝说齐王改变态度。孟子从政是为了行道，而不是为了干禄，他进与退都有自己的原则，这个原则就是民本，就是民众的利益能不能得到实现和保障。

一

4·1　孟子曰：“天时不如地利，地利不如人和。三里之城[①]，七里之郭[②]，环而攻之而不胜[③]。夫环而攻之，必有得天时者矣，然而不胜者，是天时不如地利也。城非不高也，池非不深也[4]，兵革非不坚利也，米粟非不多也，委而去之[5]，是地利不如人和也。故曰：域民不以封疆之界[6]，固国不以山溪之险[7]，威天下不以兵革之利。得道者多助，失道者寡助。寡助之至，亲戚畔之[8]；多助之至，天下顺之。以天下之所顺，攻亲戚之所畔，故君子有不战[9]，战必胜矣。”

〔注释〕

①城：内城。
②郭：外城。
③环：包围。
④池：护城河。
⑤委：弃。
⑥域：界限。
⑦溪：山间的河沟。
⑧畔：通“叛”。
⑨有：或许。

〔译文〕

孟子说：“天时不及地利，地利不及人和。方圆三里的内城，方圆七里的外城，四面围攻却不能取胜。既然能够四面围攻，一定是占得天时，然而不能取胜，这说明天时不如地利。城墙不是不高，护城河不是不深，兵器铠甲不是不坚利，粮食不是不充足，但最终还是弃城而逃，这说明占据地利却不及占得人和。所以说：管理人民不必用国家的疆界，保护国家不必靠山川的险峻，扬威天下不必凭兵器的锐利。占据道义的人获得的援助就多，失去道义的人获得的援助就少。帮助他的人少到极点，就连亲戚都背叛他；帮助他的人多到极点，全天下都顺从他。用天下都归顺的人，来攻打连亲戚都背叛的人，那么君子不战则已，战必取胜。”

二

4·2 孟子将朝王，王使人来曰："寡人如就见者也①，有寒疾，不可以风。朝②，将视朝，不识可使寡人得见乎？"

对曰："不幸而有疾，不能造朝③。"

明日，出吊于东郭氏④。公孙丑曰："昔者辞以疾，今日吊，或者不可乎？"

曰："昔者疾，今日愈，如之何不吊？"

王使人问疾，医来。孟仲子对曰⑤："昔者有王命，有采薪之忧⑥，不能造朝。今病小愈，趋造于朝⑦，我不识能至否乎？"

使数人要于路⑧，曰："请必无归，而造于朝！"

不得已而之景丑氏宿焉⑨。

〔注释〕

①如：应当。

②朝（zhāo）：早晨。

③造朝：上朝。

④东郭氏：齐国大夫。

⑤孟仲子：孟子的堂弟。

⑥采薪之忧：生病的代辞。

⑦趋：疾行。

⑧要（yāo）：拦截。

⑨景丑氏：齐国大夫。

〔译文〕

孟子准备去拜见齐王，齐王派人来说："我本应该来看望你，但患了风寒，不能吹风。明早我将临朝听政，不知道可以让我见到您吗？"

孟子答道："不幸得很，我也有病，不能到朝廷去。"

第二天，孟子出门到东郭大夫家吊丧。公孙丑问："昨天推说有病，今天却又去吊丧，恐怕不好吧？"

孟子说："昨天有病，今天好了，为什么不能去吊丧呢？"

齐王派人来询问病情，并且带来了医生。孟仲子应付说："昨天大王派人来时，先生不巧得病，不能到朝廷去。今天病好了些，已经上朝廷里去了，不知道现在到了没有？"

随即派了几个人在孟子归家的路上拦截孟子，告诉他："您无论如何不要回家，赶快到朝廷去！"

孟子不得已，只得到景丑氏家去借宿。

景子曰："内则父子，外则君臣，人之大伦也。父子主恩，君臣主敬。丑见王之敬子也，未见所以敬王也。"

曰："恶！是何言也！齐人无以仁义与王言者，岂以仁义为不美也？其心曰：'是何足与言仁义也'云尔，则不敬莫大乎是。我非尧、舜之道，不敢以陈于王前，故齐人莫如我敬王也。”

景子曰：“否，非此之谓也。《礼》曰：‘父召，无诺[①]；君命召，不俟驾[②]。’固将朝也，闻王命而遂不果[③]，宜与夫礼若不相似然[④]。”

曰：“岂谓是与？曾子曰：‘晋、楚之富，不可及也。彼以其富，我以吾仁；彼以其爵，我以吾义，吾何慊乎哉[⑤]？’夫岂不义而曾子言之？是或一道也。天下有达尊三[⑥]：爵一，齿一，德一。朝廷莫如爵，乡党莫如齿，辅世长民莫如德。恶得有其一以慢其二哉？故将大有为之君，必有所不召之臣，欲有谋焉，则就之。其尊德乐道，不如是，不足与有为也。故汤之于伊尹，学焉而后臣之，故不劳而王；桓公之于管仲，学焉而后臣之，故不劳而霸。今天下地丑德齐[⑦]，莫能相尚[⑧]，无他，好臣其所教，而不好臣其所受教。汤之于伊尹，桓公之于管仲，则不敢召。管仲且犹不可召，而况不为管仲者乎？”

〔注释〕

①诺：答应的声音。《礼记·曲礼》曰：“父命呼，唯而不诺。”意思是父亲有召唤，该答“唯”，不答“诺”。“唯”和“诺”都表示应答，二者相较，以“唯”更显恭敬。

②不俟驾：不等到车马备好就起身。

③而遂：乃。

④宜：大概。

⑤慊（qiàn）：不满足。

⑥达尊：众所共尊。

⑦丑：相同。

⑧尚：超过。

〔译文〕

景子说："在家有父子，在外有君臣，这是人间最重要的伦理关系。父子之间以恩情为主，君臣之间以恭谨为主。我只看到齐王尊敬你，却没有看到你尊敬齐王。"

孟子说："哎！这是什么话！在齐国人中，没有一个与齐王谈论仁义的，难道是他们认为仁义不好吗？他们心想：'他哪里配谈论仁义！'这才是最大的不恭敬。至于我，不是尧、舜之道不敢拿来向齐王陈述，所以齐国人没有比我更尊敬齐王了。"

景子说："不，我不是说这个。《礼》经说：'父亲召唤，"唯"一声就起身，不说"诺"；君王召唤，不等车马备好就出发。'您本来准备朝见齐王，可是听到齐王的命令却又不去了，这恐怕与《礼》经上说的不相符吧。"

孟子说："难道是说的这个吗？曾子说过：'晋国和楚国的财富，没人比得上。但是，他有他的财富，我有我的仁；他有他的爵位，我有我的道义，我有什么不如他呢？'难道曾子的话没有道理吗？应该是有一定道理的。天下公认为尊贵的东西有三种：爵位、年龄、道德。朝廷上最尊贵的是爵位，乡里最尊贵的是年龄，匡扶世道、统帅百姓最尊贵的是道德。为何齐王有了爵位，就敢怠慢我的年龄和道德呢？所以大有作为的君主，一定有不能召唤的臣子，有事要商量，就亲自前去请教。他尊重德行，喜爱道义，如果不这样，便不足和他有所作为。因此，商汤对于伊尹，先向他学习，然后才以他为臣，于是不费力气便称王天下；

齐桓公对于管仲，也是先向他学习，然后以他为臣，于是不费力气就称霸诸侯。如今天下各国土地相当，国君的德行相似，没有哪个能超出他人，这没有别的缘故，正是因为他们只喜欢任用听自己话的人为臣，而不喜欢能教导他们的人为臣。商汤对于伊尹，桓公对于管仲，就不敢召唤。管仲尚且不可以被召唤，更何况不屑于做管仲的人呢？”

三

4·3 陈臻问曰①：“前日于齐，王馈兼金一百而不受②；于宋，馈七十镒而受③；于薛④，馈五十镒而受。前日之不受是，则今日之受非也；今日之受是，则前日之不受非也。夫子必居一于此矣。”

孟子曰：“皆是也。当在宋也，予将有远行，行者必以赆⑤，辞曰：‘馈赆。’予何为不受？当在薛也，予有戒心⑥，辞曰：‘闻戒，故为兵馈之。’予何为不受？若于齐，则未有处也⑦。无处而馈之，是货之也⑧。焉有君子而可以货取乎？”

〔注释〕

①陈臻：孟子弟子。

②兼金：好金，价值双倍于普通的金。

③镒（yì）：古代重量单位，二十两为一镒。

④薛：齐国靖郭君田婴的封邑。

⑤赆（jìn）：临别时赠送的财物。

⑥戒心：戒备之心。

⑦未有处:没有理由。

⑧货:收买,贿赂。

〔译文〕

陈臻问道:“先前在齐国时,齐王馈赠良金一百镒,您不接受;后来在宋国,宋君送您七十镒,您接受了;在薛时,薛君馈赠五十镒,您也接受了。如果以前不接受是正确的,那么现在的接受便错了;如果现在接受是正确的,那么过去不接受便错了。先生于二者之中必有一个是错误的。”

孟子说:“都是正确的。当在宋国时,我准备远行,对远行的人理应送些盘费,所以宋君说:‘送您一些盘费。’我为什么不接受呢?当在薛的时候,我有戒备之心,薛君说:‘听说您有所戒备,送点钱给您买兵器。’我为什么不接受呢?至于在齐国,就没有什么理由。没有什么理由却送我钱,这是收买我。哪里有君子可以被收买的呢?”

四

4·4 孟子之平陆[①],谓其大夫曰:“子之持戟之士,一日而三失伍[②],则去之否乎?”

曰:“不待三。”

“然则子之失伍也亦多矣。凶年饥岁,子之民,老羸转于沟壑,壮者散而之四方者,几千人矣。”

曰:“此非距心之所得为也[③]。”

曰:“今有受人之牛、羊而为之牧之者,则必为之求牧与刍矣。求牧与刍而不得,则反诸其人乎?抑亦立而视其死与[4]？”

曰：“此则距心之罪也。”

他日，见于王曰：“王之为都者[5]，臣知五人焉。知其罪者，惟孔距心。”为王诵之[6]。

王曰：“此则寡人之罪也。”

〔注释〕

①平陆：齐国边境城邑。

②失伍：掉队。

③距心：孔距心，平陆的地方长官。

④抑亦：还是。

⑤为都者：封邑的长官。

⑥诵：复述。

〔译文〕

孟子到平陆，对当地的长官孔距心说：“如果你的士兵一天三次掉队，你会开除他吗？”

孔距心回答：“不必等到三次。”

孟子说：“那么你自己掉队的地方已经很多了。灾荒年成，你的百姓，年老体弱抛尸于山沟中的，年轻力壮逃亡于四方的，已近千人了。”

孔距心说：“这不是我力所能及的。”

孟子说：“假如有个人，接受了别人的牛、羊而为其牧放，那么就一定要为牛、羊寻找牧场和草料。如果找不到牧场和草料，是把牛、羊还给主人呢？还是站在一边眼看着它们饿死呢？”

孔距心说：“这是我的过错。”

后来，孟子被齐王召见，说："王的都邑长官，我认识五位，能认识到自己的过错的，只有孔距心一位。"他向齐王复述了与孔距心的对话。

齐王说："这是我的过错啊。"

五

4·5 孟子谓蚳鼃曰[①]："子之辞灵丘而请士师[②]，似也，为其可以言也。今既数月矣，未可以言与？"

蚳鼃谏于王而不用，致为臣而去[③]。

齐人曰："所以为蚳鼃，则善矣；所以自为，则吾不知也。"

公都子以告[④]。

曰："吾闻之也：有官守者，不得其职则去；有言责者，不得其言则去。我无官守，我无言责也，则吾进退，岂不绰绰然有余裕哉[⑤]？"

〔注释〕

①蚳鼃（chíwā）：齐国大夫。

②灵丘：齐国邑名。士师：古代执掌禁令刑狱的官名。

③致：归还。

④公都子：孟子弟子。

⑤绰绰然：宽裕的样子。

〔译文〕

孟子对蚳鼃说："你辞去灵丘长官，请求担任治狱官，似乎很有道理，因为这可以向王进言。现在已经几个月了，还不能向王进言吗?”

蚳鼃向齐王进谏，王不听，因之辞职而去。

齐国有人便说:“孟子为蚳鼃考虑的主意是不错的，但是他如何为自己打算的，就不知道了。”

公都子把这话告诉孟子。

孟子说:“我听说，有官职的人，不能尽职就离去;有进言之责的，不能进言就离去。我既没有官职，又没有进言之责，那么我的进退，难道不是宽舒自如、有很大的回旋余地吗?”

六

4·6 孟子为卿于齐，出吊于滕，王使盖大夫王驩为辅行①。王驩朝暮见，反齐、滕之路，未尝与之言行事也。

公孙丑曰:“齐卿之位，不为小矣;齐、滕之路，不为近矣，反之而未尝与言行事，何也?”

曰:“夫既或治之②，予何言哉?”

〔注释〕

①盖(gě):齐国邑名。王驩(huān):盖邑的地方长官，为齐王宠臣。

②或:语助词，无实义。

〔译文〕

孟子在齐国为卿，奉命出使滕国吊丧，齐王还派盖邑大夫王驩为副使同行。王驩同孟子两人朝夕相处，但在往返齐、滕的路上，孟子却从未和他讨论过公事。

公孙丑问："齐国国卿的职位，不算小了；齐、滕两国间的距离，也不算近了，但往返路上您却从未和王驩讨论过公事，这是为什么呢？"

孟子说："他既然已独断专行，我还说什么呢？"

七

4·7 孟子自齐葬于鲁，反于齐，止于嬴[①]。

充虞请曰[②]："前日不知虞之不肖，使虞敦匠事[③]。严[④]，虞不敢请。今愿窃有请也：木若以美然[⑤]。"

曰："古者棺椁无度，中古棺七寸，椁称之。自天子达于庶人，非直为观美也，然后尽于人心。不得[⑥]，不可以为悦；无财，不可以为悦。得之为有财[⑦]，古之人皆用之，吾何为独不然？且比化者无使土亲肤[⑧]，于人心独无恔乎[⑨]？吾闻之也，君子不以天下俭其亲。"

〔注释〕

①嬴：齐国邑名。

②充虞：孟子弟子。

③敦：治理，管理。

④严：急，忙。

⑤以：太，甚。

⑥不得：为礼制所不允许。

⑦为：用。

⑧比：保护。化者：死者。

⑨恔(xiào):满意。

〔译文〕

孟子从齐国回到鲁国安葬母亲,返回齐国途中,在嬴邑停留。

充虞请教说:“前些日子承您错爱,派我监理棺椁的制造工作。当时时间紧迫,我不敢来请教。现在愿有所请教:棺木似乎太好了。”

孟子说:“上古时对于棺椁的尺寸没有一定的规定,中古时棺厚七寸,椁的厚度与之相当。从天子一直到老百姓,棺椁不只是为了美观,而是这样才能尽孝心。因礼制规定而不能用,不能算如意;没有财力使用,也不会称心。在礼制与财力允许的情况下,古人都会用好的棺椁,为什么我不能这样呢?而且为死者考虑,厚棺椁还可以保护尸体,避免与泥土直截接触,这对孝子说来,难道不是很称心吗?我听说,无论如何,君子都不应当在父母身上去省钱。”

八

4·8 沈同以其私问曰[①]:“燕可伐与?”

孟子曰:“可。子哙不得与人燕[②],子之不得受燕于子哙[③]。有仕于此[④],而子悦之,不告于王而私与之吾子之禄爵;夫士也,亦无王命而私受之于子,则可乎?何以异于是?”

齐人伐燕。

或问曰:“劝齐伐燕,有诸?”

曰："未也。沈同问'燕可伐与'？吾应之曰'可'。彼然而伐之也。彼如曰：'孰可以伐之？'则将应之曰：'为天吏，则可以伐之。'今有杀人者，或问之曰：'人可杀与？'则将应之曰：'可。'彼如曰：'孰可以杀之？'则将应之曰：'为士师，则可以杀之。'今以燕伐燕，何为劝之哉？"

〔注释〕

①沈同：齐国大臣。

②子哙（kuài）：燕王哙，姬姓，战国时期燕国第38任国君，公元前314年，齐国侵燕，燕王哙被杀。

③子之：燕王哙相。

④仕：同"士"。

〔译文〕

沈同以个人身份问孟子："燕国可以进攻吗？"

孟子说："可以。燕王哙不应该把燕国让给别人，子之也不应该从子哙那里接受燕国。假如有一位当官的人，你对他有好感，不向国君禀告就私自把自己的俸禄爵位送给他；那个人也不经过国君同意，私自从你这里接受俸禄和爵位，这样做行吗？这与子哙让国于子之，有什么不同呢？"

齐国出兵攻打燕国。

有人问孟子："你曾劝说齐国攻打燕国，有这回事吗？"

孟子说："没有。沈同问'燕国可以攻打吗'，我回答说'可以'。他们于是就去进攻燕国。他如果问：'谁可以去攻打燕国？'那我会说：'只有天吏才可以去攻打。'这就好比有一个杀人犯，如果有人问：‘这人该杀吗？’那我会说：‘该杀。’他如果问：‘谁可以杀他呢？’那我会说：‘只有治狱官才可以去杀他。’如今一个与燕国一样无道的国家去攻打燕国，我为什么要去劝他呢？”

九

4·9 燕人畔。王曰：“吾甚惭于孟子。”

陈贾曰[①]：“王无患焉。王自以为与周公孰仁且智？”

王曰：“恶！是何言也！”

曰：“周公使管叔监殷，管叔以殷畔[②]。知而使之，是不仁也；不知而使之，是不智也。仁智，周公未之尽也，而况于王乎？贾请见而解之。”

见孟子，问曰：“周公何人也？”

曰：“古圣人也。”

曰：“使管叔监殷，管叔以殷畔也，有诸？”

曰：“然。”

曰：“周公知其将畔而使之与？”

曰：“不知也。”

“然则圣人且有过与？”

曰：“周公，弟也；管叔，兄也。周公之过，不亦宜乎？且古之君子，过则改之；今之君子，过则顺之[③]。古之君子，其过也，如日月之食，民皆见之；及其更也[④]，民皆仰之。今之君子，岂徒顺之，又从为之辞[⑤]。”

〔注释〕

①陈贾:齐国大夫。

②管叔以殷畔:周武王克商后,封纣王之子武庚于商旧都,派管叔、蔡叔、霍叔去监督。武王死后,成王年幼,周公摄政,管叔与武庚反叛,周公率军讨伐,杀武庚、管叔。

③顺:放任。

④更:改。

⑤辞:辩解。

〔译文〕

燕国人背叛齐国。齐王说:“我感到非常愧对孟子。”

陈贾说:“王不必忧虑。王自以为和周公相比,谁更仁爱而明智?”

齐王说:“哎!这是什么话!”

陈贾说:“周公派管叔监督殷人,管叔却率领殷遗民起来造反。如果周公预见他会反叛还任命他,这是不仁;如果周公未曾预见到,这便是不智。仁和智,连周公都没有完全做到,更何况您呢?请让我去见孟子做些解释吧。”

陈贾见到孟子,问道:“周公是怎样的人?”

孟子说:“古代的圣人。”

陈贾问:“他派管叔监督殷人,管叔却率领殷遗民造反,有这回事吗?”

孟子说:“有。”

陈贾问:“周公是早已预见到管叔会造反,却依然派他去的吗?”

孟子说:“未曾预见到。”

陈贾说："这样说来，圣人也会有过错？"

孟子说："周公是弟弟，管叔是哥哥，周公的过错，难道不也是合乎情理的吗？况且，古代的君子，有了过错就改正；今天的君子，有了过错却将错就错。古代的君子，他的过错就像日食月食一般，老百姓都看得到；等他改正了，百姓都抬头仰望他。今天的君子，不仅将错就错，而且还要找借口来为错误辩护。"

十

4·10 孟子致为臣而归[①]。王就见孟子[②]，曰："前日愿见而不可得，得侍同朝，甚喜；今又弃寡人而归，不识可以继此而得见乎[③]？"

对曰："不敢请耳，固所愿也。"

他日，王谓时子曰[④]："我欲中国而授孟子室[⑤]，养弟子以万钟[⑥]，使诸大夫、国人皆有所矜式[⑦]。子盍为我言之？"

时子因陈子而以告孟子[⑧]，陈子以时子之言告孟子。

孟子曰："然[⑨]，夫时子恶知其不可也？如使予欲富[⑩]，辞十万而受万，是为欲富乎？季孙曰：'异哉子叔疑[⑪]！使己为政，不用，则亦已矣，又使其子弟为卿。人亦孰不欲富贵？而独于富贵之中有私龙断焉[⑫]。'古之为市也，以其所有易其所无者，有司者治之耳。有贱丈夫焉[⑬]，必求龙断而登之，以左右望，而罔市利。人皆以为贱，故从而征之。征商自此贱丈夫始矣。"

〔注释〕

①致为臣:孟子辞去齐卿之职。归:返回家乡。

②就:去,前往。

③继此:从此以后。

④时子:齐国大夫。

⑤中国:国都中,指临淄城。

⑥钟:古代计量单位,一钟合古代的六石四斗,春秋时齐国以十釜为钟。

⑦矜式:敬重和效法。

⑧陈子:陈臻,孟子弟子。

⑨然:应词。

⑩如使:假如。

⑪子叔疑:人名,生平无考。

⑫龙断:垄断,把持集市,牟取高利。

⑬丈夫:古代对成年男子的通称。

〔译文〕

孟子准备辞官返乡。齐王去看望孟子,说:"以前想见到您而没有机会,后来终于能够同朝相处,我很高兴;现在您又要抛弃我而归去,不知以后还能不能再相见?"

孟子答道:"这个我不敢请求,但内心是很希望的。"

过了几天,齐王对时子说:"我想将临淄城中的一栋房子送给孟子,用万钟粟米来供养他的弟子,让各位大夫和国人都有效法的榜样。你何不替我去找孟子谈谈?"

时子托陈子转告孟子,陈子就把时子的话告诉了孟子。

孟子说:"哦。时子哪里知道这件事是不可以做的呢?如果我追求富贵，辞去十万钟的俸禄却接受一万钟的赏赐，这是追求富贵吗？季孙说：‘子叔疑太奇怪了！自己要做官，不被任用也就罢了，却又叫他的儿子、兄弟来做卿相。哪个人不想追求富贵？而他却想把富贵独自垄断起来。’古代的买卖，以有易无，这种事情，由相关的部门加以管理。有个卑贱的男子，一定要找个高地登上去，左边望望，右边望望，恨不得把所有交易的好处都捞了去。人们都觉得他卑贱，于是开始对他征税。对商人征税就是从这个卑贱的男子开始的。”

十一

4·11 孟子去齐，宿于昼①。有欲为王留行者，坐而言②。不应，隐几而卧③。

客不悦曰：“弟子齐宿而后敢言④，夫子卧而不听，请勿复敢见矣。”

曰：“坐！我明语子。昔者鲁缪公无人乎子思之侧⑤，则不能安子思；泄柳、申详无人乎缪公之侧⑥，则不能安其身。子为长者虑，而不及子思，子绝长者乎？长者绝子乎？”

〔注释〕

①昼：齐国邑名。

②坐：此处指危坐。古人席地而坐，双膝着地，臀部靠在脚后跟上，这是安坐；双膝着地而臀部离开脚后跟，这是危坐，即跪。安坐与危坐均可称为“坐”。下文“坐”指的是安坐。

③隐（yìn）：凭，靠。

④齐(zhāi)宿:前一日斋戒。齐,通"斋"。

⑤鲁缪公:鲁穆公,战国时鲁国国君,名显。子思:姓孔名伋,孔子之孙。

⑥泄柳、申详:鲁缪公时的贤人。

〔**译文**〕

孟子离开齐国,在昼邑过夜。有个想为齐王挽留孟子的人,恭敬地坐着同孟子交谈。孟子却不加理会,靠着几案装睡。

来人不高兴地说:"我提前一天斋戒,然后才大胆地进言,先生却假装睡觉,不听我的,恕我以后不敢再来见您了。"

孟子说:"请坐下,我明白地告诉你。过去,鲁缪公如果没有人在子思身边侍奉,就不能使子思安心;泄柳、申详要是没有人在鲁缪公身边进谏,就不能使自己安心。你为我这个老人考虑,我连鲁缪公对待子思也赶不上,那么,是你跟我这个老人绝交呢,还是我这个老人跟你绝交呢?"

十二

4·12 孟子去齐。尹士语人曰①:"不识王之不可以为汤、武,则是不明也;识其不可,然且至,则是干泽也②。千里而见王,不遇故去,三宿而后出昼,是何濡滞也③?士则兹不悦④。"

高子以告⑤。

曰:"夫尹士恶知予哉?千里而见王,是予所欲也;不遇故去,岂予所欲哉?予不得已也。予三宿而出昼,于予心犹以为速,王庶几改之!王如改诸,则必反予。

夫出昼而王不予追也，予然后浩然有归志。予虽然，岂舍王哉？王由足用为善[⑥]。王如用予，则岂徒齐民安，天下之民举安。王庶几改之！予日望之！予岂若是小丈夫然哉？谏于其君而不受，则怒，悻悻然见于其面，去则穷日之力而后宿哉？”

尹士闻之，曰：“士诚小人也。”

〔注释〕

①尹士：齐国人。

②干：求。泽：俸禄。

③濡(rú)滞：延迟，迟滞。

④兹：此。

⑤高子：齐国人，孟子弟子。

⑥由：同“犹”。足用：足以。

〔译文〕

孟子离开齐国。尹士对人说：“不知道齐王不可能成为商汤、周武王，那是孟子不明智；知道齐王不可能，然而还要来，那便是孟子贪求富贵。不远千里来见齐王，不相投合就离去，在昼邑住了三夜才离开，为什么这样迟缓呢？我对此很不满意。”

高子把这些话告诉了孟子。

孟子说：“尹士哪能理解我呢？不远千里来见齐王，那是我愿意来；不相投合而离开，难道是我愿意走吗？我是不得已啊。在昼住了三夜才离开，我心里还觉得太快了，心想齐王也许会改变主意。齐王假若改变主意，一定会把我召回。等离开了昼邑，齐王没有派人来追我，然后我才无所留恋地坚定了回乡的决心。

纵是这样,我难道肯舍弃齐王吗?齐王还是可以行善的。齐王如果任用我,何止齐国的百姓能得到太平,天下的百姓都将得到太平。齐王或许会改变主意!我天天盼望他能改变!我难道是那种气量狭小的人吗?向君王劝谏不被接受,便怒气冲冲,脸上露出不满的神色,离开时非要走得精疲力竭才肯休息?"

尹士听了以后,说:"我真是个小人啊。"

十三

4·13 孟子去齐,充虞路问曰[①]:"夫子若有不豫色然[②]。前日虞闻诸夫子曰:'君子不怨天,不尤人。'[③]"

曰:"彼一时,此一时也。五百年必有王者兴,其间必有名世者。由周而来,七百有余岁矣。以其数,则过矣;以其时考之,则可矣。夫天未欲平治天下也,如欲平治天下,当今之世,舍我其谁也?吾何为不豫哉?"

〔注释〕

①充虞:孟子弟子。

②豫:快乐,愉快。

③君子不怨天,不尤人:孔子之语,见于《论语·宪问》。尤:怪罪。

〔译文〕

孟子离开齐国,在路上充虞问道:"先生似乎不太高兴。以前我曾听您说过:'君子不抱怨天,不责怪人。'"

孟子说:"那时是那时,现在是现在。从历史上看,五百年必定有圣王兴起,其间必定有闻名于世的贤人出现。从周代以来,已经七百多年了。从年数说,已经超过了五百;从时势而论,也该有圣贤出现了。上天大概还不想使天下太平啊,如果想使天下太平,当今之世,除了我还会有谁呢?我为什么不快乐呢?"

十四

4·14 孟子去齐,居休①。公孙丑问曰:"仕而不受禄,古之道乎?"

曰:"非也。于崇②,吾得见王,退而有去志,不欲变,故不受也。继而有师命③,不可以请。久于齐,非我志也。"

〔注释〕

①休:地名。

②崇:齐国地名。

③师命:军令。

〔译文〕

孟子离开齐国,停留在休邑。公孙丑问道:"做官却不受俸禄,合乎古代的规矩吗?"

孟子说:"不是的。在崇邑,我见到了齐王,会面后就有了离开齐国的想法,并且不想改变,所以就不接受俸禄。后来,齐国有战事,不便请求离开。长期滞留在齐国,不是我的心愿。"

卷五　滕文公上

〔题解〕

本篇共五章。主要记录了孟子与滕文公的交往以及在滕国宣扬仁政的情况，内容涉及王道、仁政以及井田制的构想等内容。

孟子“道性善，言必称尧、舜”，对年轻的滕文公产生了深刻影响。滕定公去世，滕文公就派人到邹国，询问孟子对滕定公丧礼的意见。孟子建议实行三年之丧，并认为能否实现的关键在于滕文公自己。后来，滕文公果然行三年之丧，并收到良好的效果，得到了百官和同族的认可。孟子将“三年之丧”视为移风易俗、推行教化的重要手段，不仅有利于协调家庭关系，推而广之，更有利于社会安定。

在滕国期间，滕文公还派人向孟子询问治国之道。孟子提出，治理国家要让老百姓有固定的产业，实行助法（按十分之一的比例征收劳役地租），还要设立学校，明人伦，行教化。孟子还主张实行井田制，他将井田作为仁政思想的一个重要内容，认为“仁政必自经界始”，施行仁政必须要有一定的物质基础。

孟子还与农家陈相、墨家夷之进行论辩，宣扬仁政思想。孟子批驳农家许行及其弟子陈相等人否定社会分工的主张，阐述了劳心与劳力也就是脑力劳动与体力劳动的社会分工问题。孟子与墨家夷之辩论，批驳了墨家薄葬、兼爱的观点，是理解儒家仁爱思想的重要论述。

一

5·1 滕文公为世子①，将之楚，过宋而见孟子。孟子道性善，言必称尧、舜。

世子自楚反，复见孟子。孟子曰："世子疑吾言乎？夫道一而已矣。成覸②谓齐景公曰：'彼，丈夫也；我，丈夫也，吾何畏彼哉？'颜渊曰：'舜，何人也？予，何人也？有为者亦若是。'公明仪③曰：'文王，我师也。周公岂欺我哉？'今滕，绝长补短，将五十里也，犹可以为善国。《书》曰：'若药不瞑眩④，厥疾不瘳⑤。'"

〔注释〕

①世子：太子。

②成覸（jiàn）：齐国勇士。

③公明仪：鲁国贤人。

④瞑（mián）眩：头晕目眩。

⑤瘳（chōu）：痊愈。

〔译文〕

滕文公还是太子的时候，要到楚国去，经过宋国时拜会了孟子。孟子讲人性本善的道理，言谈必称尧、舜。

太子从楚国回来，又来拜访孟子。孟子说："太子怀疑我的话吗？天下大道只有这么一个啊。成覸对齐景公说：‘他，是个大丈夫；我，也是个大丈夫，我怕他什么呢？’颜渊说：‘舜是什么样的人？我是什么样的人？有作为的人也应该像舜一样。’公明仪说：‘文王是我的老师，周公难道会欺骗我吗？’如今的滕国，土地如果长短折算下来，也将近方圆五十里了，仍可以治理成一个好国家。《尚书》说：‘如果药力不使人头晕目眩，病就不能够痊愈。’”

二

5·2 滕定公薨[①]。世子谓然友曰[②]：“昔者孟子尝与我言于宋，于心终不忘。今也不幸至于大故[③]，吾欲使子问于孟子，然后行事。”

然友之邹问于孟子。

孟子曰：“不亦善乎！亲丧，固所自尽也[④]。曾子曰：‘生，事之以礼；死，葬之以礼，祭之以礼，可谓孝矣。’[⑤]诸侯之礼，吾未之学也。虽然，吾尝闻之矣。三年之丧，齐疏之服[⑥]，饘粥之食[⑦]，自天子达于庶人，三代共之。”

然友反命，定为三年之丧。父兄百官皆不欲，曰：“吾宗国鲁先君莫之行[⑧]，吾先君亦莫之行也，至于子之身而反之，不可。且《志》曰[⑨]：‘丧祭从先祖。’曰：‘吾有所受之也。’”

谓然友曰：“吾他日未尝学问，好驰马试剑。今也父兄百官不我足也[⑩]，恐其不能尽于大事，子为我问孟子。”

然友复之邹问孟子。

孟子曰：“然，不可以他求者也。孔子曰：‘君薨，听于冢宰[11]，歠粥[12]，面深墨，即位而哭，百官有司莫敢不哀，先之也。’上有好者，下必有甚焉者矣。‘君子之德，风也；小人之德，草也。草尚之风，必偃[13]’。是在世子。”

然友反命。世子曰：“然。是诚在我。”

五月居庐[14]，未有命戒[15]。百官族人可，谓曰知。及至葬，四方来观之。颜色之戚，哭泣之哀，吊者大悦。

〔注释〕

①滕定公：滕文公之父。薨（hōng）：诸侯死曰薨。

②然友：滕文公的老师。

③大故：父母之丧。

④自尽：尽自己的心力。

⑤曾子曰：见于《论语·为政》，为孔子对樊迟语。

⑥齐（zī）疏之服：用粗布做的缝边的丧服。齐，缝衣边。疏，粗布。

⑦飦（zhān）粥：稀粥。飦，同“饘”，稠粥。粥，稀粥。

⑧宗国：鲁国和滕国的始封祖分别是周公和叔绣，均为周文王之子，但周公年长，所以滕国称鲁国为宗国。

⑨《志》：记事的古书。

⑩足：满意。

⑪冢宰：百官之长，辅佐天子。

⑫歠（chuò）：饮，喝。

⑬“君子之德”句：出自《论语·颜渊》，为孔子的话。

⑭五月居庐：居住在丧庐中的五个月。

⑮命戒：命令与禁令。

〔译文〕

滕定公去世。太子对然友说:“以前孟子曾经在宋国与我谈过许多,我一直记在心里不曾忘记。现在父亲不幸去世,我想请你到孟子那里请教,然后再治办丧事。”

然友便到邹国,去向孟子请教。

孟子说:“不是很好吗!父母的丧事,本来就应该尽心竭力。曾子说过:‘父母在世的时候,依礼奉侍;去世了,依礼安葬,依礼祭祀,这可以说是尽孝了。’诸侯的礼仪,我虽然不曾学习,但也有所耳闻。守孝三年,穿着粗布缝边的孝服,吃着稀粥,从天子一直到百姓,夏、商、周三代都是这样。”

然友回国复命,太子便决定实行三年之丧。滕国宗室及百官都不愿意,说:“我们的宗国鲁国的历代先君没有实行过,我们自己的历代祖先也没有实行过,到你这里却要改变,是不行的。而且《志》书中说:‘丧礼、祭礼一律遵守祖先的规矩。’意思是说:‘我们是有根据的。’”

太子对然友说:“我以前未曾学艺问礼,只喜欢骑马比剑。现在宗室百官都不满意我,恐怕他们不能在丧事上尽力了,您再替我去问问孟子。”

然友再次来到邹国请教孟子。

孟子说:“是的,这事是不能依靠别人的。孔子说:‘君主去世,太子把一切政务交给冢宰,自己每天喝稀粥,面色深黑,到了孝子之位便哭泣,大小官吏没有人敢不哀伤,这是因为太子自己带头的缘故。’在上位的有什么爱好,在下面的人一定爱好得更利害。‘君子之德好比是风,百姓之德好比是草,风吹到草上,草一定随风而倒。’这件事取决于太子自己。”

然友回去向太子报告。太子说："对，这件事确实取决于我。"于是太子在丧庐中住了五个月，不曾颁布过任何命令和禁令。百官和同族的人都表示认可，认为太子知礼。到了下葬那天，四面八方的人都来观礼。太子面容悲戚，哭声哀痛，吊丧的人都非常满意。

三

5·3 滕文公问为国。

孟子曰："民事不可缓也。《诗》云①：'昼尔于茅②，宵尔索绹③；亟其乘屋④，其始播百谷。'民之为道也，有恒产者有恒心，无恒产者无恒心。苟无恒心，放辟邪侈，无不为已。及陷乎罪，然后从而刑之，是罔民也⑤。焉有仁人在位，罔民而可为也？是故贤君必恭俭礼下，取于民有制。阳虎曰：'为富不仁矣，为仁不富矣。'

"夏后氏五十而贡⑥，殷人七十而助⑦，周人百亩而彻，其实皆什一也。彻者，彻也⑧；助者，藉也⑨。龙子曰⑩：'治地莫善于助，莫不善于贡。'贡者，校数岁之中以为常⑪。乐岁，粒米狼戾⑫，多取之而不为虐，则寡取之；凶年，粪其田而不足，则必取盈焉。为民父母，使民盻盻然⑬，将终岁勤动，不得以养其父母，又称贷而益之⑭，使老稚转乎沟壑，恶在其为民父母也？夫世禄，滕固行之矣。《诗》云⑮：'雨我公田，遂及我私。'惟助为有公田。由此观之，虽周亦助也。

"设为庠、序、学、校以教之⑯。庠者，养也；校者，教也；序者，射也。夏曰校，殷曰序，周曰庠，学则三代共之，皆所以明人伦也。人伦明于上，小民亲于下。有王者起，必来取法，是为王者师也。《诗》云⑰：'周虽旧邦，其命维新。'文王之谓也。子力行之，亦以新子之国。"

〔注释〕

①《诗》云：引《诗》出自《诗经·豳风·七月》。

②于：往，去。茅：用如动词，取茅草。

③索绹（táo）：制绳索。

④乘屋：修建房屋。

⑤罔民：陷害百姓，

⑥贡：实物税。

⑦助：劳役税。

⑧彻者，彻也：彻法是天下通行的税法。前一个"彻"指彻法，后一个"彻"是"通"的意思。

⑨藉：借。

⑩龙子：古代贤人。

⑪校（jiào）：同"挍"，比较。

⑫狼戾：散乱堆积。

⑬盻（xì）盻然：勤劳辛苦的样子。

⑭称贷：借贷。

⑮《诗》云：引诗出自《诗经·小雅·大田》。

⑯庠、序、学、校：均为古代学校名。

⑰《诗》云：引诗出自《诗经·大雅·文王》。

〔译文〕

滕文公问如何治国。

孟子说:“百姓的事情不可延缓。《诗经》说:‘白天割取茅草,晚上绞成绳索;赶紧修缮房屋,到时播种五谷。’百姓的情况是,有固定的产业就有恒心,没有固定的产业就没有恒心。一旦没有恒心,就会放荡邪僻,无所不为。等到他们犯了罪,然后用刑罚处置,这就等于陷害百姓。哪有仁爱的君主却去干陷害百姓的事呢?因此贤明之君一定恭敬节俭,以礼对待臣下,向百姓征收赋税有一定的制度。阳虎说:‘要发财致富就不能讲求仁爱,要讲求仁爱便不能发财致富。’

“夏代每户五十亩地而实行贡法,商代每户七十亩地而实行助法,周朝每户一百亩地而实行彻法,其实税率都是十分之一。‘彻’是‘通’的意思;‘助’是‘借’的意思。龙子说:‘田税最好是助法,最不好是贡法。’贡法是比较若干年的收成,取平均数作为常数。丰收年成,到处是谷物,多征收些粮食不算暴虐,却并不多收;灾荒年成,即使给田里施了肥料,收的粮食也不够吃,还是要按常数征收。作为百姓的父母,却使百姓勤劳辛苦,即使终年劳累也无法赡养父母,还得靠借贷来补足赋税,使得老人孩子弃尸于沟壑,这哪能算是百姓的父母呢?世禄的制度,滕国已经实行了。《诗经》说:‘雨水降到我公田,然后泽及我私田。’只有助法才有公田。由此看来,即使周朝也是实行助法的。

“要兴办庠、序、学、校来教育百姓。‘庠’是教养的意思,‘校’是教导的意思,‘序’是习射的意思。夏代称为‘校’,商代称为‘序’,周代称为‘庠’,学则是三代都有的,都是用来教导人伦的。人伦被统治者所提倡,百姓自然会相亲相爱。假如有圣王出现,也必定会来取法,这样就成为圣王的老师了。《诗经》说:‘周虽是古老的邦国,其命却是新受。’讲的就是周文王。您努力施行，也会使你的国家气象一新！”

使毕战问井地[①]。

孟子曰：“子之君将行仁政，选择而使子，子必勉之！夫仁政，必自经界始[②]。经界不正，井地不钧[③]，谷禄不平，是故暴君污吏必慢其经界。经界既正，分田制禄可坐而定也。

“夫滕，壤地褊小，将为君子焉[④]，将为野人焉。无君子，莫治野人；无野人，莫养君子。请野九一而助，国中什一使自赋。卿以下必有圭田[⑤]，圭田五十亩，余夫二十五亩。死徙无出乡，乡田同井，出入相友，守望相助[⑥]，疾病相扶持，则百姓亲睦。方里而井，井九百亩，其中为公田。八家皆私百亩，同养公田。公事毕，然后敢治私事，所以别野人也。此其大略也，若夫润泽之，则在君与子矣。”

〔注释〕

①毕战：滕国大臣。井地：井田，相传为古代的一种土地制度。

②经界：土地、疆域的分界。

③钧：同“均”。

④为：有。

⑤圭田：俸禄以外另授给官吏的土地。

⑥守望：看守瞭望。

〔译文〕

滕文公派毕战向孟子问井田制。

孟子说："您的国君准备施行仁政，选择你前来，你一定要努力啊！施行仁政一定要从划分田界开始。田界划分不公正，井田的面积就不平均，作为俸禄的田租收入也就不会公平合理，因此暴君和贪官污吏必定要搞乱田界。田界划分正确了，分配土地、制定俸禄就轻而易举了。

"滕国虽然土地狭小，但一样要有官吏和农夫。没有官吏，便没有人管理农夫；没有农夫，也就没有人养活官吏。建议在郊野用九分抽一的助法，城市用十分抽一的贡法。公卿以下的官吏一定有供祭祀的圭田，每家五十亩。如果家中还有剩余的劳动力，便另授田二十五亩。无论死亡或者迁居，都不离开本乡本土。乡里共一井田的各家，出入互相结伴，防御盗贼互相帮助，有疾病互相照顾，那么百姓便亲近和睦。方圆一里的土地为一井田，每一井田九百亩，中间一块是公田。八家各授给私田一百亩，共同耕作公田。完成公田的农事，然后才可以耕种私田。这样做是为了让农夫与君子有所区别。这是井田的大概情况，至于如何改进完善，那就是国君和你的事了。"

四

5·4 有为神农之言者许行[①]，自楚之滕，踵门而告文公曰[②]："远方之人闻君行仁政，愿受一廛而为氓[③]。"

文公与之处。其徒数十人，皆衣褐[④]，捆屦、织席以为食[⑤]。

陈良之徒陈相与其弟辛[⑥]，负耒耜而自宋之滕[⑦]，曰："闻君行圣人之政，是亦圣人也，愿为圣人氓。"

陈相见许行而大悦，尽弃其学而学焉。

〔注释〕

①神农：上古传说中发明耒耜、教民稼穑的人物，农家托为宗师。神农之言，指农家学说。许行：战国时农家学派的代表人物。

②踵：至，到。

③廛(chán)：住房。

④褐(hè)：用麻、兽毛制成的粗布短衣。

⑤屦(jù)：草鞋。

⑥陈良：楚国的儒者。

⑦耒耜(lěisì)：古代一种像犁的翻土农具。耒为其柄，耜为其刃。

〔译文〕

有一位倡导神农氏学说的人，名叫许行，从楚国来到滕国，登门谒见滕文公，说："我从远方而来，听说您施行仁政，希望得到一处住所，成为您的百姓。"

文公给了他住处。他有门徒几十人，都穿着粗麻衣服，以编草鞋、织席子为生。

陈良的门徒陈相和他弟弟陈辛，背着农具从宋国到了滕国，对滕文公说："听说您施行圣人的政治，那么您也是圣人了，我们愿意做圣人的百姓。"

陈相见了许行，非常高兴，完全抛弃了从前所学，改向许行学习。

陈相见孟子，道许行之言曰："滕君则诚贤君也，虽然,未闻道也。贤者与民并耕而食,饔飧而治[①]。今也滕有仓廪府库,则是厉民而以自养也[②],恶得贤?”

孟子曰:“许子必种粟而后食乎?”

曰:“然。”

“许子必织布而后衣乎?”

曰:“否,许子衣褐。”

“许子冠乎?”

曰:“冠。”

曰:“奚冠?”

曰:“冠素。”

曰:“自织之与?”

曰:“否,以粟易之。”

曰:“许子奚为不自织?”

曰:“害于耕。”

曰:“许子以釜甑爨[③],以铁耕乎?”

曰:“然。”

“自为之与?”

曰:“否,以粟易之。”

“以粟易械器者,不为厉陶冶[④];陶冶亦以其械器易粟者,岂为厉农夫哉?且许子何不为陶冶,舍皆取诸其宫中而用之[⑤]?何为纷纷然与百工交易[⑥]?何许子之不惮烦?”

曰:“百工之事,固不可耕且为也。”

〔注释〕

①饔飧(yōngsūn):做饭。饔,早餐。飧,晚餐。

②厉:害。

③甑(zèng):古代做饭用的陶器。爨(cuàn):烧火做饭。

④陶冶:陶工和铸工。

⑤舍:止,不肯。宫中:家中。

⑥纷纷:繁忙的样子。

〔译文〕

陈相见到孟子,转述许行的话,说:"滕文公确实是贤明的君主,不过他还不懂得大道。贤君应该与百姓一道耕种养活自己,一面烧火做饭,一面治理国家。如今,滕国有储藏谷米的仓廪和存财物的府库,这是损害百姓来奉养自己,又怎能叫作贤明呢?"

孟子问:"许子一定是自己种粮食才吃饭吗?"

陈相说:"是的。"

孟子问:"许子一定是自己织布才穿衣吗?"

陈相说:"不是,许子只穿粗麻织成的衣服。"

孟子问:"许子戴帽子吗?"

陈相说:"戴。"

孟子问:"戴什么样的帽子?"

陈相说:"白绸帽子。"

孟子问:"是自己织的吗?"

陈相说:"不,用粮食换来的。"

孟子问:"许子为什么不自己织呢?"

陈相说:"因为妨碍农活。"

孟子问："许子也用锅甑做饭，用铁器耕田吗？"

陈相说："是的。"

孟子问："这些是自己造的吗？"

陈相说："不，是用谷米换来的。"

孟子说："农夫用粮食换取锅甑和农具，不能说是损害了陶工冶匠，那么，陶工冶匠用锅甑和农具来换取粮食，难道就是损害农夫了吗？而且许子为什么不烧窑冶铁，样样东西都从自己家里取来用呢？为什么许子要一件件地和各种工匠做交换呢？为什么许子这样不怕麻烦呢？"

陈相答道："各种工匠本来就不可能一边耕种，一边又做他们自己的事情。"

"然则治天下独可耕且为与？有大人之事，有小人之事。且一人之身而百工之所为备，如必自为而后用之，是率天下而路也。故曰：或劳心，或劳力；劳心者治人，劳力者治于人；治于人者食人，治人者食于人，天下之通义也。

"当尧之时，天下犹未平，洪水横流，泛滥于天下，草木畅茂，禽兽繁殖，五谷不登，禽兽逼人，兽蹄鸟迹之道交于中国。尧独忧之，举舜而敷治焉[①]。舜使益掌火[②]，益烈山泽而焚之，禽兽逃匿。禹疏九河，瀹济、漯而注诸海[③]；决汝、汉，排淮、泗而注之江，然后中国可得而食也。当是时也，禹八年于外，三过其门而不入，虽欲耕，得乎？

"后稷教民稼穑[④]，树艺五谷，五谷熟而民人育。人之有道也，饱食、暖衣，逸居而无教，则近于禽兽。圣人有忧之，使契为司徒⑤，教以人伦：父子有亲，君臣有义，夫妇有别，长幼有叙，朋友有信。放勋曰⑥：‘劳之来之⑦，匡之直之，辅之翼之，使自得之，又从而振德之。’圣人之忧民如此，而暇耕乎？

“尧以不得舜为己忧，舜以不得禹、皋陶为己忧⑧。夫以百亩之不易为己忧者⑨，农夫也。分人以财谓之惠，教人以善谓之忠，为天下得人者谓之仁。是故以天下与人易，为天下得人难。孔子曰：‘大哉，尧之为君！惟天为大，惟尧则之。荡荡乎，民无能名焉！君哉，舜也！巍巍乎，有天下而不与焉⑩！’尧、舜之治天下，岂无所用其心哉？亦不用于耕耳。

〔注释〕

①敷：遍。

②益：上古传说中圣王舜的臣子。

③瀹（yuè）：疏导。济：济水。漯：漯水。

④后稷：周的始祖，名弃。善于稼穑，曾在尧、舜时代做农官，教民耕种。

⑤契（xiè）：商的始祖，舜时助禹治水有功而封于商。

⑥放勋：尧的名号。

⑦劳（lào）之来（lài）之：使他们勤劳。

⑧皋陶（gāoyáo）：上古传说中圣王舜时的司法官。

⑨易：治。

⑩不与（yù）：不私有。

〔译文〕

孟子说："既然如此，难道管理国家就能一边耕种一边又做他们的事情吗？有官吏的事情，有平民的事情。一个人身上所需，要靠各种工匠的制作才能完备，如果一定要自己制作然后才使用，这是率领天下的人疲于奔命。所以说，有的人劳动脑力，有的人劳动体力；脑力劳动的管理人，体力劳动的被人管理；被管理的人养活别人，管理的人靠人养活，这是天下通行的道理。

"尧的时代，天下还不安定，洪水横溢，四处泛滥，草木昌盛茂密，禽兽大量繁殖，庄稼没有收成，禽兽威逼人类，到处都是它们的踪迹。尧为此非常担忧，选拔舜进行全面治理。舜命令伯益掌管火政，益燃起大火焚烧山野沼泽，禽兽四散而逃。禹又疏浚九河，治理济水、漯水，引流入海；开通汝水、汉水，疏通淮水、泗水，导入长江，这样百姓在中原地区得以生息。当时，禹在外八年，多次经过自己家都无暇进门，即使他想亲自耕种，能办得到吗？

"后稷教导百姓种庄稼，栽培谷物。谷物成熟了，便可以养育百姓。如果吃饱了、穿暖了，安居乐业后却不进行教化，便与禽兽无异，这是人类社会的特点。圣人又为此忧虑，任命契担任司徒，用伦理道德来教导民众：使父子有情，君臣有义，夫妇有别，长幼有序，朋友之间有诚信。尧说：'敦促他们，纠正他们，帮助他们，使他们各得其所，然后加以教诲和引导。'圣人如此为百姓操劳，哪里还有空闲耕种呢？

"尧把得不到舜作为自己的忧虑，舜把得不到禹和皋陶作为自己的忧虑。把百亩农田耕种得好不好作为自己的忧虑，那是农夫。把钱财分给别人叫作惠，教人善行叫作忠，为天下找到贤才叫作仁。因此，把天下让给别人是容易的，为天下找到贤才却很困难。孔子说：‘尧作为君主真是伟大！只有天最伟大，也只有尧能够效法它。尧的圣德浩荡无边，民众无法用语言来形容！了不起的君主啊，帝舜！多么崇高啊！拥有天下却不据为私有！’尧、舜治理天下，难道不用心思吗？只是不用在耕田种地上罢了。

“吾闻用夏变夷者[①]，未闻变于夷者也。陈良，楚产也，悦周公、仲尼之道，北学于中国。北方之学者，未能或之先也，彼所谓豪杰之士也。子之兄弟事之数十年，师死而遂倍之[②]。昔者孔子没，三年之外，门人治任将归[③]，入揖于子贡，相向而哭，皆失声，然后归。子贡反，筑室于场，独居三年，然后归。他日，子夏、子张、子游以有若似圣人，欲以所事孔子事之，强曾子。曾子曰：‘不可。江汉以濯之[④]，秋阳以暴之[⑤]，皜皜乎不可尚已[⑥]！’今也南蛮鴃舌之人[⑦]，非先王之道，子倍子之师而学之，亦异于曾子矣！吾闻出于幽谷迁于乔木者，未闻下乔木而入于幽谷者。《鲁颂》曰：‘戎狄是膺[⑧]，荆舒是惩[⑨]。’周公方且膺之，子是之学，亦为不善变矣。”

“从许子之道，则市贾不贰[⑩]，国中无伪；虽使五尺之童适市，莫之或欺。布帛长短同，则贾相若；麻缕丝絮轻重同，则贾相若；五谷多寡同，则贾相若；屦大小同，则贾相若。”

曰：“夫物之不齐，物之情也。或相倍蓰[⑪]，或相什百，或相千万。子比而同之，是乱天下也。巨屦、小屦同贾，人岂为之哉？从许子之道，相率而为伪者也，恶能治国家？”

〔注释〕

①夏变夷者：用中原华夏民族的文化去改变周边蛮夷部族的文化。

②倍：同“背”，背叛。

③治任：准备行李。

④濯（zhuó）：洗涤。

⑤秋：周历七、八月相当于夏历五、六月。秋阳至正当盛暑。暴（pù）：同“曝”，晒。

⑥皜皜（hào）：光明洁白的样子。

⑦鴃（jué）舌：比喻语言难懂。鴃，伯劳鸟。

⑧膺：击退。

⑨荆舒：南方少数部族。惩：抵御。

⑩市贾：市场价格。

⑪倍蓰（xǐ）：谓数倍。倍，一倍。蓰，五倍。

〔译文〕

“我只听说过华夏改变落后的蛮夷，没有听说华夏反被蛮夷改变的。陈良，楚国人，却喜爱周公、孔子的学说，来到北方中原学习。北方的学者还没有人能够超过他的，他真称得上是豪杰之士。你们兄弟拜他为师几十年，老师去世后竟完全背叛了他。从前，孔子去世，弟子服丧三年，然后准备离开。他们进屋向子贡行礼告别，相对而哭，泣不成声，然后各自离去。子贡则返回墓地，在墓地边重新筑屋，守墓三年，然后离开。过些时候，子夏、子张、子游认为有若像孔子，便要用侍奉孔子之礼来侍奉他，强求曾子同意。曾子说：'不行！老师的品格如同曾经用江汉之水洗濯过，好似六月骄阳曝晒过，真是高尚洁白无人比得上！'如今，许行那个说话像鸟叫的南蛮之人，非难先王之道，而你却背叛自己的老师向他学习，与曾子相差太远了！我只听说鸟飞出幽暗的山谷，迁住高大的树木上，没有听说过离开高大的树木而飞进幽暗山谷的。《鲁颂》说：'讨伐戎狄，惩罚荆舒。'周公尚且要讨伐他们，你却向他们学习，真是不懂得用中国来改变蛮夷的道理啊。"

陈相说："如果听从许子的学说，市场上物价就会一致，都市中没有欺骗行为；即使打发小孩子去市场，也没有人会欺骗他。布匹与丝绸的长短相同，价钱便一样；麻线丝绵的轻重相同，价钱便一样；各种谷物的多少相同，价钱就一样；鞋的大小相同，价钱就一样。"

孟子说："物品各有差别，这是自然的。有的相差一倍五倍，有的相差十倍百倍，有的相差千倍万倍。你若只以大小轻重相比而使它们价格相同，这就是扰乱天下。粗糙的鞋与精致的鞋卖同一个价钱，谁还肯做精致的鞋呢？听从许子的主张，就是带领天下的人一同弄虚作假，怎么能够治理好国家呢？"

五

5·5 墨者夷之因徐辟而求见孟子[①]。孟子曰："吾固愿见，今吾尚病，病愈，我且往见，夷子不来。"

他日，又求见孟子。孟子曰："吾今则可以见矣。不直[②]，则道不见，我且直之。吾闻夷子墨者，墨之治丧也，以薄为其道也。夷子思以易天下[③]，岂以为非是而不贵也？然而夷子葬其亲厚，则是以所贱事亲也。”

徐子以告夷子。

夷子曰：“儒者之道，古之人‘若保赤子④’，此言何谓也？之则以为爱无差等，施由亲始。”

徐子以告孟子。

孟子曰：“夫夷子信以为人之亲其兄之子为若亲其邻之赤子乎？彼有取尔也，赤子匍匐将入井，非赤子之罪也。且天之生物也，使之一本⑤，而夷子二本故也⑥。盖上世尝有不葬其亲者，其亲死，则举而委之于壑。他日过之，狐狸食之，蝇蚋姑嘬之⑦。其颡有泚⑧，睨而不视⑨。夫泚也，非为人泚，中心达于面目⑩，盖归反虆梩而掩之⑪。掩之诚是也，则孝子仁人之掩其亲，亦必有道矣。”

徐子以告夷子。夷子怃然为间⑫，曰：“命之矣。”

〔注释〕

①墨者：墨翟门徒。夷之：人名，姓夷名之。徐辟：孟子弟子。

②直：说话直率。

③易：改变。

④赤子：婴儿。语见《尚书·康诰》。

⑤一本：孟子认为人都是父母所生，这是天所指定的唯一根源。

⑥二本：墨家主张爱无差等，把父母与陌生人等同起来，故称为“二本”。

⑦蚋（ruì）：蚊子。姑嘬：用嘴吸吮。姑，通“盬（gǔ）”，吸饮。

⑧颡（sǎng）：额头。泚（cǐ）：冒汗。

⑨睨（nì）：斜视。

⑩达：表露，表达。

⑪反：同“返”。蔂（lěi）：藤，指藤制的筐子，盛土用。梩（lí）：锹、臿之类的农具。

⑫怃（wǔ）然：怅惘若失的样子。为间：一会儿。

〔译文〕

墨家信徒夷之通过徐辟请求来拜见孟子。孟子说：“我原本愿意见他，但现在我有病，等病好了，我将去看他，夷子不必来了。”

过了些日子，夷之又请求拜见孟子。孟子说：“现在可以相见了。如不直言，道理就讲不清楚，我直截了当地说吧。我听说夷子是墨家信徒，墨家办理丧事，以薄葬为原则。夷子想用薄葬来改变天下的风俗，难道认为不这样做就不可贵吗？但他自己却厚葬自己的父母，这是用他自己所鄙视的东西来侍奉父母。”

徐子把这话告诉了夷子。

夷子说：“按照儒家的说法，古代的君王爱护百姓好像爱护婴儿一般，这句话是什么意思呢？我认为是说，爱没有亲疏厚薄的区别，只不过是从自己父母开始施行的。

徐子又把这话告诉了孟子。

孟子说：“夷子真的认为爱自己兄弟的儿子与爱邻居家的婴儿是一样的吗？夷子不过是看到这一点，婴儿爬着快要掉进井里去了，这自然不是婴儿自己的过错，〔所以每个人都会有怵惕恻隐之心，于是他就认为爱是不分差等的。〕况且天生万物，只有一个根源，〔人的本源是父母。〕然而夷子却认为有两个根源，〔对待别人的父母如同对待自己的父母一样〕。大概古时候曾有不安葬父母的事，父母去世，就抛弃在山沟里。几天后从那里经过，看见狐狸在啃食，苍蝇、蚊虫在叮咬。那个人额头上不由地冒出汗，斜着眼睛不敢正视。这时候他冒出的汗，不是给别人看的，而是内心的悔恨在面貌上的表现，于是他回家拿来筐和锹再把尸体埋葬了。埋葬尸体是对的，那么，孝子仁人埋葬他的父母，自然有他的道理。”

徐子把这话转告给夷子。夷子怅惘地停了一会儿，说道：“我懂得了。”

卷六　滕文公下

〔题解〕

本篇共十章。主要是孟子与他人的对话,内容涉及出仕、为官之道、大丈夫人格等内容。

孟子认为,士人出仕是情理之中的事,但要有正当途径,有基本的节操和尊严,不可逢迎权贵。士人出仕首先要自己行得端,站得正,然后才能影响别人。一方面,士人要超越个人利益去关注国家、民众的普遍利益,另一方面,士人以精神产品来"取食",社会要根据士人的实际贡献进行分配,而不能仅仅根据其动机,否则便会得出非常荒谬的结论。

孟子并不认可公孙衍、张仪等人"一怒而诸侯惧,安居而天下息"是所谓的"大丈夫",在他看来,真正的大丈夫应以"仁"为"广居",以"义"为正路,富贵不淫,贫贱不移,威武不屈,具有高尚的道德品质和崇高的精神境界。孟子提倡的"大丈夫"人格,深刻影响了中国古代知识分子,成为中华民族宝贵的精神财富。

孟子有"好辩"之名,不过他认为自己好辩,乃不得已,是出于批判杨朱、墨翟错误思想的需要。杨朱主张"贵生""重己""为我",只讲"全性葆真",而不讲社会责任,是谓"无君";墨翟主张"爱无等差",泯灭亲疏之别,是谓"无父"。"无君""无父"则为禽兽。

一

6·1 陈代曰①："不见诸侯，宜若小然②。今一见之，大则以王，小则以霸。且《志》曰：'枉尺而直寻'，宜若可为也。"

孟子曰："昔齐景公田，招虞人以旌③，不至，将杀之。'志士不忘在沟壑，勇士不忘丧其元。'孔子奚取焉？取非其招不往也。如不待其招而往，何哉？且夫枉尺而直寻者，以利言也。如以利，则枉寻直尺而利，亦可为与？昔者赵简子使王良与嬖奚乘④，终日而不获一禽。嬖奚反命曰：'天下之贱工也。'或以告王良。良曰：'请复之。'强而后可，一朝而获十禽。嬖奚反命曰：'天下之良工也。'简子曰：'我使掌与女乘。'谓王良。良不可，曰：'吾为之范我驰驱，终日不获一；为之诡遇⑤，一朝而获十。《诗》云："不失其驰，舍矢如破⑥。"我不贯与小人乘，请辞。'御者且羞与射者比；比而得禽兽，虽若丘陵，弗为也。如枉道而从彼，何也？且子过矣，枉己者，未有能直人者也。"

〔注释〕

①陈代：孟子弟子。

②宜若：似乎，好像。

③招虞人以旌(jīng)：古代君王有所召唤，一定要有相应的信物。所

召唤者身份不同,出示的信物也不相同。旃是召唤大夫所用,若是召唤虞人,应用皮冠。虞人,古代掌山泽苑囿之官。

④赵简子:晋国大夫,名赵鞅。王良:春秋末年善于驾车的人。奚:人名。

⑤诡遇:不依法度驾御。

⑥舍矢:发箭。如:而。破:射中猎物。引诗见《诗经·小雅·车攻》。

〔译文〕

陈代说:"不去拜见诸侯,似乎太拘泥于小节了。如今去见一见,大则可以称王于天下,小则可以称霸于世。况且《志》书中说:'弯曲一尺是为伸长八尺。'似乎可以去拜见一下。"

孟子说:"从前齐景公田猎,用旃旗来召唤管理猎场的人,那人不来,景公便要杀他。孔子得知后说:'有志之士不怕弃尸沟壑,勇敢的人不怕丢掉脑袋。'孔子赞赏他的哪一点呢?是赞赏他因召唤不当就不去的精神。如果我不等诸侯召唤就去拜见,那算什么呢?况且弯曲一尺是为伸长八尺之言,是从利益的观点来考虑的。如果以功利为依据,那么,弯曲八尺而为伸长一尺也算是利,也可以去做吗?从前赵简子命令王良为他宠幸的小臣奚驾车,一整天也没获得一只猎物。奚向赵简子报告说:'王良是个拙劣的驾车人。'有人把这话告诉了王良。王良说:'请让我再驾一次。'奚勉强同意,结果一上午便获得了十只猎物。奚又向赵简子说:'王良是一个高明的驾车人。'赵简子说:'那我让他专门为你驾车。'便同王良说,王良不同意,说:'我按规矩为他驾车,他整天打不着一只;不按规矩驾车,他一上午便打中了十只。《诗经》说:"按照规矩驾车去,箭一出手便中的。"我不习惯为小人驾车,请允许我辞去这份差使。'驾车人尚且羞于与不好的射手合作，即使合作能打到堆积如山的猎物也不干。如果我放弃原则去屈就诸侯，那又算什么呢？况且你错了，扭曲自己，是不可能纠正别人的。”

二

6·2 景春曰[①]："公孙衍、张仪岂不诚大丈夫哉[②]？一怒而诸侯惧，安居而天下熄[③]。"

孟子曰："是焉得为大丈夫乎？子未学礼乎？丈夫之冠也[④]，父命之；女子之嫁也，母命之，往送之门，戒之曰：'往之女家，必敬必戒，无违夫子！'以顺为正者，妾妇之道也。居天下之广居，立天下之正位，行天下之大道。得志，与民由之；不得志，独行其道。富贵不能淫[⑤]，贫贱不能移，威武不能屈，此之谓大丈夫。"

〔注释〕

①景春：战国时期的纵横家，孟子弟子。

②公孙衍：战国时期魏国人，纵横家的代表人物之一。张仪：战国时期魏国人，纵横家的代表人物之一，主张"连横"。

③熄：天下太平。

④冠：古时男子年二十行加冠礼，表示成年。

⑤淫：过分，指态度傲慢。

〔译文〕

景春说："公孙衍、张仪难道不是真正的大丈夫吗？他们一发怒，诸侯都害怕；他们平静下来，天下就太平无战事。”

孟子说：“这怎能叫作大丈夫呢？你没有学过礼吗？男子举行冠礼时，父亲给以训导；女子出嫁时，母亲给以训导，送到门口，告诫她说：‘到了你丈夫家，一定要恭敬，一定要谨慎，不要违背丈夫！’以顺从为最大原则，这是为妇之道。大丈夫应住在天下最宽广的住宅，站在天下最正确的位置，走着天下最广阔的道路。能实现志向，就与百姓一起实现；不能实现志向，也独自坚持原则。富贵不能使他骄狂，贫贱不能改变他的心志，威武不能使他屈服，这样才叫作大丈夫。”

三

6·3 周霄问曰[①]：“古之君子仕乎？”

孟子曰：“仕。《传》曰：‘孔子三月无君，则皇皇如也[②]，出疆必载质[③]。’公明仪曰：‘古之人三月无君，则吊。’”

“三月无君则吊，不以急乎？”

曰：“士之失位也，犹诸侯之失国家也。《礼》曰：‘诸侯耕助[④]，以供粢盛[⑤]；夫人蚕缫[⑥]，以为衣服。牺牲不成，粢盛不洁，衣服不备，不敢以祭。惟士无田，则亦不祭。’牲杀、器皿、衣服不备，不敢以祭，则不敢以宴，亦不足吊乎？”

“出疆必载质，何也？”

曰：“士之仕也，犹农夫之耕也，农夫岂为出疆舍其耒耜哉？”

曰：“晋国亦仕国也⑦，未尝闻仕如此其急。仕如此其急也，君子之难仕，何也？”

曰：“丈夫生而愿为之有室，女子生而愿为之有家，父母之心，人皆有之。不待父母之命、媒妁之言，钻穴隙相窥，逾墙相从，则父母国人皆贱之。古之人未尝不欲仕也，又恶不由其道。不由其道而往者，与钻穴隙之类也。”

〔注释〕

①周霄：魏国人。

②皇皇：彷徨不安。

③质：通“贽”，古代初次拜见尊长所送的礼物。

④耕助：“耕藉”。藉，藉田。古时每年春耕前，天子、诸侯举行仪式，亲耕藉田，种植供祭祀用的谷物，并以示劝农。

⑤粢盛（zīchéng）：盛在祭器内以供祭祀的谷物。

⑥缫（sāo）：抽茧出丝。

⑦晋国：魏国。

〔译文〕

周霄问：“古代的君子做官吗？”

孟子答：“做官。《传》说：‘要是一连几个月没有得到君主任用，孔子就会惶惶不安；离开一个国家，一定带上拜见国君的见面礼。’公明仪说：‘古代的人如果三个月没有君主任用，就要去安慰他。’”

周霄问："如果三个月没有君主任用，就要去安慰他，不是太急了吗？"

孟子答："士失掉了官位，就像诸侯失掉了国家。《礼》说：'诸侯亲自耕种，用来供给祭品；夫人亲蚕缫丝，用来供给祭服。牛羊不肥壮，谷物不洁净，祭服不齐备，不敢用来祭祀。士若没有田地，那也不能祭祀。'牛羊、祭器、祭服都不齐备，不敢用来祭祀，也就不敢举行宴会，这样还不应该去安慰他吗？"

周霄问："离开一个国家，一定带上拜见国君的见面礼，这又是为什么？"

孟子答："士人做官，就好像农民耕田，农民难道会因为离开一个国家而舍弃农具吗？"

周霄问："魏国是一个有官可做的国家，却不曾听说做官要这么急切的。做官既然这样急切，君子却不轻易做官，这是为什么？"

孟子答："男孩子一生下来，父母便希望给他找妻室；女孩子一生下来，父母便希望给她找婆家。父母的这种心情，是人人都有的。但是，不等父母同意，不经过媒人介绍，自己便钻洞扒缝互相窥望，翻过墙头去私会，那么，父母、国人都会瞧不起他。古代的人不是不想做官，但是又讨厌不通过正当途径找官做。不通过正当途径找官做的，与男女钻洞扒缝是一样的。"

四

6·4 彭更问曰[①]："后车数十乘，从者数百人，以传食于诸侯[②]，不以泰乎？"

孟子曰："非其道，则一箪食不可受于人；如其道，则舜受尧之天下，不以为泰。子以为泰乎？"

曰："否，士无事而食，不可也。"

曰："子不通功易事，以羡补不足③，则农有余粟，女有余布；子如通之，则梓匠轮舆皆得食于子④。于此有人焉，入则孝，出则悌，守先王之道，以待后之学者，而不得食于子。子何尊梓匠轮舆而轻为仁义者哉？"

曰："梓匠轮舆，其志将以求食也。君子之为道也，其志亦将以求食与？"

曰："子何以其志为哉？其有功于子，可食而食之矣。且子食志乎？食功乎？"

曰："食志。"

曰："有人于此，毁瓦画墁⑤，其志将以求食也，则子食之乎？"

曰："否。"

曰："然则子非食志也，食功也。"

〔注释〕

①彭更：孟子弟子。

②传（zhuǎn）食：辗转受人供养。

③羡：多余。

④梓匠：木工。轮舆：车工。

⑤墁（màn）：墙壁上的涂饰。

〔译文〕

彭更问："跟随的大车几十辆，随从几百个，从这一国吃到那一国，这样不是太过分了吗？"

孟子说："如果不合大道，一筐饭也不接受别人的；如果符合大道，即使舜接受尧的天下，都不算过分。你以为过分了吗？"

彭更说："不是这个意思，士人不干活吃白饭，是不可以的。"

孟子说："你如果不让不同行业的产品交换互通，用多余的来弥补不足的，农民就会有余粮，妇女就会有余布；如果允许互通有无，那么，木匠、车工都能够在你这里得到吃的。这里有一个人，在家孝顺父母，在外尊敬长辈，恪守先王之道，培养求学之人，却不能从你这里得到衣食。你为什么尊贵木匠、车工，却轻视奉行仁义的人呢？"

彭更说："木匠、车工，他们的动机本是谋饭吃。君子行道，他们的动机也是谋饭吃吗？"

孟子说："你为什么要讨论动机呢？他们对你有功劳，可以给予吃的便给他们吃的。况且你是根据动机给饭吃呢？还是根据功绩给饭吃呢？"

彭更说："根据动机。"

孟子说："有一个人在这里，打碎了屋瓦又在新刷的墙壁上乱画，他的动机就是谋饭吃，那你给他吃的吗？"

彭更说："不。"

孟子说："既然如此，你就不是根据动机而是根据功绩来给饭吃了。"

五

6·5 万章问曰[①]:“宋,小国也。今将行王政,齐、楚恶而伐之,则如之何?”

孟子曰:“汤居亳[②],与葛为邻[③],葛伯放而不祀[④]。汤使人问之曰:‘何为不祀?’曰:‘无以供牺牲也。’汤使遗之牛羊。葛伯食之,又不以祀。汤又使人问之曰:‘何为不祀?’曰:‘无以供粢盛也。’汤使亳众往为之耕,老弱馈食。葛伯率其民,要其有酒食黍稻者夺之,不授者杀之。有童子以黍肉饷,杀而夺之。《书》曰:‘葛伯仇饷[⑤]。’此之谓也。为其杀是童子而征之,四海之内皆曰:‘非富天下也,为匹夫匹妇复雠也。’‘汤始征,自葛载[⑥]。’十一征而无敌于天下。东面而征,西夷怨;南面而征,北狄怨,曰:‘奚为后我?’民之望之,若大旱之望雨也。归市者弗止,芸者不变,诛其君,吊其民,如时雨降。民大悦。《书》曰:‘徯我后,后来其无罚。’‘有攸不惟臣,东征,绥厥士女,匪厥玄黄[⑦],绍我周王见休,惟臣附于大邑周。’其君子实玄黄于匪以迎其君子,其小人箪食壶浆以迎其小人。救民于水火之中,取其残而已矣。《太誓》[⑧]曰:‘我武惟扬,侵于之疆,则取于残[⑨],杀伐用张[⑩],于汤有光。’不行王政云尔,苟行王政,四海之内皆举首而望之,欲以为君。齐、楚虽大,何畏焉?”

〔注释〕

①万章：孟子弟子，一生追随孟子。

②亳(bó)：古都邑名，商汤的都城。

③葛：商代古国名，故地在今河南宁陵。

④放：放纵。

⑤饷：馈食之人。

⑥载：开始。

⑦匪：通“篚”，盛放物品的竹器。这里用作动词，指把物品装在筐内。

⑧《太誓》：《泰誓》，《尚书》中的篇章。

⑨于：两个“于”字都是国名。于即是邗。

⑩用张：因此得以伸张。

〔译文〕

万章问道：“宋是个小国。如今想施行仁政，齐、楚两个大国因厌恶而出兵攻击它，怎么办？”

孟子道：“汤居住在亳地，与葛国为邻，葛伯放纵无道，不行祭祀。汤派人去问：‘为什么不祭祀？’答道：‘没有供祭祀的牛羊。’汤便给他牛羊。葛伯把牛羊吃了，却不用来祭祀。汤又派人去问：‘为什么不祭祀？’答道：‘没有供祭祀的谷物。’汤就让亳地百姓去替他们耕种，年老体弱的负责送饭。葛伯却带领着他的百姓拦住送酒肉饭食的人，抢夺酒食，不给就杀掉。有个孩子去送饭和肉，葛伯竟把他杀掉，抢走了饭和肉。《尚书》说‘葛伯仇视送饭者’，说的正是这件事。汤因此征讨葛伯，天下的人都说：‘汤不是贪图天下的财富，是为百姓报仇。’‘商汤的征讨，从葛国开始。’十一次出征而无敌于天下。向东出征，西方的夷人就埋怨；向南出征，北方的狄人就埋怨，说：‘为什么把我们放在后面？’老百姓盼望他，就像大旱之年盼望下雨一样。做生意的不曾停止过买卖，种田的照常干活，杀掉那里的暴君，安抚那里的百姓，就像及时雨从天而降，百姓非常高兴。《尚书》说：‘等待我们的君王，君王来了我们便不再受刑罚！’又说：‘攸国不臣服，周王就东行征讨，安抚那里的男男女女。他们用竹筐装着黑色、黄色的绸帛，请求介绍和周王相见，得到荣光，臣服于伟大的周国。’当地的官员们用竹筐装着黑色、黄色的绸帛来迎接周王的官员，当地的老百姓抬着饭筐、提着酒壶迎接周王的百姓。就是因为周王把百姓从水火中拯救出来，杀掉了他们残暴的君主。《尚书·泰誓》说：‘我们的威武要发扬，攻到邘国疆土上，杀掉残暴的君王，正义用杀伐得以伸张，比那成汤更荣光。’不施行仁政便罢了，如果施行仁政，天下的人都抬起头盼望他，拥护他来做君王。齐国、楚国尽管强大，有什么可怕的呢？”

六

6·6 孟子谓戴不胜曰[①]：“子欲子之王之善与？我明告子。有楚大夫于此，欲其子之齐语也，则使齐人傅诸？使楚人傅诸？”

曰：“使齐人傅之。”

曰：“一齐人傅之，众楚人咻之[②]，虽日挞而求其齐也，不可得矣；引而置之庄岳之间数年[③]，虽日挞而求其楚，亦不可得矣。子谓薛居州，善士也，使之居于王所。在于王所者，长幼卑尊皆薛居州也[④]，王谁与为不善？

在王所者,长幼卑尊皆非薛居州也,王谁与为善?一薛居州,独如宋王何?”

〔注释〕

①戴不胜:战国时期宋国大夫。

②咻(xiū):喧嚷,扰乱。

③庄:齐国都城临淄城内街名。岳:齐国都城临淄城内里名。

④薛居州:战国时期宋国大夫,有善士之称。

〔译文〕

孟子对戴不胜说:“你希望你的君王向善吗?我明白告诉你。假如有一位楚国大夫,想让他的儿子学齐国话,那么是请齐国人教呢,还是请楚国人教呢?”

戴不胜说:“请齐国人教。”

孟子说:“一个齐国人教他,却有许多楚国人在干扰他,即使每天鞭打他,逼他说齐国话,也是不可能的;带他到齐国都城内庄街、岳里的闹市中住上几年,即使每天鞭打他,逼他说楚国话,也是不可能的了。你说薛居州是个好人,让他住在宋王宫中。如果在王宫中的人,不论年龄大小、地位高低,都是像薛居州那样的好人,宋王还能同谁一起干出坏事来呢?如果在王宫中的人,不论年龄大小、地位高低,都不是像薛居州那样的好人,宋王又同谁一起做好事呢?一个薛居州又能把宋王怎么样呢?”

七

6·7 公孙丑问曰："不见诸侯何义？"

孟子曰："古者不为臣不见。段干木逾垣而辟之①，泄柳闭门而不内②，是皆已甚。迫，斯可以见矣。阳货欲见孔子而恶无礼。大夫有赐于士，不得受于其家，则往拜其门。阳货瞰孔子之亡也③，而馈孔子蒸豚；孔子亦瞰其亡也，而往拜之。当是时，阳货先，岂得不见？曾子曰：'胁肩谄笑，病于夏畦④。'子路曰：'未同而言，观其色赧赧然⑤，非由之所知也⑥。'由是观之，则君子之所养，可知已矣。"

〔注释〕

①段干木：战国初期魏国人，魏文侯时的贤者，守道不仕。

②泄柳：战国时期鲁国人，鲁穆公时的贤者。内：同"纳"。

③瞰：窥视。

④畦（qí）：田园。这里指在田地里劳动。

⑤赧（nǎn）：因羞惭而脸红。

⑥由：仲由，即子路。春秋末期鲁国人，孔子弟子，"孔门十哲"之一。仕卫，死于卫国内乱。

〔译文〕

公孙丑问："不主动拜见诸侯，有什么道理呢？"

孟子说："在古代，如果不是诸侯的臣属，就不去拜见。段干木翻墙躲避魏文侯，泄柳闭门不见鲁穆公，这都太过分了。如果诸侯执意要见，还是可以去拜见的。阳货希望孔子来拜见，却又不愿自己失礼。大夫对士有所赏赐，士如果不在家亲自接受，就该前往大夫家里拜谢。因此，阳货探听到孔子不在家时，就给孔子送去一只蒸熟的小猪。孔子也探听到阳货不在家时，才去登门答谢。当时，阳货若是先去拜访，孔子哪会不见他？曾子说：'耸起肩膀，装出讨好的笑脸，这比夏天在菜地里干活还累。'子路说：'志向不同而非要去交谈，看他脸色还一副惭愧的样子，这不是我所能理解的。'由此看来，君子平日如何修身养性，就可以知道了。"

八

6·8 戴盈之曰[①]："什一，去关市之征，今兹未能[②]，请轻之，以待来年，然后已，何如？"

孟子曰："今有人日攘其邻之鸡者[③]，或告之曰：'是非君子之道。'曰：'请损之，月攘一鸡，以待来年，然后已。'如知其非义，斯速已矣[④]，何待来年？"

〔**注释**〕

①戴盈之：战国时期宋国大夫。

②兹：年。

③攘(ráng)：盗窃。

④斯：则，乃。

〔译文〕

戴盈之说："地租实行十分抽一的税率，免除关卡和集市的赋税，今年还办不到，请先减轻一些，等到明年再完全实行，怎么样？"

孟子说："假如有个人每天偷邻居家一只鸡，有人告诉他：'这不是君子的做法。'他说：'请允许少偷一些，先每月偷一只鸡，等到明年，就不再偷了。'如果知道这件事不符合道义，就应该立即停止，为什么要等到明年呢？"

九

6·9 公都子曰[①]："外人皆称夫子好辩，敢问何也？"

孟子曰："予岂好辩哉？予不得已也。天下之生久矣，一治一乱。当尧之时，水逆行，氾滥于中国[②]。蛇龙居之，民无所定；下者为巢，上者为营窟。《书》曰：'洚水警余。'洚水者，洪水也。使禹治之。禹掘地而注之海，驱蛇龙而放之菹[③]；水由地中行，江、淮、河、汉是也。险阻既远，鸟兽之害人者消，然后人得平土而居之。

"尧、舜既没，圣人之道衰，暴君代作。坏宫室以为洿池[④]，民无所安息；弃田以为园囿，使民不得衣食。邪说暴行又作，园囿、洿池、沛泽多而禽兽至。及纣之身，天下又大乱。周公相武王诛纣、伐奄，三年讨其君，驱飞廉于海隅而戮之⑤。灭国者五十,驱虎、豹、犀、象而远之,天下大悦。《书》曰:‘丕显哉⑥,文王谟⑦!丕承者,武王烈!佑启我后人,咸以正无缺。’

〔注释〕

①公都子:战国时期齐国学者,孟子弟子。

②氾:同“泛”。中国:中原地区。

③菹(jū):水草丛生的沼泽地。

④洿(wū)池:停积不流的深水塘。

⑤飞廉:传说中善于奔跑的人,殷纣王之臣。

⑥丕:大。

⑦谟:计谋,谋略。

〔译文〕

公都子说:“别人都说您喜欢辩论,请问这是为什么呢?”

孟子说:“我难道喜欢辩论吗?我是不得已啊!人类社会产生已经很久了,时而太平,时而动乱。尧在位的时候,洪水横流,在中原地区泛滥,大地上蛇龙盘踞,百姓无处安身;地势低的地方就在树上搭巢,地势高的地方就建造洞穴。《尚书》说:‘洚水警诫我们。’洚水就是洪水。于是尧派禹来治水。禹疏通河道,让水流入大海,把蛇和龙赶进多草的沼泽。水顺着河道流淌,长江、淮河、黄河和汉水便是这样。危险既已消除,害人的鸟兽也消灭了,从此百姓才得以在平地上居住。

“尧、舜去世后,圣人之道衰落,暴君相继出现。他们毁坏民居来做深池,使百姓无处安身;破坏农田改作园林,使百姓得不到衣食;荒谬的学说、残暴的行为随之兴起,园林、深池、草泽多了起来，禽兽也聚集而来。到商纣之时，天下又大乱。周公辅助武王杀掉纣王，又讨伐奄国三年，杀掉了其国君，并把飞廉赶到海边杀掉。被消灭的国家共有五十个，把老虎、豹子、犀牛、大象赶到远方，天下的百姓十分喜悦。《尚书》说：‘多么英明啊，文王的谋略！后继有人啊，武王的功业！庇佑我们，启发我们，直到后代，使大家都正确完美而没有缺陷。’

“世衰道微，邪说暴行有作[①]，臣弑其君者有之，子弑其父者有之。孔子惧，作《春秋》。《春秋》，天子之事也。是故孔子曰：‘知我者，其惟《春秋》乎！罪我者，其惟《春秋》乎！’

“圣王不作，诸侯放恣，处士横议[②]，杨朱、墨翟之言盈天下[③]。天下之言不归杨，则归墨。杨氏为我，是无君也；墨氏兼爱，是无父也。无父无君，是禽兽也。公明仪曰：‘庖有肥肉，厩有肥马，民有饥色，野有饿莩[④]，此率兽而食人也。’杨、墨之道不息，孔子之道不著，是邪说诬民，充塞仁义也。仁义充塞，则率兽食人，人将相食。吾为此惧，闲先圣之道[⑤]，距杨、墨，放淫辞，邪说者不得作。作于其心，害于其事；作于其事，害于其政。圣人复起，不易吾言矣。

“昔者禹抑洪水而天下平，周公兼夷狄，驱猛兽而百姓宁，孔子成《春秋》而乱臣贼子惧。《诗》云：‘戎狄是膺，荆舒是惩，则莫我敢承[⑥]。’无父无君，是周公所膺也。我亦欲正人心，息邪说，距诐行[⑦]，放淫辞，以承三圣者，岂好辩哉？予不得已也。能言距杨、墨者，圣人之徒也。”

〔注释〕

①有：通“又”。

②处士：有才学而隐居不做官的人。

③杨朱：战国初期魏国人，早期道家杨朱学派的创始人。墨翟：战国初期鲁国人，一说宋国人，墨家学派的创始人。

④莩（piǎo）：同“殍”，饿死。

⑤闲：捍卫。

⑥承：抵御。引诗出自《诗经·鲁颂·閟宫》。

⑦诐（bì）行：邪行。

〔译文〕

“后来，世风日下，王道衰微，荒谬的学说、残暴的行为又纷纷出现，有臣子杀死君王的，有儿子杀死父亲的。孔子深为忧虑，便写了《春秋》。创作《春秋》这样的史书，本是天子的职责。所以孔子说：‘了解我的，大概就在这部《春秋》吧！怪罪我的，大概也在这部《春秋》！’

“如今圣王没有出现，诸侯放纵恣肆，在野的士人也乱发议论，杨朱、墨翟的学说充塞天下。天下的言论，不是归向杨朱，就是归向墨翟。杨朱宣扬为我，这是目无君主；墨翟宣扬兼爱，这是目无父母。目中无父，目中无君，与禽兽无异。公明仪说：‘厨房里有肥肉，马厩里有肥马，百姓却面露饥色，野外还有饿死的人，这就是带领着禽兽来吃人。’杨朱、墨翟的学说不破除，孔子的学说就不能发扬，荒谬的学说由此欺骗了百姓，阻塞了仁义。仁义被阻塞,无异于带领禽兽去吃人,人们之间将会互相残杀。我为此深感忧虑,便出来捍卫古代圣人的学说,抵制杨、墨的学说,驳斥荒谬的言论,使那些宣传邪说的人不再得势。邪说在心里产生,就会危害行动;危害了行动,也就危害国政。即使圣人再度兴起,也会同意我这番话的。

"从前禹制伏洪水使得天下太平,周公兼并了夷狄、赶跑了猛兽使得百姓得以安宁,孔子作成了《春秋》使得乱臣贼子有所惧怕。《诗经》说:'打击戎狄,痛惩荆舒,没有人敢抗拒我。'目无君主、目无父母的人,正是周公所要讨伐的。我也希望端正人心,破除邪说,反对偏激的行为,驳斥荒唐的言论,以继承上述三位圣人的事业,我难道是喜欢辩论吗?我是不得已啊。能够以言论来反对杨、墨的,也就是圣人的门徒了。"

十

6·10 匡章曰[①]:"陈仲子岂不诚廉士哉[②]?居於陵[③],三日不食,耳无闻,目无见也。井上有李,螬食实者过半矣[④],匍匐往,将食之[⑤],三咽,然后耳有闻,目有见。"

孟子曰:"于齐国之士,吾必以仲子为巨擘焉[⑥]。虽然,仲子恶能廉?充仲子之操,则蚓而后可者也。夫蚓,上食槁壤,下饮黄泉[⑦]。仲子所居之室,伯夷之所筑与?抑亦盗跖之所筑与[⑧]?所食之粟,伯夷之所树与?抑亦盗跖之所树与?是未可知也。"

曰："是何伤哉？彼身织屦，妻辟纑[9]，以易之也。"

曰："仲子，齐之世家也。兄戴，盖禄万钟[10]。以兄之禄为不义之禄而不食也，以兄之室为不义之室而不居也，辟兄离母[11]，处于於陵。他日归，则有馈其兄生鹅者，己频顣曰[12]：'恶用是鶂鶂者为哉[13]？'他日，其母杀是鹅也，与之食之。其兄自外至，曰：'是鶂鶂之肉也。'出而哇之。以母则不食，以妻则食之；以兄之室则弗居，以於陵则居之，是尚为能充其类也乎？若仲子者，蚓而后充其操者也。"

〔注释〕

①匡章：陈姓，田氏，名章。齐国名将。与孟子是同时代的人。

②陈仲子：陈定，字子终。战国时期齐国思想家、隐士，以廉名于世。

③於（wū）陵：齐国地名。

④螬（cáo）：蛴螬，金龟子的幼虫。

⑤将：拿，取。

⑥巨擘（bò）：大拇指。

⑦黄泉：地下的泉水。

⑧盗跖（zhí）：姬姓，展氏，名跖，又名柳下跖、柳展雄。春秋时有名的大盗。

⑨辟（bì）：绩麻。纑（lú）：练麻。

⑩盖（gě）：齐国地名。

⑪辟：避。

⑫己：仲子。频顣（cù）：亦作"频蹙"，皱眉。

⑬鶂鶂（yì）：鹅叫声。

〔译文〕

匡章说："陈仲子难道不是个真正廉洁的人吗？住在於陵，三天没吃东西，饿得耳朵听不见，眼睛看不见。井上有个李子，已被金龟子吃掉了大半，他爬过去，拿来吃，三口吞下去，耳朵才听得到，眼睛才看得见。"

孟子说："在齐国的士人中，我一定推仲子为巨擘。但是，仲子又怎能称得上廉洁呢？要推广仲子的操守，只有变成蚯蚓才能做得到。蚯蚓，在地上吃干土，在地下喝泉水。陈仲子住的房屋，是伯夷修建的呢，还是盗跖修建的呢？他吃的粮食，是伯夷种的呢，还是盗跖种的呢？这些都还不知道。"

匡章说："这有什么关系呢？他亲自编草鞋，妻子纺麻线，用这些交换来的。"

孟子说："仲子是齐国的宗族世家。他的兄长陈戴，在盖邑有禄米万石。仲子认为兄长的俸禄是不义之财而不吃，认为兄长的房屋是不义之室而不住，避开兄长，离开母亲，住在於陵。有一天回家，恰巧有人送给他兄长一只活鹅，他皱着眉头说：'要这种呃呃叫的东西做什么？'过了些时日，他母亲杀了这只鹅给他吃。他的兄长恰好从外面回来，说：'这就是那呃呃叫的东西的肉呀。'仲子连忙出去吐掉了。母亲做的东西不吃，妻子做的却吃；兄长的房子不住，於陵的房子就住，这种行为能够推广吗？像仲子这样的人，只有变成蚯蚓才能实现他的操守。"

卷七　离娄上

〔题解〕

本篇共二十八章。以孟子的语录为主，内容包括“善”与“法”的关系、“经”“权”关系、“易子而教”等诸多方面。

孟子认为，天下之本在国，国之本在家，家之本在身。无论修身、齐家，还是治国、平天下，士人都应秉持“仁义”的原则。修身是根本，重在“诚”，要发挥人本来的善端；齐家重在“孝”，既要守护自身，还要“养志”，尊重父母的意志和意愿，而不能仅仅满足于“口体”之养；治国重在行仁政，夏、商、周三代的得失天下都是由于仁或不仁，得民心者得天下，失民心者失天下，仁者无敌，仁者必能统一天下。

一

7·1　孟子曰：“离娄之明[①]，公输子之巧[②]，不以规矩，不能成方圆；师旷之聪[③]，不以六律[④]，不能正五音[⑤]；尧、舜之道，不以仁政，不能平治天下。今有仁心仁闻而民不被其泽[⑥]，不可法于后世者，不行先王之道也。故曰，徒善不足以为政，徒法不能以自行。《诗》云：‘不愆不忘[7]，率由旧章[8]。’遵先王之法而过者，未之有也。圣人既竭目力焉，继之以规矩准绳[9]，以为方员平直，不可胜用也；既竭耳力焉，继之以六律，正五音，不可胜用也；既竭心思焉，继之以不忍人之政，而仁覆天下矣。故曰：为高必因丘陵，为下必因川泽。为政不因先王之道，可谓智乎？是以惟仁者宜在高位。不仁而在高位，是播其恶于众也。上无道揆也[10]，下无法守也，朝不信道，工不信度，君子犯义，小人犯刑，国之所存者幸也。故曰，城郭不完[11]，兵甲不多，非国之灾也；田野不辟，货财不聚，非国之害也。上无礼，下无学，贼民兴，丧无日矣。《诗》曰：‘天之方蹶[12]，无然泄泄[13]。’泄泄，犹沓沓也。事君无义，进退无礼，言则非先王之道者，犹沓沓也。故曰，责难于君谓之恭，陈善闭邪谓之敬，吾君不能谓之贼。”

〔注释〕

①离娄：相传为黄帝时人，视力极强。

②公输子：公输班，也称公输般、公输盘，又称鲁班、鲁般，春秋末年鲁国人，是古代著名的建筑工匠，被奉为木匠鼻祖。

③师旷：春秋时晋平公的乐师，善于辨音。

④六律：相传黄帝时伶伦截竹为管，以管之长短分别声音的高低清浊，乐器的音调皆以此为准。乐律有十二，阴阳各六，阳为律，阴为吕。六律即大蔟、姑洗、蕤宾、夷则、无射、黄钟。

⑤五音：中国古代五声音阶中的五个音级，即宫、商、角、徵、羽。

⑥闻（wèn）：名声。

⑦愆（qiān）：过失。忘：疏漏。

⑧由：遵循。旧章：先王的法度。以上引诗见《诗经·大雅·假乐》。

⑨准绳：测定平直的器具。准，测定平面的水准器；绳，量直线的墨线。

⑩道揆（kuí）：准则。

⑪完：牢固，完善。

⑫蹶（guì）：动，动荡。

⑬泄泄（yì）：多嘴多舌。以上引诗见《诗经·大雅·板》

〔译文〕

孟子说："纵有离娄的视力，公输般的技巧，不用规矩，也画不出方圆；纵有师旷的耳力，不靠六律，也不能校正五音；纵有尧、舜之道，不行仁政，也难以平治天下。现在有些诸侯，虽有仁爱的心肠和仁爱的声誉，但百姓却没有感受到恩泽，也不足为后世效法，这是因为没有施行前代圣王之道。所以说，只有善心不足以治理好国家，只有良法国家也不能自己运行。《诗经》说：'不偏差不遗忘，一切依循旧规章。'依循前代圣王的法度而犯错误，是从来没有过的。圣人既已用尽了目力，又用圆规、曲尺、水准器、绳墨来制造方的、圆的、平的、直的东西，那些东西用之不尽；圣人既已用尽了耳力，又用六律来校正五音，各种音调也就无穷无尽；圣人既已用尽了脑力，又实行仁政，仁德便覆盖天下了。所以说：建筑高台一定要凭借山陵，挖深池一定要凭借沼泽。治理国家如果不遵奉先王之道，能说是明智吗？因此，只有仁者才应处于高位。不仁的人处于统治地位，就会把他的邪恶传播给大众。在上没有规矩可循，在下没有法度可守，朝廷不相信道义，工匠不相信尺度，君子违反理义，百姓触犯刑律，国家如果还能生存下去，那真是太侥幸了。所以说，城墙不坚固，军备不充足，不是国家的灾难；田野没开垦，财富没积聚，不是国家的祸害。在上位的人没有礼义，在下位的人没有教养，违法乱纪的百姓越来越多，国家灭亡的日子就不远了。《诗经》说：'上天正在降灾祸，不要多嘴又多舌！'多嘴多舌就是拖沓啰唆。侍奉国君不讲义，行动进退不合礼制，开口便诋毁先王的制度，这就是拖沓啰唆。所以说，用仁政来要求君主叫作'恭'，向君主讲说仁义、祛除邪念叫作'敬'，以为自己的君主不能行善便是'贼'。"

二

7·2 孟子曰："规矩，方员之至也；圣人，人伦之至也。欲为君，尽君道；欲为臣，尽臣道。二者皆法尧、舜而已矣。不以舜之所以事尧事君，不敬其君者也；不以尧之所以治民治民，贼其民者也。孔子曰：'道二，仁与不仁而已矣。'暴其民甚①，则身弑国亡；不甚，则身危国削，名之曰'幽''厉'②，虽孝子慈孙，百世不能改也。《诗》云：'殷鉴不远③，在夏后之世④。'此之谓也。"

〔注释〕

①暴：欺凌。

②幽、厉：周幽王、周厉王，皆恶谥号。

③鉴：铜镜，用为动词，借鉴教训。

④夏后：夏桀，夏朝的末代君王。姒姓，名癸，一名履癸，谥号桀，在位五十二年。以上引诗见《诗经·大雅·荡》。

〔译文〕

孟子说："圆规和曲尺是做方圆的标准，圣人是做人的标准。想做君主，就要尽君道；想做臣子，就要尽臣道。这两者不过是效法尧、舜罢了。不用舜侍奉尧的方式来侍奉君主，便是不敬重自己的君主；不用尧治理百姓的方式来治理百姓，便是残害自己的百姓。孔子说：‘治理国家的方法有两种，行仁政和不行仁政罢了。’欺凌百姓太过分，就会身死国亡；若不太厉害，也会身危国削，死后获有幽、厉的谥号，即使他有孝子慈孙，百代后也无法改变。《诗经》说：‘殷商可借鉴的教训并不远，就在夏桀统治时。’说的正是这个意思。”

三

7·3 孟子曰：“三代之得天下也以仁，其失天下也以不仁。国之所以废兴存亡者亦然。天子不仁，不保四海；诸侯不仁，不保社稷①；卿、大夫不仁，不保宗庙②；士、庶人不仁，不保四体。今恶死亡而乐不仁，是犹恶醉而强酒③。”

〔注释〕

①社稷：土地神和谷神，后用以代指国家。

②宗庙：祭祀祖先之处。这里指代卿、大夫的采邑。

③强(qiǎng)：勉强。

〔译文〕

孟子说：“夏、商、周三代得到天下是由于仁，他们丧失天下是由于不仁。国家的兴衰存亡也是这个道理。天子不仁，便不能保有天下；诸侯如果不仁，便不能保住国家；卿、大夫不仁，便不能保住祖庙；士人和百姓不仁，便不能保全生命。现在有些人憎恶死亡却又乐于不仁，这就像害怕醉酒却又偏要喝酒一样。”

四

7·4 孟子曰：“爱人不亲，反其仁；治人不治，反其智；礼人不答，反其敬。行有不得者皆反求诸己，其身正而天下归之。《诗》云①：‘永言配命，自求多福。’”

〔注释〕

①《诗》云：引诗见《诗经·大雅·文王》。

〔译文〕

孟子说：“爱人却不能使人来亲近，就要反省自己的仁；管理人却没有管理好，就要反省自己的智；礼貌待人却得不到回应，就要反省自己的敬。行动没有达到预期效果，都要反省检讨自己。自身端正了，天下的人自会归附。《诗经》说：“永远遵循天命，自己寻求多福。”

五

7·5 孟子曰：“人有恒言，皆曰‘天下国家’。天下之本在国，国之本在家，家之本在身。”

〔译文〕

孟子说：“人们有句常说的话，叫作‘天下国家’。天下的根本在于国，国的根本在于家，而家的根本在于每个人自身。”

六

7·6 孟子曰："为政不难，不得罪于巨室①。巨室之所慕，一国慕之；一国之所慕，天下慕之。故沛然德教溢乎四海②。"

〔注释〕

①巨室：世家望族。

②沛：盛大，旺盛。

〔译文〕

孟子说："治理国家不难，关键在于不要得罪世家大族。世家大族所敬慕的，一国之人都会敬慕；一国人所敬慕的，天下人都会敬慕。因此，道德教化就会浩浩荡荡地充溢于天下。"

七

7·7 孟子曰："天下有道，小德役大德①，小贤役大贤；天下无道，小役大，弱役强。斯二者，天也。顺天者存，逆天者亡。齐景公曰：'既不能令，又不受命，是绝物也。'涕出而女于吴②。今也小国师大国而耻受命焉，是犹弟子而耻受命于先师也。如耻之，莫若师文王。师文王，大国五年，小国七年，必为政于天下矣。《诗》云：'商之孙子，其丽不亿③。上帝既命，侯于周服④。侯服于周，天命靡常[⑤]。殷士肤敏[⑥]，祼将于京[⑦]。'孔子曰：'仁不可为众也。夫国君好仁，天下无敌。'今也欲无敌于天下而不以仁，是犹执热而不以濯也[⑧]。《诗》云：'谁能执热，逝不以濯[⑨]？'"

〔注释〕

①役：后省略了"于"字，役于，听命。后三句同。

②涕出而女于吴：齐景公把女儿嫁给吴王阖闾，齐景公虽以之为耻，但迫于吴国国力强大，不得不这样做。据《说苑·权谋》。

③丽：数。亿：周代以十万为亿。

④于周侯服：乃臣服于周。

⑤靡常：无常。

⑥肤敏：美丽而敏捷。

⑦祼（guàn）将："将祼"的倒文。祼，古代酌酒灌地的祭礼，把郁鬯（chàng）酒浇在地上以迎接鬼神。将：助。以上引诗出自《诗经·大雅·文王》。

⑧执热：手拿热物。濯（zhuó）：洗涤。

⑨逝：发音词。引诗见《诗经·大雅·桑柔》。

〔译文〕

孟子说："天下有道，道德修养差的人为道德修养高的人所役使，不太贤能的人为非常贤能的人所役使；天下无道，力量小的被力量大的所役使，弱的被强的所役使。这两种情况，都是天意。顺从天道的生存，违背天道的灭亡。齐景公说：'既不能命令别人，又不听从别人的命令，那就是死路一条。'因此流着眼泪把女儿嫁到了吴国。如今弱小国家效法强大国家，却又以接受大国命令为耻，这好比学生以接受老师的教诲为耻一样。如果真以为耻,就不如效法周文王。以周文王为师,大国只需要五年,小国只需要七年,必定能够统治天下。《诗经》说:‘商代的子孙,数目何止十万。上帝既已授命于文王,他们便都为周朝臣下。他们都为周朝臣下,可见天命无常。商代的臣子都漂亮聪明,也到镐京助祭。’孔子也说过:‘仁德的力量,是不能拿人数多少来衡量的。若国君好仁,则天下无敌。’如今一些诸侯想要无敌于天下却又不行仁政,就好比手拿热物而不用冷水冲洗一样。《诗经》说:‘谁能手拿热物,而不用冷水冲手?’”

八

7·8 孟子曰:“不仁者可与言哉?安其危而利其菑[①],乐其所以亡者。不仁而可与言,则何亡国败家之有?有孺子歌曰:‘沧浪之水清兮[②],可以濯我缨[③];沧浪之水浊兮,可以濯我足。’孔子曰:‘小子听之!清斯濯缨,浊斯濯足矣。自取之也。’夫人必自侮,然后人侮之;家必自毁,而后人毁之;国必自伐,而后人伐之。《太甲》曰:‘天作孽,犹可违;自作孽,不可活。’此之谓也。”

〔注释〕

①菑:同“灾”。
②沧浪:水名,汉水支流。
③缨:系帽子的丝带。

〔译文〕

孟子说:“不仁的人可以与他谈论吗?他们眼见别人有危

险，却无动于衷，别人遭灾，他们却趁火打劫，把导致灭亡的事情当作乐趣来追求。不仁的人如果可以同他谈论，哪还会有亡国败家的事呢？有童谣唱道：“沧浪的水清，可洗我帽缨；沧浪的水浊，可洗我双脚。’孔子说：‘弟子们听着！水清就洗帽缨，水浊就洗双脚，这都是由你们自己决定的。’所以，人一定是自取其辱，别人才侮辱他；家一定是自己毁败，人家才毁败他；国一定是自招讨伐，别国才讨伐它。《尚书·太甲》说：‘上天降灾，还可躲避；自己作孽，无处可逃。’说的就是这个意思。”

九

7·9 孟子曰：“桀、纣之失天下也，失其民也；失其民者，失其心也。得天下有道，得其民，斯得天下矣；得其民有道，得其心，斯得民矣；得其心有道，所欲与之聚之，所恶勿施尔也①。民之归仁也，犹水之就下、兽之走圹也②。故为渊驱鱼者，獭也；为丛驱爵者③，鹯也④；为汤、武驱民者，桀与纣也。今天下之君有好仁者，则诸侯皆为之驱矣。虽欲无王，不可得已。今之欲王者，犹七年之病求三年之艾也⑤，苟为不畜，终身不得。苟不志于仁，终身忧辱，以陷于死亡。《诗》云：‘其何能淑⑥，载胥及溺⑦。’此之谓也。”

〔注释〕

①尔也：如此而已。

②圹：同“旷”，旷野。

③爵:同“雀”。

④鹯(zhān):鹞类猛禽。

⑤艾:艾草,可用于灸疗,存放时间越久,疗效越好。

⑥淑:善。

⑦载:语助词,无实义。胥:相互。溺:落水。引诗见《诗经·大雅·桑柔》。

〔译文〕

孟子说:“桀和纣之所以丧失天下,是由于失去了百姓的支持;之所以失去百姓的支持,是由于失去了民心。获得天下有办法,获得百姓的支持,便可获得天下了;获得百姓的支持有办法,赢得民心,便可获得百姓的支持了;赢得民心也有办法,他们想要的,为他们聚积起来;他们厌恶的,不要强加给他们,如此而已。百姓归服仁政,就像水往低处流、野兽向旷野奔走一样。所以,为深池赶来鱼的是水獭(tǎ),为森林赶来鸟雀的是鹞鹰,为商汤、周武赶来百姓的是夏桀和殷纣。现在的君主如果有爱好仁德的,那么其他诸侯都会替他把百姓赶来了。即使不想统一天下,也是不可能的。现在想统一天下的人,就像患了七年的病要用三年的陈艾来医治一样,如果平常不积蓄,终身都得不到。如果不立志于仁政,将终身都会忧愁受辱,以至于死亡。《诗经》说:‘他们怎能做得好,只能一起溺入水。’也正是这个意思。”

十

7·10 孟子曰:“自暴者,不可与有言也;自弃者,不可与有为也。言非礼义[①]，谓之自暴也；吾身不能居仁由义，谓之自弃也。仁，人之安宅也；义，人之正路也。旷安宅而弗居[②]，舍正路而不由[③]，哀哉！”

〔注释〕

①非：诋毁。

②旷：空缺。

③由：遵从。

〔译文〕

孟子说：“损害自己的人，同他没有什么好说的；自我放弃的人，同他没有什么好合作的。言谈诋毁礼义，叫作损害自己；自认为不能守仁行义，叫作自我放弃。仁，是人最安适的立身之所；义，是人最正确的道路。把最安适的立身之所空着不住，舍弃最正确的道路不走，可悲啊！”

十一

7·11 孟子曰：“道在迩而求诸远[①]，事在易而求诸难。人人亲其亲、长其长，而天下平。”

〔注释〕

①迩：近。

〔译文〕

孟子说：“真理近在身边却向远处寻找，事情本来容易却向难处做。其实，只要每个人都能亲爱自己的双亲，尊敬自己的长辈，天下就太平了。”

十二

7·12 孟子曰：“居下位而不获于上，民不可得而治也。获于上有道，不信于友，弗获于上矣。信于友有道，事亲弗悦，弗信于友矣。悦亲有道，反身不诚，不悦于亲矣。诚身有道，不明乎善，不诚其身矣。是故诚者，天之道也；思诚者，人之道也。至诚而不动者，未之有也；不诚，未有能动者也。”

〔**译文**〕

孟子说：“身居下位而又不能得到上级的信任，就不可能治理好百姓。得到上级的信任有方法，〔首先要得到朋友的信任，〕不能获得朋友的信任，也就得不到上级的信任。获得朋友的信任有方法，〔首先要得到父母的欢心，〕侍奉父母而不能使父母高兴，就不能获得朋友的信任。让父母高兴有方法，〔首先要诚心诚意，〕自己不真诚，就不能使父母高兴。使自己真诚有方法，〔首先要明白什么是善，〕不明白什么是善，就不能使自己真诚。所以，诚是来自上天的原则，追求诚是做人的原则。真诚至极而不能感动人，是从来没有的；不真诚，是绝对不能感动人的。”

十三

7·13 孟子曰：“伯夷辟纣[①]，居北海之滨，闻文王作，兴曰：‘盍归乎来[②]！吾闻西伯善养老者[③]。’太公辟纣[④]，居东海之滨，闻文王作，兴曰：‘盍归乎来！吾闻西伯善养老者。’二老者，天下之大老也，而归之，是天下之父归之也。天下之父归之，其子焉往？诸侯有行文王之政者，七年之内，必为政于天下矣。”

〔注释〕

①辟（bì）：躲避。

②盍：何不。归：归附。

③西伯：周文王，殷纣命为西方诸侯之长，得专征伐，故称西伯。

④太公：姜太公。姜姓，吕氏，名尚，字子牙，号飞熊，尊称太公望，河内郡汲县人。中国古代杰出的政治家、军事家、韬略家，周朝的开国元勋。

〔译文〕

孟子说："伯夷躲避商纣王，居住在北海之滨，听说文王兴起，起身说：'何不去归附呢！我听说西伯善于奉养老人。'太公躲避商纣王，居住在东海之滨，听说文王兴起，起身说：'何不去归附呢！我听说西伯善于奉养老人。'伯夷和太公是天下最有声望的老人，他们归附于西伯，等于天下的父亲都归附于西伯了。天下的父亲都归附了西伯，他们的儿子还会去哪里呢？诸侯中如有能行文王之政的，七年之内，必定能执掌天下。"

十四

7·14 孟子曰："求也为季氏宰[①]，无能改于其德，而赋粟倍他日。孔子曰：'求非我徒也，小子鸣鼓而攻之可也。'由此观之,君不行仁政而富之,皆弃于孔子者也,况于为之强战[②]?争地以战,杀人盈野;争城以战,杀人盈城。此所谓率土地而食人肉,罪不容于死。故善战者服上刑[③],连诸侯者次之[④],辟草莱、任土地者次之[⑤]。"

〔注释〕

①求:冉求,字子有,孔子弟子。季氏:季康子,春秋时期鲁国正卿,姬姓,季氏,名肥,谥康,史称季康子。宰:家臣。

②强战:努力作战。

③善战者:善于用兵的人。上刑:重刑。

④连诸侯者:宣传合纵连横的人。

⑤辟草莱:开垦荒地。任土地:分土授民。

〔译文〕

孟子说:"冉求做季康子的家臣,不能改善季氏的德行,反而把田赋增加一倍。孔子说:'冉求不是我的学生,你们可以大张旗鼓地去讨伐他。'由此看来,不帮助君主施行仁政反而去帮助他聚敛财富的人,都是被孔子所唾弃的,更何况那些替他卖命打仗的人呢?为争夺土地而战,杀死的人遍野,为争夺城池而战,杀死的人满城,这就是所谓的为了土地而吃人肉,连死刑都不足以赎出他们的罪过。所以好战的人应该受最重的刑罚,鼓吹合纵连横的人罪减一等,开垦荒地、扰乱田制的人再次一等。"

十五

7·15 孟子曰:"存乎人者[①],莫良于眸子[②]。眸子不能掩其恶。胸中正,则眸子瞭焉[3];胸中不正,则眸子眊焉[4]。听其言也,观其眸子,人焉廋哉[5]?"

〔注释〕

①存:察,观察。

②眸(móu)子:瞳孔,也泛指眼睛。

③瞭(liǎo):眼睛明亮。

④眊(mào):眼睛看不清楚的样子。

⑤廋(sōu):隐藏。

〔译文〕

孟子说:"观察一个人,没有比观察他的眼睛更好的了。因为眼睛不能掩盖他心中的邪恶。内心正直,眼睛就明亮;内心不正,眼睛就混浊。听他的言论,观察他的眼睛,这个人的善恶哪里还能隐藏呢?"

十六

7·16 孟子曰:"恭者不侮人,俭者不夺人。侮夺人之君,惟恐不顺焉,恶得为恭俭?恭俭岂可以声音笑貌为哉?"

〔译文〕

孟子说:"恭敬的人不会欺侮他人,节俭的人不会掠夺他人。有些诸侯一味欺侮、掠夺别人,唯恐别人不顺从自己,这样怎么能做到恭敬和节俭?恭敬、节俭难道是可以靠声音、笑脸装出来的吗?”

十七

7·17 淳于髡曰[①]:“男女授受不亲,礼与?”

孟子曰:“礼也。”

曰:“嫂溺,则援之以手乎?”

曰:“嫂溺不援,是豺狼也。男女授受不亲,礼也;嫂溺,援之以手者,权也[②]。”

曰:“今天下溺矣,夫子之不援,何也?”

曰:“天下溺,援之以道;嫂溺,援之以手。子欲手援天下乎?”

〔注释〕

①淳于髡(kūn):姓淳于,名髡,齐国人。曾于齐威王、齐宣王时游于齐国稷下,齐威王拜为政卿大夫,数度出使诸侯,未尝屈辱。

②权:变通。

〔译文〕

淳于髡问:“男女授受不亲,这是礼制吗?”

孟子说:“是的。”

淳于髡说:“那么,假若嫂子掉到水里,能用手去拉她吗?”

孟子说:“嫂子掉到水里而不去救援,这简直是豺狼。男女授受不亲,这是礼制。嫂子掉到水里而去救援,这是变通。”

淳于髡说:“如今天下都掉进水里了,先生却不去救援,这是为什么呢?”

孟子说："天下掉进水里，要用道去救援；嫂子掉到水里，用手去救援。你难道想用手去救援天下吗？"

十八

7·18 公孙丑曰："君子之不教子，何也？"

孟子曰："势不行也。教者必以正；以正不行，继之以怒。继之以怒，则反夷矣[①]。'夫子教我以正[②]，夫子未出于正也。'则是父子相夷也。父子相夷，则恶矣。古者易子而教之，父子之间不责善。责善则离，离则不祥莫大焉。"

〔注释〕

①夷：伤害。

②夫子：父亲。

〔译文〕

公孙丑问："君子不亲自教育自己的儿子，这是为什么？"

孟子说："由于情势行不通。教育者一定要讲正道，正道讲不通，就会发怒。一发怒就会伤了感情。〔儿子会说：〕'您用正道教育我，自己却无法做到。'这样父子之间就伤了感情。父子间伤了感情，就不好了。古时候人们互相交换儿子来教育，使父子间不求全责备。求全责备会使父子感情疏远，没有比这更不好的了。"

十九

7·19 孟子曰："事，孰为大？事亲为大。守，孰为大？守身为大。不失其身而能事其亲者，吾闻之矣；失其身而能事其亲者，吾未之闻也。孰不为事？事亲，事之本也。孰不为守？守身，守之本也。曾子养曾皙[①]，必有酒肉。将彻[②]，必请所与；问有余，必曰'有'。曾皙死，曾元养曾子[③]，必有酒肉。将彻，不请所与；问有余，曰'亡矣'。将以复进也。此所谓养口体者也。若曾子，则可谓养志也。事亲若曾子者，可也。”

〔注释〕

①曾子：曾参，字子舆，孔子弟子。儒家学派的重要代表人物，孔门七十二贤之一，后世尊为“宗圣”，孔庙四配之一。曾皙：名点，曾子之父，春秋时期鲁国南武城人，孔子弟子，孔门七十二贤之一。

②彻：撤去。

③曾元：曾参长子，一生追随其父学习《孝经》。

〔译文〕

孟子说：“侍奉谁最重要？侍奉父母最重要。守护什么最重要？守护自己最重要。不失去自己的节操而又能侍奉父母的，我听说过；丧失了自己的节操却能够侍奉父母的，我从来没有听说过。哪位长者不该侍奉？但侍奉父母是根本。哪样东西不该守护？但守护自己的节操是根本。曾子奉养父亲曾皙，每餐必有酒肉。撤除食物的时候，一定要请示剩余的食物给谁。曾皙若问还有没有剩余，一定说'有'。曾皙去世后，曾元奉养父亲曾子，每餐必有酒肉。但撤除食物的时候，便不再请示剩余的食物给谁；曾子若问还有没有剩余，便说'没有'。准备留到下顿给父亲吃。这就是所谓的口腹之养。像曾子那样，才可称作从精神上赡养父母。侍奉父母能做到像曾子那样就可以了。”

二十

7 · 20　孟子曰：“人不足与适也①，政不足间也②。唯大人为能格君心之非③。君仁，莫不仁；君义，莫不义；君正，莫不正。一正君而国定矣。”

〔注释〕

①适（zhé）：同“谪”，指责。

②间（jiàn）：非议。

③格：正。

〔译文〕

孟子说：“当政的小人不值得多加指责，他们的施政也不值得加以非议。只有大德之人才能纠正君主心中的不善。君主仁，没有人不仁；君主义，没有人不义；君主正，没有人不正。一旦端正了国君，国家便安定了。”

二十一

7 · 21　孟子曰：“有不虞之誉①，有求全之毁。”

〔注释〕

①虞：预料。

〔译文〕

孟子说："有出乎意料的赞誉，也有过于苛求的诋毁。"

二十二

7·22 孟子曰："人之易其言也①，无责耳矣。"

〔注释〕

①易：轻率。

〔译文〕

孟子说："一个人轻易发表言论，是没有责任心的缘故。"

二十三

7·23 孟子曰："人之患在好为人师。"

〔译文〕

孟子说："人们最大的毛病就在于喜欢做别人的老师。"

二十四

7·24 乐正子从于子敖之齐①。

乐正子见孟子。孟子曰："子亦来见我乎？"

曰："先生何为出此言也？"

曰："子来几日矣？"

曰："昔者②。"

曰："昔者，则我出此言也，不亦宜乎？"

曰："舍馆未定③。"

曰："子闻之也，舍馆定，然后求见长者乎？"

曰："克有罪。"

〔注释〕

①乐正子：乐正克，鲁国人，孟子弟子。子敖：王驩，字子敖，齐国盖邑大夫，齐王宠臣。

②昔者：昨天。

③舍馆：住所。

〔译文〕

乐正子跟随王驩来到齐国。

乐正子去见孟子。孟子说："你也来看我吗？"

乐正子说："老师为什么说这样的话呢？"

孟子问："你来了几天了？"

乐正子说："昨天到的。"

孟子说："你昨天就到了，那么我说这样的话不是应该吗？"

乐正子说："住所还没有找好。"

孟子说："你听说过，住所找好之后，才去见长辈的吗？"

乐正子说："我错了。"

二十五

7·25 孟子谓乐正子曰："子之从于子敖来，徒铺啜也[①]。我不意子学古之道而以铺啜也。”

〔注释〕

①铺啜(būchuò):吃喝。

〔译文〕

孟子对乐正子说:“你跟随王驩来只是为了吃喝。我没想到你学习古人之道竟是为了吃喝。”

二十六

7·26 孟子曰:“不孝有三,无后为大。舜不告而娶,为无后也,君子以为犹告也。”

〔译文〕

孟子说:“不孝的事情有三种,其中以没有后代最为严重。舜没有禀告父母就娶妻,是因为担心没有后代。因此,君子认为他如同禀告了一样。”

二十七

7·27 孟子曰:“仁之实,事亲是也;义之实,从兄是也;智之实,知斯二者弗去是也;礼之实,节文斯二者是也;乐之实,乐斯二者,乐则生矣。生则恶可已也,恶可已,则不知足之蹈之手之舞之。”

〔译文〕

孟子说："仁的实质是孝敬父母；义的实质是顺从兄长；智的实质是明白这两者的道理而坚持下去；礼的实质是调节、修饰这二者；乐的实质就是高兴地做到这二者，于是快乐就产生了。快乐一产生就止不住了。一止不住，就会情不自禁地手舞足蹈。"

二十八

7·28 孟子曰："天下大悦而将归己，视天下悦而归己，犹草芥也，惟舜为然。不得乎亲，不可以为人；不顺乎亲，不可以为子。舜尽事亲之道而瞽瞍厎豫①，瞽瞍厎豫而天下化，瞽瞍厎豫而天下之为父子者定，此之谓大孝。"

〔注释〕

①瞽瞍（gǔsǒu）：舜的父亲。厎（zhǐ）豫：得以快乐。

〔译文〕

孟子说："天下人都非常悦服而将归附于自己，把这情况看得像草芥一样，只有舜能做到。不能得到父母的欢心，不可以做人；不能顺从父母的心愿，不可以做儿子。舜尽心竭力地侍奉父母，他父亲瞽瞍变得高兴了；瞽瞍高兴了，天下的人都受到感化。瞽瞍高兴了，天下做父亲、做儿子的伦常也由此确定，这叫作大孝。"

卷八　离娄下

〔题解〕

本篇共三十三章。以孟子语录为主，内容包括治国之道、君臣关系、道德修养、为学方法、圣贤的行事原则等。

仁义是人区别于禽兽的根本。在孟子看来，舜是“由仁义行，非行仁义也”，“由仁义行”与“行仁义”是有区别的。“由仁义行”是仁义由内而外自觉地呈现、流露，而“行仁义”是将仁义看作外在的规定而不得不践行它。前者自主自觉，后者勉力而为；前者道德自律，后者道德他律；因而，“由仁义行”要高于“行仁义”。

“性”与“智”的关系是孟子人性论的重要内容。孟子即心言性，这种性是指人的先天本性，即良知、良能。而人们平时所谈论的性，不过是指积习、习惯。而积习、习惯的养成则离不开后天的学习、实践，这就是“智”。孟子不反对后天的学习、认知，但积习、习惯的养成首先应从事物本身出发，要顺应人的先天本性。孟子认为，顺应事物的本性才是运用“智”的关键所在。大禹治水，不事穿凿，就是从事物的本性出发，而一曝十寒、拔苗助长等都不是从事物本性出发，以利为本，贻害无穷。

一

8·1 孟子曰："舜生于诸冯，迁于负夏，卒于鸣条[①]，东夷之人也。文王生于岐周[②]，卒于毕郢[③]，西夷之人也。地之相去也，千有余里；世之相后也，千有余岁。得志行乎中国，若合符节[④]，先圣后圣，其揆一也[⑤]。"

〔注释〕

①诸冯、负夏、鸣条：皆古地名，地点不详。

②岐周：岐山下周代的旧邑。因周建国于此，故称岐周。

③毕郢：地名，在今陕西咸阳市东部。

④符节：古代符信之一种。以金、玉、竹、木等制成，上刻文字，分为两半，使用时以两半相合为验。

⑤揆（kuí）：尺度，准则。

〔译文〕

孟子说："舜出生在诸冯，迁居到负夏，死于鸣条，是东夷人。文王生在岐周，死在毕郢，是西夷人。两地相距一千多里；时代相隔一千多年，他们得志时在中国的所作所为，几乎一模一样。古代的圣人和后代的圣人，他们的准则是相同的。"

二

8·2 子产听郑国之政[①]，以其乘舆济人于溱洧[②]。孟子曰："惠而不知为政。岁十一月[③]，徒杠成[④]；十二月，舆梁成[⑤]，民未病涉也。君子平其政，行辟人可也[⑥]，焉得人人而济之？故为政者，每人而悦之，日亦不足矣。”

〔注释〕

①子产：春秋时郑国贤相，著名政治家、思想家。姓公孙，名侨，字子产。

②溱洧（zhēnwěi）：溱水与洧水，均为郑国境内的河流。

③十一月：周历，相当于夏历九月。

④徒杠：供人徒步行走的独木桥。

⑤舆梁：能通车马的大桥。

⑥辟（bì）人：驱除行人使避开。

〔译文〕

子产主持郑国的国政，用自己的车子帮人渡过溱水和洧水。孟子说：“子产会施小恩小惠却不懂得处理政治。要是十一月修成行人的桥，十二月修成行车的桥，百姓就不会为渡河发愁了。君子只要把政治搞好，外出时鸣锣开道，让行人回避也是可以的，怎能一个个地帮人渡河呢？所以搞政治的人，如果挨个去讨好别人，时间也不够用的。”

三

8·3 孟子告齐宣王曰：“君之视臣如手足，则臣视君如腹心；君之视臣如犬马，则臣视君如国人；君之视臣如土芥，则臣视君如寇雠[①]。”

王曰：“礼，为旧君有服，何如斯可为服矣？”

曰:“谏行言听,膏泽下于民;有故而去,则君使人导之出疆,又先于其所往;去三年不反,然后收其田里。此之谓三有礼焉。如此,则为之服矣。今也为臣,谏则不行,言则不听,膏泽不下于民;有故而去,则君搏执之②,又极之于其所往③;去之日,遂收其田里。此之谓寇雠。寇雠,何服之有?”

〔注释〕

①雠(chóu):仇敌。

②搏执:捆绑。

③极:困穷。

〔译文〕

孟子告诉齐宣王说:“君主看待臣下如同自己的手足,臣下就会把君主当作知己;君主看待臣下如同狗马,臣下就会把君主当作路人;君主看待臣下如同泥土、草芥,臣下就会把君主当作强盗、仇敌。”

齐宣王说:“礼制规定,已经离职的臣下要为过去的君主服孝,怎样做才能使臣下为他服孝呢?”

孟子说:“臣子的劝谏能听从,建议能采纳,恩惠普及于百姓;臣子因故离去,君主派人护送他离开国境,并派人先到他要去的地方做好准备;离开三年还不回来,才收回他的土地和房屋。这叫“三有礼”。这样做,臣下就会为他服孝了。如今做臣下,劝谏不被接受,建议不被采纳,恩惠不能普及到百姓;因故离去,君主就要捉拿他,还设法使他在要去的地方陷入困境;离开当天,立即没收了他的土地和房屋。这就叫作仇敌。对于仇敌,还服什么孝呢?”

四

8·4 孟子曰:“无罪而杀士,则大夫可以去;无罪而戮民,则士可以徙。”

〔**译文**〕

孟子说:“士人无罪却被杀掉,那么大夫便可以离开;百姓无罪却被杀戮,那么士人可以迁走。”

五

8·5 孟子曰:“君仁,莫不仁;君义,莫不义。”

〔**译文**〕

孟子说:“君主若仁,便没有人不仁;君主若义,便没有人不义。”

六

8·6 孟子曰:“非礼之礼,非义之义,大人弗为。”

〔**译文**〕

孟子说:“不符合礼制的礼,不符合道义的道义,有德行的人是不会做的。”

七

8·7 孟子曰："中也养不中①，才也养不才，故人乐有贤父兄也。如中也弃不中，才也弃不才，则贤不肖之相去，其间不能以寸。"

〔注释〕

①中：道德品质好。养：熏陶培养。

〔译文〕

孟子说："道德品质好的人熏陶培养道德品质差的人，才能卓越的人教导才能低劣的人，所以人们都乐于有个贤能的父兄。如果道德品质好的人鄙弃道德品质差的人，才能卓越的人鄙弃才能低劣的人，那么贤能和不肖者之间的差距，就近得不能用寸来衡量了。"

八

8·8 孟子曰："人有不为也，而后可以有为。"

〔译文〕

孟子说："人要有所不为，然后才能有所作为。"

九

8·9 孟子曰："言人之不善，当如后患何？"

〔**译文**〕

孟子说："谈论别人的不是，招来后患怎么办？"

十

8·10 孟子曰："仲尼不为已甚者。"

〔**译文**〕

孟子说："孔子不做过分的事情。"

十一

8·11 孟子曰："大人者，言不必信，行不必果，惟义所在。"

〔**译文**〕

孟子说："有德行的人，说话不拘泥于守信，做事未必有始有终，一切以义为标准。"

十二

8 · 12 孟子曰："大人者，不失其赤子之心者也。"

〔译文〕

孟子说："有德行的人，就是不丧失婴儿般淳朴之心的人。"

十三

8 · 13 孟子曰："养生者不足以当大事，惟送死可以当大事。"

〔译文〕

孟子说："养活父母还算不上什么大事情，只有为父母送终才是真正的大事。"

十四

8 · 14 孟子曰："君子深造之以道，欲其自得之也。自得之，则居之安①；居之安，则资之深②；资之深，则取之左右逢其原，故君子欲其自得之也。"

〔注释〕

①居：保存。

②资：积蓄。

〔译文〕

孟子说:“君子能够取得高深的造诣,所依循的正确方法,就是要求他自觉地获得。自觉地获得,就能牢固地掌握它;牢固地掌握它,就能积蓄很深;积蓄很深,就能左右逢源,取之不尽,所以君子要自觉地获得。”

十五

8·15 孟子曰:“博学而详说之,将以反说约也。”

〔译文〕

孟子说:“广博地学习,详细地解说,最终还是要回到简略地陈述大义的境界。”

十六

8·16 孟子曰:“以善服人者,未有能服人者也;以善养人,然后能服天下。天下不心服而王者,未之有也。”

〔译文〕

孟子说:“用善来使人心服口服,是做不到的;用善来教化人,才能使天下的人都归服。人心不服而能统一天下,这是从来没有过的事。”

十七

8·17 孟子曰："言无实不祥。不祥之实，蔽贤者当之。"

〔译文〕

孟子说："言之无物，当然不会有好结果。这种不好的结果，应由妨碍贤者进用的人来承担。"

十八

8·18 徐子曰[①]："仲尼亟称于水[②]，曰：'水哉，水哉！'何取于水也？"

孟子曰："原泉混混[③]，不舍昼夜，盈科而后进[④]，放乎四海。有本者如是，是之取尔。苟为无本，七八月之间雨集，沟浍皆盈[⑤]；其涸也，可立而待也。故声闻过情[⑥]，君子耻之。"

〔注释〕

①徐子：徐辟，字新章，齐国人，孟子弟子。仕齐为客卿。

②亟（qì）：屡次。

③原：同"源"。混混：通"滚滚"，波浪翻涌的样子。

④科：坎，坑。

⑤浍（kuài）：田间水道。

⑥声闻：声誉。过情：超过了实际。

〔译文〕

徐子说："孔子多次赞美水，说：'水啊，水啊！'他是看中了水的哪一点呢？"

孟子说："有源头的泉水滚滚涌出，昼夜不停，注满坑洼又继续向前奔流，一直流向大海。有本源的事物便是这样，孔子看中的就是这一点。如果没有本源，像七八月间很集中的雨水，大小沟渠积满了水；但是过不了多长时间也就干枯了。所以，声誉超过了实际，君子引为耻辱。"

十九

8·19 孟子曰："人之所以异于禽兽者几希[①]，庶民去之，君子存之。舜明于庶物，察于人伦，由仁义行，非行仁义也。"

〔注释〕

①几希：很少，一点点。

〔译文〕

孟子说："人区别于禽兽的地方就那么一点点，百姓丢掉它，君子却保存它。舜明察事物，洞悉人伦，自觉依仁义而行，而不是把仁义作为工具，勉强推行。"

二十

8·20 孟子曰："禹恶旨酒而好善言[①]。汤执中，立贤无方[②]。文王视民如伤，望道而未之见[③]。武王不泄迩[④]，不忘远。周公思兼三王，以施四事，其有不合者，仰而思之，夜以继日；幸而得之，坐以待旦。"

〔注释〕

①旨酒：美酒。

②方：常规。

③而：如。

④泄：轻慢。迩：近。

〔译文〕

孟子说："禹厌恶美酒却喜欢善言。汤持守中道，任用贤才却不拘泥于常规。文王看待百姓就好像他们受了伤害一样，追求真理就像从未见过一样。武王不轻慢近臣，不遗忘远臣。周公想兼学夏、商、周三代圣王的品德，来实践禹、汤、文王、武王四者的功业，如果有与四者不相合的地方，就抬头思考，夜以继日；侥幸想通了，就坐着等待天亮去付诸实施。"

二十一

8·21 孟子曰："王者之迹熄而《诗》亡，《诗》亡然后《春秋》作。晋之《乘》[①]，楚之《梼杌》[②]，鲁之《春秋》[3]，一也。其事则齐桓、晋文，其文则史。孔子曰：'其义则丘窃取之矣。'"

〔注释〕

①《乘》：晋国史书。

②《梼杌（táowù）》：楚国史书。

③《春秋》：鲁国史书，而非孔子所修的《春秋》，只是他所依据的原始资料。

〔译文〕

孟子说："圣王的事迹成为绝响，《诗》也就告终了。《诗》告终后，《春秋》一类的史书便出现了。〔各国都有叫作'春秋'的史书，〕晋国的称作《乘》，楚国的称作《梼杌》，鲁国的称作《春秋》，都是一样的，所记载的事情不过齐桓公、晋文公之类，而其文风不过一般史书的笔法。〔孔子所作《春秋》有所不同，〕他说：'《诗三百》篇上以微言褒善贬恶的做法，我私下在《春秋》里借用了。"

二十二

8·22 孟子曰："君子之泽五世而斩[1]，小人之泽五世而斩。予未得为孔子徒也，予私淑诸人也[2]。"

〔注释〕

①泽：影响。斩：断绝。

②私淑：私自敬仰而未得到直接的传授。

〔译文〕

孟子说："君子的影响五代以后就要断绝了，小人的影响五代以后也断绝了。我没能成为孔子的门徒，我是私下向人学习来的。"

二十三

8·23 孟子曰："可以取，可以无取，取伤廉；可以与，可以无与，与伤惠；可以死，可以无死，死伤勇。"

〔译文〕

孟子说："可以拿，可以不拿，拿了就有损廉洁；可以给，可以不给，给了就有损恩惠；可以死，可以不死，死了就有损勇敢。"

二十四

8·24 逢蒙学射于羿[①]，尽羿之道，思天下惟羿为愈己，于是杀羿。孟子曰："是亦羿有罪焉。"

公明仪曰："宜若无罪焉。"

曰："薄乎云尔，恶得无罪？郑人使子濯孺子侵卫，卫使庾公之斯追之。子濯孺子曰：'今日我疾作，不可以执弓，吾死矣夫！'问其仆曰：'追我者谁也？'其仆曰：'庾公之斯也。'曰：'吾生矣。'其仆曰：'庾公之斯，卫之善射者也，夫子曰“吾生”，何谓也？’曰：‘庾公之斯学射于尹公之他，尹公之他学射于我。夫尹公之他，端人也，其取友必端矣。’庾公之斯至，曰：‘夫子何为不执弓？’曰：‘今日我疾作，不可以执弓。’曰：‘小人学射于尹公之他，尹公之他学射于夫子，我不忍以夫子之道反害夫子。虽然，今日之事，君事也，我不敢废。’抽矢，扣轮，去其金②，发乘矢而后反③。”

〔注释〕

①逄（péng）蒙：古之善射者，相传学射于后羿。羿：我国远古五帝时期的人物，传说是古代有穷国的君主，善于射箭。

②金：箭镞。

③乘（shèng）矢：四支箭。

〔译文〕

逄蒙跟后羿学射箭，完全学会了后羿的技术，心想天下的人只有羿比自己强，于是就把后羿杀死了。孟子说：“这件事后羿也有过错。”

公明仪说：“好像没有什么过错吧。”

孟子说：“过错不大而已，怎能说没有过错呢？郑国派子濯孺子侵犯卫国，卫国派庾公之斯来追击他。子濯孺子说：‘今日我旧病发作，拿不了弓，我活不成了！’问驾车人：‘追赶我的是谁？’驾车人说：‘是庾公之斯。’子濯孺子说：‘我有救了。’驾车人说：‘庾公之斯是卫国有名的射手，您反而说有救了，为什么呢？’子濯孺子说：‘庾公之斯是跟尹公之他学射，尹公之他又跟我学射。尹公之他是个正派人，他看中的朋友一定也很正派。’

庾公之斯追到跟前，说：‘先生为什么不拿弓？’子濯孺子说：‘今天我旧病发作，无法拿弓。’庾公之斯说：‘我跟尹公之他学射，尹公之他又跟您学射。我不忍心用您传授的技术来伤害您。但是，今天的事情是君主的命令，我不敢不办。’于是抽出箭，在车轮上敲打，把箭头去掉，射了四箭就回去了。”

二十五

8·25 孟子曰：“西子蒙不洁①，则人皆掩鼻而过之。虽有恶人②，齐戒沐浴③，则可以祀上帝。”

〔注释〕

①西子：西施，本名施夷光，春秋时期越国美女，与王昭君、貂蝉、杨玉环并称“中国古代四大美女”。

②恶人：相貌丑陋的人。

③齐：同“斋”。

〔译文〕

孟子说：“如果西施沾染了污垢，人们也会掩着鼻子从她面前走过。即使是面貌丑陋的人，只要斋戒沐浴，也可以祭祀上帝。”

二十六

8·26 孟子曰：“天下之言性也，则故而已矣①。故者以利为本②。所恶于智者，为其凿也。如智者若禹之行水也，则无恶于智矣。禹之行水也，行其所无事也。如智者亦行其所无事，则智亦大矣。天之高也，星辰之远也，苟求其故，千岁之日至[3]，可坐而致也。”

〔注释〕

①故：积习，习惯。

②利：顺应。

③日至：冬至。

〔译文〕

孟子说：“人们所谈论的性，不过是指习惯而已。习惯的养成，要以顺应人的本性为根本。聪明之所以令人厌恶，是因为它的穿凿附会。如果聪明的人能像大禹治水一样，那么人们就不会厌恶聪明了。大禹治水，只是顺应水势，因势利导，看起来就像无所作为。如果聪明的人也能如此，那就是大智慧了。天极高，星辰极远，如果认识到它们运行的规律，千年之内的冬至，轻易就可以推算出来。”

二十七

8·27 公行子有子之丧[1]，右师往吊[2]。入门，有进而与右师言者，有就右师之位而与右师言者。孟子不与右师言，右师不悦曰：“诸君子皆与驩言，孟子独不与驩言，是简驩也[3]。”

孟子闻之，曰：“礼，朝廷不历位而相与言[4]，不逾阶而相揖也。我欲行礼，子敖以我为简，不亦异乎？”

〔注释〕

①公行子：齐国大夫。

②右师：官名。即王驩，时任右师。

③简：怠慢。

④历：跨越。

〔译文〕

齐国大夫公行子为儿子办理丧事，右师王驩前去吊唁。他一进门，便有人迎向前同他说话，还有人走到他的座位边与他讲话。孟子却不同他讲话，王驩不高兴地说：“大夫们都来与我说话，只有孟子不与我讲话，这是不尊重我啊。”

孟子听后说：“按照礼制，朝廷上不能跨过座位相互交谈，也不能越过石阶相互作揖。我依礼而行，子敖却认为我不尊重他，这不是很奇怪吗？”

二十八

8·28 孟子曰：“君子所以异于人者，以其存心也[①]。君子以仁存心，以礼存心。仁者爱人，有礼者敬人。爱人者，人恒爱之；敬人者，人恒敬之。有人于此，其待我以横逆[②]，则君子必自反也：我必不仁也，必无礼也，此物奚宜至哉[③]？其自反而仁矣，自反而有礼矣，其横逆由是也，君子必自反也，我必不忠。自反而忠矣，其横逆由是也[④]，君子曰：‘此亦妄人也已矣。如此，则与禽兽奚择哉[5]？于禽兽又何难焉[6]？'是故君子有终身之忧,无一朝之患也。乃若所忧则有之:舜,人也;我,亦人也。舜为法于天下,可传于后世,我由未免为乡人也,是则可忧也。忧之如何？如舜而已矣。若夫君子所患则亡矣。非仁无为也,非礼无行也。如有一朝之患,则君子不患矣。"

〔注释〕

①存:省察。

②横(hèng)逆:横暴无理。

③物:事。奚宜:为什么。

④由:通"犹"。

⑤择:区别。

⑥难:责难。

〔译文〕

孟子说:"君子与一般人的不同之处,在于他们经常省察自己的内心。君子把仁放在心上,把礼放在心上。仁爱的人爱人,礼让的人尊敬人。爱人的人,人们常常爱他;尊敬人的人,人们常常尊敬他。假定这里有个人,他对我蛮横无理,那君子一定会反躬自问:我一定没有做到仁,一定没有符合礼,否则怎么会发生这样的事情呢？自问自己做到了仁,自问自己做到了有礼,那人仍然蛮横无理,君子一定又反躬自问:我一定没有竭心尽力。自问做到了竭心尽力,那人仍然蛮横无理,君子会说:'这不过是个狂妄的人罢了。既然这样,他同禽兽又有什么区别呢？对于禽兽又有什么可责备的呢？'因此,君子有终身的忧虑,却没有突发的祸患。这样的忧虑是：舜是人，我也是人；舜为天下人树立了榜样，影响流传后世，而我不过是一个普通人而已，这个才是可忧虑的事。忧虑又怎么办？尽力像舜一样罢了。至于君子的祸患，那是没有的。不符合仁的事不干，不合乎礼的事不做。即使有突发的祸患，君子也不会放在心上。

二十九

8·29 禹、稷当平世[①]，三过其门而不入，孔子贤之。颜子当乱世，居于陋巷，一箪食，一瓢饮，人不堪其忧，颜子不改其乐，孔子贤之。孟子曰："禹、稷、颜回同道。禹思天下有溺者，由己溺之也；稷思天下有饥者，由己饥之也，是以如是其急也。禹、稷、颜子易地则皆然。今有同室之人斗者，救之，虽被发缨冠而救之[②]，可也。乡邻有斗者，被发缨冠而往救之，则惑也，虽闭户可也。

〔**注释**〕

①平世：政治清明的时代。

②被（pī）：披散着头发。

〔**译文**〕

禹、稷处于政治清明的时代，多次经过家门都无暇进去，孔子称赞他们。颜子处于政治昏乱的时代，住在简陋的巷子里，一筐饭，一瓢水，别人受不了这种清苦，他却自得其乐，孔子也称赞他。孟子说："禹、稷和颜回是一个道理。禹想到天下还有人在溺水，就像自己在溺水一样；稷想到天下还有人在挨饿，就像自己在挨饿一样，所以他们拯救百姓才如此急迫。禹、稷和颜子如果互相交换位置，也都是这样。假如有同屋的人互相斗殴，为了劝阻他们，即使披头散发顶着帽子，连帽带也不系，也是可以的。如果同乡的邻人打架，也披头散发顶着帽子，连帽带也不系就去劝阻他们，那就未免太糊涂了，即使把门关起来不理睬也是可以的。”

三十

8·30 公都子曰：“匡章，通国皆称不孝焉，夫子与之游，又从而礼貌之，敢问何也？”

孟子曰：“世俗所谓不孝者五：惰其四支①，不顾父母之养，一不孝也；博奕，好饮酒，不顾父母之养，二不孝也；好货财，私妻子，不顾父母之养，三不孝也；从耳目之欲②，以为父母戮③，四不孝也；好勇斗很④，以危父母，五不孝也。章子有一于是乎？夫章子，子父责善而不相遇也⑤。责善，朋友之道也；父子责善，贼恩之大者。夫章子，岂不欲有夫妻子母之属哉？为得罪于父，不得近，出妻屏子⑥，终身不养焉。其设心以为不若是，是则罪之大者。是则章子已矣。”

〔注释〕

①四支：四肢。

②从：通“纵”。

③戮：羞辱。

④很：同“狠”。
⑤不相遇：不相合。
⑥屏（bǐng）：赶出。

〔译文〕

公都子说：“一国的人都说匡章不孝，先生却同他交往，而且相当敬重他，请问这是为什么呢？”

孟子说：“一般人们所认为的不孝有五种：四肢懒惰，不管父母的奉养，一不孝；喜好下棋、喝酒，不管父母的奉养，二不孝；喜好钱财，偏爱妻室儿女，不管父母的奉养，三不孝；放纵声色欲望，使父母因此蒙羞，四不孝；逞强好斗，连累父母，五不孝。章子有一项这样的行为吗？章子不过是由于父子之间以善相责而把关系搞坏了。以善相责，本是朋友相处之道；父子之间以善相责，是最伤害感情的事。章子难道不想有夫妻、母子的团聚吗？就因为得罪了父亲，不能亲近，就赶走了妻子，疏远了子女，终身不要他们侍奉。他认为不这样做，罪过更大。这就是章子的为人啊。”

三十一

8·31 曾子居武城[①]，有越寇。或曰：“寇至，盍去诸[②]？”曰：“无寓人于我室，毁伤其薪木。”寇退，则曰：“修我墙屋，我将反。”寇退，曾子反。左右曰：“待先生如此其忠且敬也，寇至，则先去以为民望；寇退，则反，殆于不可[③]。”沈犹行曰[④]：“是非汝所知也。昔沈犹有负刍之祸[⑤]，从先生者七十人，未有与焉。”

子思居于卫[⑥]，有齐寇。或曰："寇至，盍去诸？"子思曰："如伋去，君谁与守？"

孟子曰："曾子、子思同道。曾子，师也，父兄也；子思，臣也，微也。曾子、子思易地则皆然。"

〔注释〕

①武城：战国时期的鲁国邑名。

②盍：何不。

③殆：恐怕。于：为，是。

④沈犹行：曾子弟子，姓沈犹，名行。

⑤负刍：人名。

⑥子思：孔子之孙，名伋。战国初期著名的思想家，受业于曾参，后被追封为述圣公，孔庙四配之一。

〔译文〕

曾子住在武城，越国军队来侵犯。有人说："敌寇要来了，何不离开这里？"曾子说："不要让人住在我家，毁坏了里面的树木。"等敌人退了，曾子说："把我的房屋修理好，我要回来了。"敌人撤退，曾子也回来了。他身边的人说："武城人对先生这样忠诚和恭敬，敌人来了，先生早早地离去，给百姓做了个坏榜样；敌人退了，马上回来，这样恐怕不好吧。"沈犹行说："这不是你们所能明白的。从前先生住在我那里，有个名叫负刍的人作乱，跟随先生的七十个弟子，没有一个人参与平乱的。"

子思住在卫国，齐国军队来侵犯。有人说："敌人来了，何不离开呢？"子思说："假如我离开了，君主与谁来守城呢？"

孟子说："曾子、子思是一个道理。曾子是武城人的师长、父兄；子思是卫国的臣子，官位较低。曾子、子思如果互换位置，也会是同样的做法。”

三十二

8 · 32 储子曰[①]：“王使人瞷夫子[②]，果有以异于人乎？”

孟子曰：“何以异于人哉？尧、舜与人同耳。”

〔注释〕

①储子：战国时期齐国人，齐宣王时任齐相。

②瞷（jiàn）：窥视。

〔译文〕

储子说：“齐王派人来窥探先生，先生真有跟别人不同之处吗？”

孟子说：“哪有跟别人不同的呢？尧、舜也同一般人一样呢。”

三十三

8 · 33 齐人有一妻一妾而处室者，其良人出[①]，则必餍酒肉而后反[②]。其妻问所与饮食者，则尽富贵也。其妻告其妾曰：“良人出，则必餍酒肉而后反；问其与饮食者，尽富贵也，而未尝有显者来，吾将瞷良人之所之也。”

蚤起[3]，施从良人之所之[4]，遍国中无与立谈者。卒之东郭墦间[5]，之祭者，乞其余；不足，又顾而之他，此其为餍足之道也。

其妻归，告其妾，曰：“良人者，所仰望而终身也，今若此！”与其妾讪其良人，而相泣于中庭。而良人未之知也，施施从外来[6]，骄其妻、妾。

由君子观之，则人之所以求富贵利达者，其妻、妾不羞也，而不相泣者几希矣。

〔注释〕

①良人：丈夫。

②餍（yàn）：吃饱。反：同“返”。

③蚤：同“早”。

④施（yí）：通“迤”，逶迤而行。

⑤墦（fán）：坟墓。

⑥施施：得意的样子。

〔译文〕

齐国有个人，家有一妻一妾。丈夫每次外出，总是酒足饭饱后才回来。妻子问他一起吃喝的是什么人，丈夫回答说都是富人权贵。妻子对妾说：“丈夫每次外出，总是酒足饭饱后才回来；问他同哪些人吃喝，说都是富人权贵，可是从来没见有显贵的人来过，我打算暗中观察，看他去什么地方。”

第二天一早起来，妻子便尾随丈夫到他要去的地方，走遍城中，没有一个人同她丈夫说话。最后一直走到东郊外的墓地，见他向扫墓的人讨些剩余的祭品吃;不够吃,又东张西望地跑到别处去乞讨。这就是他吃饱肚子的方法。

妻子回到家,把看到的情况告诉了妾,说:“丈夫是我们终身的依靠,没想到他竟是这个样子!”于是她俩一起咒骂丈夫,又在庭院中相对哭泣。丈夫还不知情,得意洋洋地从外面回来,又向他的妻、妾炫耀。

在君子看来,人们用来追求富贵显达的手段,能使他们的妻、妾不感到羞耻、不相对哭泣的,实在是很少啊!

卷九　万章上

〔题解〕

本篇共九章。以孟子与弟子万章间的对话为主，内容涉及舜的孝行，尧、舜禅让以及伊尹、孔子、百里奚等贤者的事迹。

孟子讲“孝”，常以舜为榜样。舜特别重视亲情，尽管其父与弟多次想谋害自己，但他依然尽心竭力地孝敬父母、友爱兄弟，希望能用真诚感化他们。即使后来成为天子，舜依然以得不到父母的欢心而深深自责。对于孝，舜也讲求通达权变。他“不告而娶”，是舍小取大；他封弟弟象为诸侯，同时委派官吏去治理象的国家，以求得亲情与公正的平衡。可见，舜不是单纯奉养父母口腹之欲，而是重在奉养父母之心志，孟子以之为“大孝”。

孟子之时，发生了燕王哙让国于国相子之的事件。燕王让国最终失败，促使当时的人们重新思考禅让问题。孟子认为，最高权力掌握在天的手里，天根据人们的德行而授予天命。因而，天下并非天子个人的私有物，天子不过是受“天”与“民”委托的管理者，只具有管理、行政权，而不具有对天下的所有权。同样的道理，“授贤”与“传子”只是外在形式，真正重要的是行王道、仁政，得到天下人民的拥护。

孟子还为贤者正名。对伊尹，孟子认为他是一位“天民之先觉者”，揭示出伊尹“舍我其谁”的担当精神；对于孔子，孟子驳斥了关于孔子的不实传言，论述了孔子进以礼，退以义，得之不得曰“有命”的出仕态度；对于百里奚，孟子不同意“自鬻”说，强调百里奚自身之贤。

一

9·1 万章问曰：“舜往于田，号泣于旻天[①]，何为其号泣也？”

孟子曰：“怨慕也。”

万章曰：“‘父母爱之，喜而不忘；父母恶之，劳而不怨[②]。’然则舜怨乎？”

曰：“长息问于公明高曰[③]：‘舜往于田，则吾既得闻命矣；号泣于旻天，于父母，则吾不知也。’公明高曰：‘是非尔所知也。’夫公明高以孝子之心，为不若是恝[④]：我竭力耕田，共为子职而已矣[⑤]，父母之不我爱，于我何哉？帝使其子九男二女[⑥]，百官牛羊仓廪备，以事舜于畎亩之中[⑦]，天下之士多就之者，帝将胥天下而迁之焉[⑧]。为不顺于父母[⑨]，如穷人无所归。天下之士悦之，人之所欲也，而不足以解忧；好色，人之所欲，妻帝之二女，而不足以解忧；富，人之所欲，富有天下，而不足以解忧；贵，人之所欲，贵为天子，而不足以解忧。人悦之、好色、富贵，无足以解忧者，惟顺于父母可以解忧。人少，则慕父母；知好色，则慕少艾[⑩]；有妻子，则慕妻子；仕则慕君,不得于君则热中。大孝终身慕父母。五十而慕者,予于大舜见之矣。”

〔注释〕

①旻(mín)天:苍天。

②劳:忧愁。“父母爱之”句系引用曾子之语,见于《礼记·祭义》《大戴礼记·曾子大孝》。

③长息:公明高弟子。公明高:曾子弟子。

④恝(jiá):淡然,不经心。

⑤共:通“恭”。

⑥帝:尧。九男:尧的九个儿子。二女:尧的两个女儿。

⑦畎(quǎn)亩:田野,土地。

⑧胥:皆,尽。

⑨顺:爱。

⑩少艾:年轻貌美的女子。

〔译文〕

万章问:“舜到田里去,对苍天哭诉,他为什么要这样呢?”

孟子说:“因为他对父母既抱怨又思念。”

万章说:“〔曾子说过:〕‘父母喜爱他,他既高兴又不敢懈怠;父母厌恶他,他虽忧虑却不怨恨。’那么,舜怨恨父母吗?”

孟子说:“长息曾问公明高:‘舜到田里去,这是我已经懂得的了。他向着苍天哭诉,这样来对待父母,我却还不明白。’公明高说:‘这不是你所能明白的。’公明高认为,孝子之心不能这样漫不经心的:我努力耕田,恭敬地尽到做儿子的职责就是了,父母不喜欢我,我有什么办法呢?帝尧让自己的九个儿子、两个女儿以及百官一起带着牛羊、粮食等东西到田野中去侍奉舜,天下的士人也有很多到舜那里去，尧也把整个天下让给了舜。舜却因为不能使父母顺心，好像穷困不得志的人一般孤苦无依。获得天下士人的喜爱，是人人想要的，但这不足以消除舜的忧愁；美丽的女子，是人人想要的，舜娶了尧的两个女儿，却不足以消除忧愁；财富，是人人想要的，舜富有天下，却不足以消除忧愁；尊贵，是人人想要的，舜贵为天子，却不足以消除忧愁。士人的喜爱、美丽的女子、财富和尊贵，没有一样足以消除忧愁，只有让父母顺心才能消除舜的忧愁。人幼小的时候，依恋父母；情窦初开，就喜欢漂亮的女子；有了妻室、子女，就关心妻室、子女；做了官就想着讨好君主，得不到君主的信任，就内心焦虑难受。只有大孝之人才能终身思念父母。到了五十岁还思念父母的，我在伟大的舜身上看到了。”

二

9·2 万章问曰：“《诗》云[①]：‘娶妻如之何？必告父母。’信斯言也，宜莫如舜。舜之不告而娶，何也？”

孟子曰：“告则不得娶。男女居室，人之大伦也。如告，则废人之大伦，以怼父母[②]，是以不告也。”

万章曰：“舜之不告而娶，则吾既得闻命矣；帝之妻舜而不告，何也？”

曰：“帝亦知告焉则不得妻也。”

万章曰：“父母使舜完廪，捐阶，瞽瞍焚廪。使浚井，出，从而揜之[③]。象曰[④]：‘谟盖都君咸我绩[⑤]。牛羊父母，仓廪父母，干戈朕，琴朕，弤朕[⑥]，二嫂使治朕栖[⑦]。'象往入舜宫,舜在床琴。象曰:'郁陶思君尔[⑧]。'忸怩。舜曰:'惟兹臣庶[⑨],汝其于予治[⑩]。'不识舜不知象之将杀己与?"

曰:"奚而不知也?象忧亦忧,象喜亦喜。"

曰:"然则舜伪喜者与?"

曰:"否。昔者有馈生鱼于郑子产,子产使校人畜之池[⑪]。校人烹之,反命曰:'始舍之,圉圉焉[⑫],少则洋洋焉,攸然而逝。'子产曰:'得其所哉!得其所哉!'校人出,曰:'孰谓子产智?予既烹而食之,曰,得其所哉,得其所哉。'故君子可欺以其方,难罔以非其道。彼以爱兄之道来,故诚信而喜之,奚伪焉?"

〔**注释**〕

①《诗》:此指《诗经·齐风·南山》。

②怼(duì):怨恨。

③揜:掩。

④象:舜的同父异母弟。

⑤谟盖:谋害。都君:舜。绩:功绩。

⑥弤(dǐ):舜弓名。

⑦栖:床。

⑧郁陶:思念的样子。

⑨惟:思念。兹:这些。臣庶:臣民。

⑩其:可。于:帮助。

⑪校人:管理池塘的小吏。

⑫圉圉(yǔ):疲惫的样子。

〔译文〕

万章问:“《诗经》说:‘娶妻怎么做? 必先禀告父母。’相信这句话的,应该没有人比得上舜了。可是舜却不禀告父母就娶妻,这是为什么呢?”

孟子说:“事先禀告了就不能娶。男女结婚,是人生的一件大事。如果舜事先禀告了,便无法实现人生的这一大事,结果必将怨恨父母,所以舜便不禀告了。”

万章说:“舜不禀告父母而娶妻,这个道理我懂了;尧把女儿嫁给舜,却不告诉舜的父母,又是为什么呢?”

孟子说:“尧也知道,告诉了他们,女儿嫁不成了。”

万章问道:“父母打发舜去修缮谷仓,等舜上了屋顶,便抽去梯子,他父亲瞽瞍还放火焚烧谷仓。他们又打发舜去淘井,自己出来了就堵塞井口。舜的弟弟象说:‘谋害舜都是我的功劳。牛羊分给父母,仓廪分给父母,兵器归我,琴归我,弤弓归我,两位嫂嫂要她们替我铺床叠被。’象走进舜的住房,却看到舜坐在床边弹琴,象说:‘哎呀! 我好想念您呀!’但脸上却露出羞愧之色。舜说:‘我惦念这些臣民,你帮我来管理吧!’我不明白,舜真的不知道象要杀他吗?”

孟子说:“怎么不知道呢? 象忧愁,他也忧愁;象高兴,他也高兴。”

万章说:“那么,舜是假装高兴吗?”

孟子说:“不。从前有人送条活鱼给郑国的子产,子产使主管池塘的人把鱼畜养起来。那人却将鱼煮着吃了,还回报说:‘刚放在池塘里,它还要死不活的,不一会儿,就摇摆着尾巴游开了,一转眼就不见了。’子产说:‘它去了它该去的地方! 它去了它该去的地方!’那人出来后说:‘谁说子产聪明?我把鱼煮着吃了,他还说,它去了它该去的地方!它去了它该去的地方!’所以君子可以被合乎情理的谎言欺骗,却很难被不合情理的诡计愚弄。象假装用敬爱兄长的态度来对待舜,舜真诚地相信并高兴起来,怎么能说是假装的呢?”

三

9·3 万章问曰:“象日以杀舜为事,立为天子则放之,何也?”

孟子曰:“封之也,或曰放焉。”

万章曰:“舜流共工于幽州①,放驩兜于崇山②,杀三苗于三危③,殛鲧于羽山④,四罪而天下咸服,诛不仁也。象至不仁,封之有庳⑤。有庳之人奚罪焉?仁人固如是乎?在他人则诛之,在弟则封之?”

曰:“仁人之于弟也,不藏怒焉,不宿怨焉,亲爱之而已矣。亲之,欲其贵也;爱之,欲其富也。封之有庳,富贵之也。身为天子,弟为匹夫,可谓亲爱之乎?”

“敢问或曰放者,何谓也?”

曰:“象不得有为于其国,天子使吏治其国而纳其贡税焉,故谓之放。岂得暴彼民哉?虽然,欲常常而见之,故源源而来,‘不及贡,以政接于有庳’,此之谓也。”

〔注释〕

①共工:人名,尧臣,和驩兜、三苗、鲧并称为“四凶”。幽州:地名,泛

指北方边远之地。

②崇山：地名，南方边远之地。

③杀："窜"的假借字。三苗：古国名，姜姓，炎帝缙云氏之后。三危：山名，西方边远之地。

④殛（jí）：诛杀。鲧：中国上古时期传说人物，姒姓，字熙，有崇氏，帝颛顼之子，大禹之父，尧派他治水，因无功而受罚。羽山：山名，东方边远之地。

⑤有庳（bì）：象的封地。

［译文］

万章问："象天天把谋杀舜作为头等大事，可是舜做了天子后，只是流放了他，这是为什么？"

孟子说："是封象为诸侯，但也有人说是流放。"

万章说："舜把共工流放到幽州，把驩兜发配到崇山，把三苗流放到三危，把鲧诛杀在羽山，将这四人治罪，天下便都归服，因为惩处的是不仁的人。象是最不仁的人，却封给他有庳。有庳的百姓有什么罪过呢？仁人做事难道可以这样吗？对别人就严加惩处，对弟弟却封为诸侯？"

孟子说："仁人对待弟弟，不把怒气藏于心中，不把怨恨埋在心底，只是想要亲近他、爱护他罢了。亲近他，就是想让他尊贵；爱护他，就是想让他富有。把有庳封给他，就是要让他既富又贵。自己当了天子，弟弟却做普通百姓，这样能说是亲近他、爱护他吗？"

万章问："请问，为什么有人说是流放呢？"

孟子说："象不能在他的封国里为所欲为，天子派遣官吏治理他的国家，收取贡税，所以有人说是流放。象怎么能暴虐地对待他的百姓呢？虽然如此，舜还是想常常看到象，象也不断地来朝见。所谓'不必等到朝贡的日子，平常也以政事为名接见有庳国君'，说的就是这件事。"

四

9·4 咸丘蒙问曰[①]："语云：'盛德之士，君不得而臣，父不得而子。'舜南面而立[②]，尧帅诸侯北面而朝之，瞽瞍亦北面而朝之。舜见瞽瞍，其容有蹙[③]。孔子曰：'于斯时也，天下殆哉，岌岌乎[④]！'不识此语诚然乎哉？"

孟子曰："否。此非君子之言，齐东野人之语也。尧老而舜摄也。《尧典》[⑤]曰：'二十有八载[⑥]，放勋乃徂落[⑦]，百姓如丧考妣[⑧]，三年，四海遏密八音[⑨]。'孔子曰[⑩]：'天无二日，民无二王。'舜既为天子矣，又帅天下诸侯以为尧三年丧，是二天子矣。"

咸丘蒙曰："舜之不臣尧，则吾既得闻命矣。《诗》云[⑪]：'普天之下，莫非王土；率土之滨，莫非王臣。'而舜既为天子矣，敢问瞽瞍之非臣，如何？"

曰："是诗也，非是之谓也，劳于王事而不得养父母也。曰：'此莫非王事，我独贤劳也[⑫]。'故说诗者，不以文害辞[⑬]，不以辞害志。以意逆志[⑭]，是为得之。如以辞而已矣，《云汉》之诗曰[⑮]：'周余黎民，靡有孑遗。'[⑯]信斯言也，是周无遗民也。孝子之至，莫大乎尊亲；尊亲之至，莫大乎以天下养。为天子父，尊之至也；以天下养，养之至也。《诗》曰：'永言孝思，孝思维则。'[⑰]此之谓也。《书》曰：‘祗载见瞽瞍[18]，夔夔齐栗[19]，瞽瞍亦允若[20]。’是为父不得而子也？”

〔注释〕

①咸丘蒙：人名，姓咸丘，名蒙，孟子弟子。

②南面：做天子。

③蹙(cù)：不安。

④岌岌(jí)：形容危险。

⑤《尧典》：《尚书》篇名。

⑥二十有八载：舜摄政后的二十八年。有，通“又”。

⑦放勋：尧名。徂(cú)落：去世。

⑧百姓：百官。

⑨四海：民间。遏密：停止。八音：由金、石、丝、竹、匏、土、革、木八种材质制成的乐器，这里代指音乐。

⑩孔子曰：引语见于《礼记·曾子问》《礼记·坊记》等篇。

⑪《诗》：此指《诗经·小雅·北山》。

⑫贤劳：辛劳。

⑬文：字。辞：语句。

⑭逆：推求，揣测。

⑮《云汉》：《诗经·大雅》中的一篇。

⑯孑(jié)遗：遗留。

⑰维则：作为行动的准则。引诗见《诗经·大雅·下武》。

⑱祗：恭敬。载：助词。

⑲夔夔(kuí)齐栗：敬慎恐惧的样子。齐：同“斋”，庄重。

⑳允：确实。若：顺从。

〔译文〕

咸丘蒙问：“古语说，‘道德崇高的人，君主不能把他当作臣下，父亲不能把他当作儿子。'舜面南就天子位，尧率领诸侯向北朝见他，舜的父亲瞽瞍也面北朝见他。舜见了瞽瞍，神色很不安。孔子说：'这个时候，天下真是岌岌可危！'不知道这话真是这样吗？"

孟子说："不。这不是君子的话，是齐国乡野农夫的话。尧年老时，由舜代行天子职权。《尧典》说：'二十八年之后，尧才去世，群臣如同死了父母一般，服丧三年，四海之内停止奏乐。'孔子说过：'天上没有两个太阳，人间没有两个天子。'要是舜真在尧去世前做了天子，同时又率领天下诸侯为尧服丧三年，这就是同时有两个天子了。"

咸丘蒙说："舜不以尧为臣，我已领教了您的教诲。《诗经》说：'普天之下，没有哪里不是天子的土地；四海之内，没有哪个不是天子的臣民。'舜已经做了天子，如果瞽瞍不是臣民，请问又是什么呢？"

孟子说："这首诗不是你所说的那个意思，而是作者感慨勤劳国事以致不能够奉养父母。他说：'这些事没有一件不是天子之事，却只有我最辛劳。'所以解说诗的人，不要拘于文字而误解词句，也不要拘于词句而误解原意，要用自己切身的体会去揣摩作者的本意，这样才对。如果只看词句，那《云汉》说：'周朝剩下的百姓，没有一个存留。'相信这句话，就会认为周朝没有一个人存留。孝子的极致，莫过于使父母尊贵；使父母尊贵的极致，莫过于用天下奉养。作为天子的父亲，这是尊贵的极致；用天下来奉养，这是奉养的极致。《诗经》说：'永远尽孝道，孝道是法则。'说的就是这个意思。《尚书》说：'舜恭敬地去见瞽瞍，谨慎又小心，瞽瞍也确实受到感化。'这难道是父亲不能把他当儿子吗？"

五

9·5 万章曰："尧以天下与舜，有诸？"

孟子曰："否。天子不能以天下与人。"

"然则舜有天下也，孰与之？"

曰："天与之。"

"天与之者，谆谆然命之乎[1]？"

曰："否。天不言，以行与事示之而已矣[2]。"

曰："以行与事示之者，如之何？"

曰："天子能荐人于天，不能使天与之天下；诸侯能荐人于天子，不能使天子与之诸侯；大夫能荐人于诸侯，不能使诸侯与之大夫。昔者，尧荐舜于天，而天受之；暴之于民[3]，而民受之。故曰，天不言，以行与事示之而已矣。"

曰："敢问荐之于天，而天受之；暴之于民，而民受之，如何？"

曰："使之主祭而百神享之，是天受之；使之主事而事治，百姓安之，是民受之也。天与之，人与之，故曰，天子不能以天下与人。舜相尧二十有八载，非人之所能为也，天也。尧崩，三年之丧毕，舜避尧之子于南河之南[4]。天下诸侯朝觐者，不之尧之子而之舜；讼狱者，不之尧之子而之舜；讴歌者，不讴歌尧之子而讴歌舜，故曰，天也。夫然后之中国，践天子位焉。而居尧之宫，逼尧之子，是篡也，非天与也。《太誓》[5]曰：'天视自我民视，天听自我民听。'此之谓也。"

〔注释〕

①谆谆(zhūn)：耐心教导。

②行：个人行为；事：政事。

③暴(pù)：显示。

④南河：黄河。

⑤《太誓》：《尚书》篇名。

〔译文〕

万章问："尧把天下传给了舜，有这回事吗？"

孟子说："没有。天子不能把天下传给任何人。"

万章问："那么，舜拥有天下，是谁传给他的呢？"

孟子说："天授予的。"

万章问："天授予的，是谆谆告诫他的吗？"

孟子说："不。天不说话，只是用行为和政事来表示罢了。"

万章问："用行为和政事来表示，又是怎么回事？"

孟子说："天子能够向天推荐人，但不能强迫天把天下传给他；诸侯能够向天子推荐人，却不能强迫天子把诸侯之位授予人；大夫能够向诸侯推荐人，但不能强迫诸侯把大夫之位授予人。从前，尧把舜推荐给天，天接受了；把舜介绍给百姓，百姓接受了。所以说，天不说话，只是用行为和政事来表示罢了。"

万章问："请问，把舜推荐给天，天接受了他；把舜介绍给百姓，百姓接受了他，这是怎么回事呢？"

孟子说："让舜主持祭祀，百神都来享用，这就是天接受他；

让舜主持政事，政事治理得很好，百姓很满意，这就是百姓接受了他。天授予他，百姓授予他，所以说，天子不能够拿天下授予人。舜帮助尧治理天下二十八年，这不是人的意志所能左右的的，而是天意。尧去世后，三年之丧结束，（为使尧的儿子能够继承天下，）舜便到南河的南边回避。天下诸侯朝见天子的，不去朝见尧的儿子却去朝见舜；诉讼的，不去找尧的儿子却到舜那里；歌功颂德的，不去歌颂尧的儿子却歌颂舜，所以说，这是天意。这样，舜才回到首都，登上了天子之位。如果居住于尧的宫室，逼迫尧的儿子让位，这就是篡夺，而不是天授了。《尚书·泰誓》说：'上天看见的，来自百姓看到的；上天听见的，来自百姓听到的。'说的就是这个意思。"

六

9·6 万章问曰："人有言：'至于禹而德衰，不传于贤而传于子。'有诸？"

孟子曰："否，不然也。天与贤，则与贤；天与子，则与子。昔者，舜荐禹于天，十有七年，舜崩，三年之丧毕，禹避舜之子于阳城[①]。天下之民从之，若尧崩之后不从尧之子而从舜也。禹荐益于天，七年，禹崩，三年之丧毕，益避禹之子于箕山之阴[②]。朝觐讼狱者不之益而之启[③]，曰：'吾君之子也。'讴歌者不讴歌益而讴歌启，曰：'吾君之子也。'丹朱之不肖[④]，舜之子亦不肖。舜之相尧，禹之相舜也，历年多，施泽于民久。启贤，能敬承继禹之道。益之相禹也，历年少，施泽于民未久。舜、禹、益相去久远，其子之贤不肖，皆天也，非人之所能为也。莫之为而为者，天也；莫之致而至者，命也。匹夫而有天下者，德必若舜、禹，而又有天子荐之者，故仲尼不有天下。继世以有天下，天之所废，必若桀、纣者也，故益、伊尹、周公不有天下。伊尹相汤以王于天下，汤崩，太丁未立⑤，外丙二年⑥，仲壬四年⑦。太甲颠覆汤之典刑⑧，伊尹放之于桐⑨。三年，太甲悔过，自怨自艾，于桐处仁迁义，三年，以听伊尹之训己也，复归于亳⑩。周公之不有天下，犹益之于夏、伊尹之于殷也。孔子曰：'唐、虞禅，夏后、殷、周继，其义一也。'"

〔注释〕

①阳城：在今河南登封县东南。

②益：伯益，嬴姓，皋陶长子，又名伯翳、大费。因助禹治水有功，被选为继承者。箕山：在今河南登封县东南。阴：山北。

③启：禹之子，也称夏启、夏后启，夏朝的第二任君王。

④丹朱：尧之子，姓伊祁，名源明，字监明，号丹朱。后被尊为围棋"棋圣"。

⑤太丁：商汤的长子。

⑥外丙：太丁的弟弟。

⑦仲壬：外丙的弟弟。

⑧太甲：商汤的嫡长孙，太丁之子。典刑：常法。

⑨桐：地名，在今河南偃师县附近。

⑩亳：地名，商汤国都。

〔译文〕

万章问："有人说：'到禹的时候，道德就衰微了，天下不传给贤人而传给自己的儿子。'有这样的事吗?"

孟子说:"不,不是这样的。天要传于贤人,便传于贤圣的人;天要传于儿子,便传于儿子。从前,舜把禹推荐给天,十七年后,舜去世,三年之丧结束,(为让位给舜的儿子,)禹前往阳城回避。可是,天下百姓都追随禹,就像尧去世后百姓不跟随尧的儿子却追随舜一样。禹把益荐给天,七年后,禹死了,三年之丧结束,(为让位给禹的儿子,)益前往箕山北面回避。朝见天子、诉讼的人不去见益而去见启,说:'这是我们君主的儿子。'歌功颂德的人不歌颂益而歌颂启,说:'这是我们君主的儿子。'尧的儿子丹朱不成器,舜的儿子也不成器。舜辅佐尧,禹辅佐舜,经历的年岁长,施予百姓恩泽的时间久。启很贤明,能够认真地继承禹的德行。益辅佐禹,经过的年岁短,施予百姓恩泽的时间短。舜、禹、益辅佐天子时间的长短,以及他们儿子的好坏,都是天意,不是人力所能左右的。没有人叫他们这样做而做到了,这是天意;没有人叫他们来而竟来了,这是命运。一介平民能拥有天下,他的德性一定要像舜和禹,而且还要有天子的推荐,所以孔子就没能拥有天下。世代相传而拥有天下,天如果要废弃,一定是像桀、纣那样的君主,所以益、伊尹、周公就没能拥有天下。伊尹辅佐商汤统一天下,商汤死后,太丁未立就死了,外丙在位两年,仲壬在位四年。太甲破坏了汤的典章法度,伊尹把他流放到桐邑。三年之后,太甲悔过自新,痛改前非,在桐邑修养仁德,努力行义,再过三年,能虚心听取伊尹的教诲,然后又回到亳都做天子。周公不能拥有天下,就像益在夏朝、伊尹在殷朝的情况一样。孔子说:'唐尧、虞舜实行禅让,夏、商、周实行世袭,其中的道理是一样的。'"

七

9·7 万章问曰："人有言：'伊尹以割烹要汤[①]。'有诸？"

孟子曰："否，不然。伊尹耕于有莘之野[②]，而乐尧舜之道焉。非其义也，非其道也，禄之以天下，弗顾也；系马千驷，弗视也。非其义也，非其道也，一介不以与人[③]，一介不以取诸人。汤使人以币聘之[④]，嚣嚣然曰[⑤]：'我何以汤之聘币为哉？我岂若处畎亩之中，由是以乐尧舜之道哉？'汤三使往聘之，既而幡然改曰[⑥]：'与我处畎亩之中[⑦]，由是以乐尧舜之道，吾岂若使是君为尧舜之君哉？吾岂若使是民为尧舜之民哉？吾岂若于吾身亲见之哉？天之生此民也，使先知觉后知，使先觉觉后觉也。予，天民之先觉者也。予将以斯道觉斯民也。非予觉之，而谁也？'思天下之民匹夫匹妇有不被尧舜之泽者，若己推而内之沟中[⑧]。其自任以天下之重如此，故就汤而说之以伐夏救民。吾未闻枉己而正人者也，况辱己以正天下者乎？圣人之行不同也，或远或近，或去或不去，归洁其身而已矣。吾闻其以尧舜之道要汤，未闻以割烹也。《伊训》曰[⑨]：'天诛造攻自牧宫[⑩]，朕载自亳[⑪]。'"

〔注释〕

①割烹：切割，烹调，指当厨师。要：求得。

②有莘：古国名，姒姓，夏禹之后，在今河南陈留。

③介：同“芥”，草。比喻极轻微的东西。

④币：帛。

⑤嚣嚣：无欲自得的样子。

⑥幡（fān）然：忽然改变的样子。

⑦畎（quǎn）亩：田间，田地。

⑧内：通“纳”。

⑨《伊训》：《尚书》篇名。

⑩造：开始。牧宫：桀的宫室名，这里指夏桀其人。

⑪朕：伊尹的自称。载：始。

〔译文〕

万章问道：“有人说：‘伊尹通过做厨师获得汤的任用。’有这么回事吗？”

孟子答道：“不，不是这样的。伊尹在莘国的郊野耕作，喜爱尧舜之道。如果不合道义，即使把天下作为他的俸禄，他也不理睬；即使送给他四千匹马，他也不会看一眼。如果不合道义，不会给予别人一点点东西，也不会拿别人一点点东西。汤派人带币帛去聘请他，他不在乎地说：‘我为什么要接受汤的聘礼呢？哪里比得上我生活在田野中，以尧舜之道为乐呢？’汤又多次派人去聘请，不久他便完全改变了态度，说：‘与其生活在田野中，以尧舜之道为乐，我何不使这位君主成为尧舜一样的君主呢？又何不使这些百姓成为尧舜的百姓呢？我何不在有生之年亲眼看到这些呢？上天降生百姓，就是要先知先觉者来使后知后觉者有所觉悟。我，是百姓中的先觉者。我要用尧舜之道来开导这些百姓。我不开导他们，又有谁呢？’想到天下百姓中哪怕有一个男子或一个女子没有沾润上尧舜之道的恩泽，就像是自己把他们推进山沟中一样。他就是这样承担起天下的重任，所以到汤那里劝说他讨伐夏桀，拯救百姓。我从没有听说过不端正自己却能匡正别人的，更何况屈辱自己去匡正天下呢？圣人的行为，可能各有不同，有的疏远君主，有的接近君主，有的离开朝廷，有的不离开朝廷，归根到底都是为了洁身自好而已。我只听说伊尹用尧舜之道获得汤的任用，没有听说通过做厨师来获得任用的。《伊训》说：‘上天的讨伐起于夏桀自己，我不过是从亳邑开始谋划罢了。”

八

9·8 万章问曰：“或谓孔子于卫主痈疽①，于齐主侍人瘠环②，有诸乎？”

孟子曰：“否，不然也，好事者为之也。于卫主颜雠由③。弥子之妻与子路之妻④，兄弟也。弥子谓子路曰：‘孔子主我，卫卿可得也。’子路以告。孔子曰：‘有命。’孔子进以礼，退以义，得之不得曰‘有命’。而主痈疽与侍人瘠环，是无义无命也。孔子不悦于鲁、卫，遭宋桓司马将要而杀之⑤，微服而过宋⑥。是时孔子当厄，主司城贞子⑦，为陈侯周臣⑧。吾闻观近臣，以其所为主；观远臣，以其所主。若孔子主痈疽与侍人瘠环，何以为孔子？”

〔注释〕

①主：同“住”。痈疽（yōngjū）：人名，又作“雍渠”，卫灵公宠幸的

宦官。

②侍人:宦官。瘠环:人名,齐景公宠幸的宦官。

③颜雠由:卫国贤大夫。

④弥子:弥子瑕,卫灵公的宠臣。

⑤宋桓司马:宋国司马桓魋(tuí)。要(yāo):拦截。

⑥微服:更换平常的服装。

⑦司城贞子:陈国大夫。

⑧陈侯周:陈国国君,名周。

〔译文〕

万章问道:“有人说,孔子在卫国住在卫灵公所宠幸的宦官痈疽家里,在齐国时住在齐景公所宠幸的宦官瘠环家里,有这回事吗?”

孟子说:“不,不是这样的,这是好事之徒捏造出来的。孔子在卫国时,住在颜雠由家中。弥子瑕的妻子和子路的妻子是姐妹。弥子瑕对子路说:‘孔子要是住在我家,就可以当上卫国的国卿。’子路把这话告诉了孔子。孔子说:‘一切由命运决定。’孔子依礼法而进,依道义而退,他得到或得不到官位都说“命中注定”。如果住在痈疽和瘠环家,那就是无视礼义、不知命了。孔子在鲁国、卫国不得志,又遇到宋国的司马桓魋要拦截杀害他,只得改变装束悄悄走过宋国。这时孔子处境困难,便住在司城贞子家中,做了陈侯周的臣子。我听说,观察在朝的臣子,就看他所招待的客人;观察外来的臣子,就看他所寄居的主人。如果孔子住在痈疽和瘠环家,那还是孔子吗?”

九

9·9 万章问曰:“或曰:‘百里奚自鬻于秦养牲者

五羊之皮[①],食牛以要秦穆公。’信乎?”

孟子曰:“否,不然,好事者为之也。百里奚,虞人也[②]。晋人以垂棘之璧与屈产之乘,假道于虞以伐虢[③]。宫之奇谏[④],百里奚不谏。知虞公之不可谏而去之秦,年已七十矣。曾不知以食牛干秦穆公之为污也[⑤],可谓智乎?不可谏而不谏,可谓不智乎?知虞公之将亡而先去之,不可谓不智也。时举于秦,知穆公之可与有行也而相之,可谓不智乎?相秦而显其君于天下,可传于后世,不贤而能之乎?自鬻以成其君,乡党自好者不为,而谓贤者为之乎?”

〔注释〕

①百里奚:姜姓,百里氏,名奚,字子明,号五羖(gǔ)大夫,春秋虞国人,原为虞国大夫,后辅佐秦穆公建立霸业。鬻(yù):卖。

②虞:国名,周初所封同姓诸侯国,在今山西平陆。

③垂棘:晋国地名。屈:地名。虢(guó):国名,周初所封同姓诸侯国,在今陕西宝鸡。

④宫之奇:春秋时期的虞国大夫。

⑤曾:乃,竟。

〔译文〕

万章问:“有人说:‘百里奚以五张羊皮的价格把自己卖给秦国养牲畜的人,替人养牛,以获得秦穆公的任用。’可信吗?”

孟子说:“不,不是这样,是好事之徒捏造的。百里奚是虞国人。晋人用垂棘的美玉和屈地所产的良马向虞国借路去攻打虢国,宫之奇谏阻虞公,百里奚却不去劝阻。他知道虞公不会听，于是离开虞国而到秦国，这时已经七十岁了。他竟会不知道用养牛的方法去向秦穆公求职是一种恶浊行为，这能说是明智吗？他预见到虞公不会听从劝阻便不劝阻，这能说是不明智吗？他预见到虞公将要亡国就先离开，这不能说不明智啊。当被秦国任用时，他知道秦穆公能有所作为而辅助他，这能说不明智吗？他辅佐秦国，使穆公名扬天下，流芳后世，不贤明能做到吗？以卖掉自己来成就君主，乡里中洁身自爱的人都不会做，难道说贤者会这么做吗？”

卷十　万章下

〔题解〕

本篇共九章。主要是孟子与万章的对话，以及孟子语录、问答等，内容包括圣贤处世之道、士人出仕原则、交友原则、知人论世等。

孟子主张士人积极出仕，在出仕时既要坚守"义"的原则，也要避免像陈仲子那样洁身自好而走向一偏。士人有职则取禄，无职不取禄。对于诸侯的馈赠，可以接受，但不能经常如此。而对于国君来说，尊贤的关键在于举贤授能，首先要根据才能给予提拔任用，其次才是符合礼节的奉养。假如国君的召见不合礼，臣子则可以拒绝召见。

孟子认为，伯夷、伊尹、柳下惠虽然是圣人中的"清""任""和"者，但他们都固执一偏，容易走向极端。孔子超越前人的地方就在于他是"圣之时"，即孔子能够与时偕行、不固执一偏，所以是"集大成"者。

一

10·1　孟子曰："伯夷，目不视恶色，耳不听恶声。非其君不事，非其民不使。治则进，乱则退。横政之所出[①],横民之所止,不忍居也。思与乡人处,如以朝衣朝冠坐于涂炭也。当纣之时,居北海之滨,以待天下之清也。故闻伯夷之风者,顽夫廉[②],懦夫有立志。

"伊尹曰:'何事非君?何使非民?'治亦进,乱亦进,曰:'天之生斯民也,使先知觉后知,使先觉觉后觉。予,天民之先觉者也。予将以此道觉此民也。'思天下之民匹夫匹妇有不与被尧舜之泽者,若己推而内之沟中——其自任以天下之重也。

"柳下惠不羞污君,不辞小官。进不隐贤,必以其道。遗佚而不怨,厄穷而不悯。与乡人处,由由然不忍去也[③]。'尔为尔,我为我,虽袒裼裸裎于我侧,尔焉能浼[④]我哉?'故闻柳下惠之风者,鄙夫宽,薄夫敦。

"孔子之去齐,接淅而行[⑤];去鲁,曰:'迟迟吾行也,去父母国之道也。'可以速而速,可以久而久,可以处而处,可以仕而仕,孔子也。"

孟子曰:"伯夷,圣之清者也;伊尹,圣之任者也;柳下惠,圣之和者也;孔子,圣之时者也。孔子之谓集大成。集大成也者,金声而玉振之也[⑥]。金声也者,始条理也;玉振之也者,终条理也。始条理者,智之事也;终条理者,圣之事也。智,譬则巧也;圣,譬则力也。由射于百步之外也,其至,尔力也;其中,非尔力也。"

〔注释〕

①横政:暴政。

②顽夫：贪婪的人。

③由由然：怡然自得的样子。

④浼（měi）：污染。

⑤淅：淘米水。

⑥金声而玉振：谓以钟发声，以磬收韵，奏乐从始至终。金，金属制的乐器，如钟、镈之类。玉，玉或石制的乐器，如磬之类。

〔译文〕

孟子说："伯夷，眼睛不看丑恶的事物，耳朵不听丑恶的声音。不是他认可的君主不服事，不是他认可的百姓不使唤。天下太平就出仕，世道昏乱就隐居。施行暴政的国家，住有暴民的地方，他都不去居住。他以为同乡下人相处，就好比穿着礼服、戴着礼帽坐在泥土灰炭上一样。纣王当政时，他隐居在北海之滨，等待天下清明。所以，听到伯夷的风范，贪婪的人都会变得廉洁，懦弱的人也会立定志向。

"伊尹说：'什么君主不能服事？什么百姓不能使唤？'世道太平就出仕，世道昏乱也出仕，他说：'上天降生百姓，就是要先知先觉者来使后知后觉者有所觉悟。我，是百姓中的先觉者。我要用尧舜之道来开导这些百姓。'想到天下百姓中哪怕有一个男子或一个女子没有沾润上尧舜之道的恩泽，就像是自己把他们推进山沟中一样——他就是这样承担起天下的重任。

"柳下惠不以服事坏君为耻，也不嫌弃做小官。出仕不隐藏自己的才能，但一定按原则办事。遭到遗弃而不怨恨，困于贫穷而不忧伤。与乡下人相处，悠然自得不忍离去。他说：'你是你，我是我，即使你在我身边赤身裸体，又怎能玷污我呢？'所以，听到柳下惠的风范，狭隘的人会变得宽容，刻薄的人会变得厚道。

“孔子离开齐国时，把已浸在水中的米捞起来就走；离开鲁国时，却说：‘我们慢慢走吧，这是离开祖国的态度。’该快就快，该久就久，该闲居就闲居，该出仕就出仕，这就是孔子。”

孟子又说：“伯夷，是圣人中的清高者；伊尹，是圣人中的尽职者；柳下惠，是圣人中的随和者；孔子，是圣人中的合时宜者。孔子可说是集大成了。所谓集大成，好比奏乐时敲钟开始，击磬收尾。敲钟起音，是节奏条理的开端；击磬收音，是节奏条理的终结。节奏条理的开始在于智，节奏条理的终结在于圣。智好比技巧，圣好比气力。犹如在百步以外射箭，射得到，是靠你的力量；射得中，则不只是靠你的力量了。”

二

10·2 北宫锜问曰[①]：“周室班爵禄也[②]，如之何？”

孟子曰：“其详不可得闻也，诸侯恶其害己也，而皆去其籍，然而轲也尝闻其略也。天子一位，公一位，侯一位，伯一位，子、男同一位，凡五等也。君一位，卿一位，大夫一位，上士一位，中士一位，下士一位，凡六等。天子之制，地方千里，公侯皆方百里，伯七十里，子、男五十里，凡四等。不能五十里[③]，不达于天子，附于诸侯，曰附庸。天子之卿受地视侯[④]，大夫受地视伯，元士受地视子、男[⑤]。大国地方百里，君十卿禄，卿禄四大夫，大夫倍上士，上士倍中士，中士倍下士，下士与庶人在官者同禄，禄足以代其耕也。次国地方七十里，君十卿禄，卿禄三大夫，大夫倍上士，上士倍中士，中士倍下士，下士与庶人在官者同禄，禄足以代其耕也。小国地方五十里，君十卿禄，卿禄二大夫，大夫倍上士，上士倍中士，中士倍下士，下士与庶人在官者同禄，禄足以代其耕也。耕者之所获，一夫百亩，百亩之粪⑥，上农夫食九人，上次食八人，中食七人，中次食六人，下食五人。庶人在官者，其禄以是为差。”

〔注释〕

①北宫锜(qí)：卫国人。

②班：划定等级。

③能：及。

④视：比照。

⑤元士：天子直辖区域内的上士。

⑥粪：施肥。

〔译文〕

北宫锜问：“周朝规定的官爵、俸禄，其等级是怎样的呢？”

孟子说：“详细情况已不得而知，诸侯们讨厌它妨碍自己，把有关文献都毁掉了。不过，我也曾听说过大致的情况。天子为一级，公一级，侯一级，伯一级，子与男共为一级，一共五级。在诸侯国中，国君为一级，卿一级，大夫一级，上士一级，中士一级，下士一级，一共六级。俸禄的制度是，天子管辖的土地纵横一千里，公、侯一百里，伯七十里，子、男五十里，一共四级。土地不够五十里的国家，不能直接上达天子，附属于诸侯，叫作附庸。天子的卿所受的封地与侯相等，天子大夫所受的封地与伯相等，天子元士所受的封地与子、男相等。公、侯大国的土地纵横一百里，国君的俸禄是卿的十倍，卿为大夫的四倍，大夫比上士多一倍，上士比中士多一倍，中士比下士多一倍，下士则与在官府当差的百姓俸禄相同，俸禄足以代替他们耕种的收入。中等国家的土地是纵横七十里，国君的俸禄是卿的十倍，卿为大夫的三倍，大夫比上士多一倍，上士比中士多一倍，中士比下士多一倍，下士则与在官府当差的百姓俸禄相同，俸禄足以代替他们耕种的收入。小国的土地是纵横五十里，国君的俸禄是卿的十倍，卿为大夫的两倍，大夫比上士多一倍，上士比中士多一倍，中士比下士多一倍，下士则与在官府当差的百姓俸禄相同，俸禄足以代替他们耕种的收入。耕种的收入，一户农夫分到一百亩土地，一百亩土地施肥耕种，优秀的农夫可供养九人，稍次的可以供养八人，中等的可以供养七人，稍次的可以供养六人，下等的可以供养五人。在官府当差的百姓，他们的俸禄比照这个等级。”

三

10 · 3 万章问曰：“敢问友。”

孟子曰：“不挟长，不挟贵，不挟兄弟而友。友也者，友其德也，不可以有挟也。孟献子[①]，百乘之家也，有友五人焉：乐正裘，牧仲，其三人，则予忘之矣。献子之与此五人者友也，无献子之家者也。此五人者，亦有献子之家，则不与之友矣。非惟百乘之家为然也，虽小国之君亦有之。费惠公曰[②]：‘吾于子思，则师之矣；吾于颜般[③]，则友之矣；王顺、长息，则事我者也。’非惟小国之君为然也，虽大国之君亦有之。晋平公之于亥唐也[4]，入云则入[5]，坐云则坐，食云则食；虽蔬食菜羹[6]，未尝不饱，盖不敢不饱也。然终于此而已矣，弗与共天位也，弗与治天职也，弗与食天禄也，士之尊贤者也，非王公之尊贤也。舜尚见帝，帝馆甥于贰室[7]，亦飨舜，迭为宾主，是天子而友匹夫也。用下敬上，谓之贵贵；用上敬下，谓之尊贤。贵贵尊贤，其义一也。"

〔注释〕

①孟献子：姬姓，孟孙氏，名蔑。春秋时期鲁国外交家、政治家，亚圣孟子的先祖。

②费(bì)惠公：战国时费国的国君，鲁国季孙氏的后代。

③颜般：古代贤者。

④晋平公：春秋时晋国国君，姓姬名彪。亥唐：晋国人。

⑤入云：云入的倒文。下"坐云""食云"同。

⑥蔬食："疏食"，粗糙的伙食。

⑦甥：女婿，指舜。贰室：副宫。

〔译文〕

万章问道："请问如何交朋友。"

孟子答道："不倚仗年纪大，不倚仗地位高，不倚仗兄弟的势利去交朋友。交友，是以对方的品德为友，不可有所倚仗。孟献子是拥有百辆车马的大夫，他有五位朋友，乐正裘，牧仲，其他三人我忘记了。孟献子同这五人相交，并没有想到自己是个大夫。这五位，若是想到孟献子是个大夫，也就不会同他交友了。不仅拥有百辆车马的大夫如此，小国的君主中也有这样交友的。费惠公说：'对于子思，我把他当作老师；对于颜般，我把他当作朋友;王顺、长息不过是侍奉我的人罢了。'不仅小国的君主如此,大国的国君也有这样交友的。晋平公对于亥唐,亥唐叫他进去就进,叫他坐就坐,叫他吃饭就吃饭,哪怕是粗茶淡饭,也不曾没吃饱过,因为不敢不吃饱。但也仅此而已,并不与他共居官位,不与他共理政事,不与他共享俸禄,这是士人尊贤的方式,而不是王公尊贤的方式。舜谒见帝尧,帝尧请他这位女婿住在另一处官邸,设宴款待舜,两人互为宾主,这是天子与百姓交朋友。以地位低的尊敬地位高的,叫作尊敬贵人;以地位高的尊敬地位低的,叫作尊敬贤人。尊敬贵人和尊敬贤人,道理是一样的。"

四

10 · 4 万章问曰:"敢问交际何心也[①]?"

孟子曰:"恭也。"

曰:"'却之却之为不恭',何哉?"

曰:"尊者赐之,曰:'其所取之者,义乎,不义乎?'而后受之,以是为不恭,故弗却也。"

曰:"请无以辞却之,以心却之,曰:'其取诸民之不义也。'而以他辞无受,不可乎?"

曰:"其交也以道,其接也以礼,斯孔子受之矣。"

万章曰:"今有御人于国门之外者[②],其交也以道,其馈也以礼,斯可受御与?"

曰:"不可。《康诰》曰[③]:'杀越人于货[④],闵不畏死[⑤],凡民罔不譈[⑥]。'是不待教而诛者也。殷受夏,周受殷,所不辞也。于今为烈,如之何其受之?"

〔注释〕

①交际:往来应酬。

②御人:以暴力拦路抢劫行人。

③《康诰》:《尚书》篇名。

④越:抢劫。于:与。

⑤闵:通“暋”,强悍。

⑥譈(duì):同“憝”,怨恨。

〔译文〕

万章问:“请问与人交往应抱有什么态度?”

孟子说:“恭敬。”

万章说:“俗话说:‘一再拒绝别人的礼物是不恭敬的。’为什么呢?”

孟子说:“尊者赠送礼物时,你心里想:‘他取得这些东西是符合义呢,还是不符合义?’然后才接受,这是不恭敬的,所以不拒绝。”

万章说:“不用言语拒绝,而在心里拒绝,心想:‘这是从他百姓那里取来的不义之财。’然后以别的理由来拒绝,不可以吗?”

孟子说:“他依规矩同我交往,依礼节款待我,这样,孔子都会接受礼物的。”

万章说:“如果城门外有个拦路抢劫的人,他按规矩与我交往,也按礼节送我礼物,这样就可以接受他抢来的东西吗?”

孟子说:“不行。《康诰》说:‘杀人抢劫,强横不怕死的,百姓没有不痛恨的。’这种人不必等待教化就可以处死。殷朝继承了夏朝的这条法律,周朝继承了殷朝的这条法律,都不愿改变。现在抢杀行为更为严重,怎么还能接受强盗的礼物呢?”

曰:“今之诸侯取之于民也,犹御也。苟善其礼际矣,斯君子受之,敢问何说也?”

曰:“子以为有王者作,将比今之诸侯而诛之乎①?其教之不改而后诛之乎?夫谓非其有而取之者盗也,充类至义之尽也②。孔子之仕于鲁也,鲁人猎较③,孔子亦猎较。猎较犹可,而况受其赐乎?”

曰:“然则孔子之仕也,非事道与?”

曰:“事道也。”

“事道奚猎较也?”

曰:“孔子先簿正祭器④,不以四方之食供簿正。”

曰:“奚不去也?”

曰:“为之兆也⑤。兆足以行矣而不行,而后去,是以未尝有所终三年淹也⑥。孔子有见行可之仕,有际可之仕,有公养之仕。于季桓子,见行可之仕也⑦;于卫灵公,际可之仕也⑧;于卫孝公,公养之仕也⑨。”

〔注释〕

①比:等同。

②充类:类推。

③猎较:打猎时争夺猎物,以所得用作祭祀祖先。

④簿(bù)正:立文书以正其不正。

⑤兆:开始。

⑥淹:停留。

⑦行可：可行其道。

⑧际：接。

⑨公养：古代国君以养贤之礼奉养贤者。

〔译文〕

万章问："现在的诸侯从百姓那里夺取财物，就像拦路抢劫一样。如果他们按照礼节交往，这样君子也就可以接受他们的礼物，请问这又该怎么解释呢？"

孟子说："若有圣王出现，对于今天的诸侯，你认为他会将现在的诸侯一视同仁全部杀光呢，还是把经过教化仍不悔改的杀掉呢？把不归他所应有而取得的称作抢劫，这是把抢劫的含义推延到极端。孔子在鲁国做官时，鲁国人争夺猎物，孔子也争夺猎物。争夺猎物尚且可以，更何况接受赐与呢？"

万章说："那么孔子出仕不是为了行道吗？"

孟子说："是为了行道。"

万章说："既然行道，何必去争夺猎物呢？"

孟子说："孔子先在薄书上规定可用的祭器，又规定不得用别处打来的猎物充当祭品。"

万章说："孔子为什么不辞官离去呢？"

孟子说："孔子是先试一下。试行的结果可以行得通，而君主却不能推行下去，然后才离开。所以，孔子不曾在一个地方待满三年的。孔子有时是因可行其道而出仕，有时因礼遇周到而出仕，有时因国君养贤而出仕。对季桓子，是因可行其道而出仕；对卫灵公，是因礼遇周到而出仕；对卫孝公，是因国君养贤而出仕。"

五

10·5 孟子曰："仕非为贫也，而有时乎为贫；娶妻非为养也，而有时乎为养。为贫者，辞尊居卑，辞富居贫。辞尊居卑，辞富居贫，恶乎宜乎？抱关击柝[①]。孔子尝为委吏矣[②]，曰：'会计当而已矣。'尝为乘田矣[③]，曰：'牛羊茁壮长而已矣。'位卑而言高，罪也；立乎人之本朝而道不行[④]，耻也。"

〔注释〕

①抱关：看门。击柝（tuò）：打更。柝，巡夜打更用的梆子。

②委吏：管理粮仓的小官。

③乘田：管理畜牧的小吏。

④本朝：朝廷。

〔译文〕

孟子说："出仕不是因为贫穷，但有时也是因为贫穷；娶妻不是为了奉养父母，但有时也是为了奉养父母。因为贫穷而出仕，就该拒绝高官而居于卑位，谢绝厚禄而取薄俸。拒绝高官而居于卑位，谢绝厚禄而取薄俸，那居于什么位置才合宜呢？做个守门打更的人。孔子曾经做过管理仓库的小吏，说：'账目清楚就可以了。'曾经做过管理牲畜的小吏，说：'牛羊肥壮就可以了。'位置低下而言论高远，是罪过；立于朝廷之上却不能行道，则是耻辱。"

六

10 · 6 万章曰："士之不托诸侯，何也？"

孟子曰："不敢也。诸侯失国，而后托于诸侯，礼也；士之托于诸侯，非礼也。"

万章曰："君馈之粟，则受之乎？"

曰："受之。"

"受之何义也？"

曰："君之于氓也[1]，固周之。"

曰："周之则受，赐之则不受，何也？"

曰："不敢也。"

曰："敢问其不敢何也？"

曰："抱关击柝者皆有常职以食于上。无常职而赐于上者，以为不恭也。"

曰："君馈之，则受之，不识可常继乎？"

曰："缪公之于子思也，亟问[2]，亟馈鼎肉。子思不悦。于卒也，摽使者出诸大门之外[3]，北面稽首再拜而不受[4]，曰：'今而后知君之犬马畜伋[5]。'盖自是台无馈也[6]。悦贤不能举，又不能养也，可谓悦贤乎？"

曰："敢问国君欲养君子，如何斯可谓养矣？"

曰："以君命将之[7]，再拜稽首而受。其后廪人继粟[8]，庖人继肉[9]，不以君命将之。子思以为鼎肉，使己仆仆尔亟拜也[10]，非养君子之道也。尧之于舜也，使其子九男事之，二女女焉，百官牛羊仓廪备，以养舜于畎亩之中，后举而加诸上位⑪，故曰：王公之尊贤者也。”

〔注释〕

①氓：从外地迁来的百姓。

②亟（qì）：屡次，多次。

③摽（biāo）：驱逐。

④稽（qǐ）首：古代跪拜礼。再拜：拜两次。“稽首再拜”表示拒绝，“再拜稽首”表示接受。

⑤伋：子思名伋。

⑥台：通“始”，才。

⑦将：送。

⑧廪人：管仓库的小吏。

⑨庖人：管膳食的小吏。

⑩仆仆：麻烦。

⑪加：同“居”。

〔译文〕

万章说：“士不能依靠诸侯为生，为什么呢？”

孟子说：“不敢如此。诸侯亡国后，依靠别的诸侯生活，这是合于礼的；士依靠诸侯为生，是不合于礼的。”

万章说：“国君如果赠送谷米，能接受吗？”

孟子说：“接受。”

万章说：“接受是什么道理呢？”

孟子说：“国君对于外来人，原本就应该接济的。”

万章说：“接济可以接受，赏赐就不接受，这是为什么呢？”

孟子说：“因为不敢。”

万章说："请问为什么不敢？"

孟子说："守门打更的人是因为有一定的职务，才接受上面的供养。没有一定的职务，却接受上面的赏赐的，这被人们认为是不恭敬的。"

万章说："国君馈赠就接受，不知是否可以经常如此？"

孟子说："鲁缪公对于子思，多次派人问候，屡次赠送肉食。子思很不高兴。最后，子思便把来人赶出大门，自己朝北面先磕头后作揖表示拒绝，说：'今天才知道君主是把我当成犬马一样地畜养。'从此缪公就不馈赠了。喜爱贤士，既不能重用，又不能恰当地奉养，能说是喜爱贤人吗？"

万章说："请问，国君想要奉养君子，怎样才能算是恰当地奉养呢？"

孟子说："先以国君的名义馈赠，君子便先作揖后磕头表示接受。此后，就让管理粮仓的小吏经常送去些谷米，掌管膳食的人经常送去些肉食，不再以国君名义去送。子思以为，为了那一块肉，就让自己一次次地跪拜行礼，这不是奉养君子的做法。尧对于舜，派自己的九个儿子服事他，把两个女儿嫁给他，百官、牛羊、粮食都齐备，在田野中供养他，然后提拔他到很高的职位上，所以说，这是王公尊敬贤者的方式。"

七

10 · 7 万章曰："敢问不见诸侯，何义也？"

孟子曰："在国曰市井之臣，在野曰草莽之臣，皆谓庶人。庶人不传质为臣[1]，不敢见于诸侯，礼也。"

万章曰："庶人，召之役，则往役；君欲见之，召之，则不往见之，何也？”

曰：“往役，义也；往见，不义也。且君之欲见之也，何为也哉？”

曰：“为其多闻也，为其贤也。”

曰：“为其多闻也，则天子不召师，而况诸侯乎？为其贤也，则吾未闻欲见贤而召之也。缪公亟见于子思，曰：‘古千乘之国以友士，何如？’子思不悦，曰：‘古之人有言：曰事之云乎，岂曰友之云乎？’子思之不悦也，岂不曰：‘以位，则子，君也；我，臣也，何敢与君友也？以德，则子事我者也，奚可以与我友呢？’千乘之君求与之友而不可得也，而况可召与？齐景公田，招虞人以旌，不至，将杀之。‘志士不忘在沟壑，勇士不忘丧其元。’孔子奚取焉？取非其招不往也。”

曰：“敢问招虞人何以？”

曰：“以皮冠。庶人以旃②，士以旂③，大夫以旌④。以大夫之招招虞人，虞人死不敢往；以士之招招庶人，庶人岂敢往哉？况乎以不贤人之招招贤人乎？欲见贤人而不以其道，犹欲其入而闭之门也。夫义，路也；礼，门也。惟君子能由是路，出入是门也。《诗》云：‘周道如底⑤，其直如矢；君子所履，小人所视⑥。’”

万章曰：“孔子，君命召，不俟驾而行。然则孔子非与？”

曰：“孔子当仕，有官职，而以其官召之也。”

〔注释〕

①质：通“贽”，见面礼。

②旃（zhān）：赤色曲柄的旗。

③旂（qí）：古代画有两龙并在竿头悬铃的旗。

④旌（jīng）：古代用牦牛尾或兼五彩羽毛饰竿头的旗子。

⑤底：通“砥”，磨刀石。

⑥视：效法。引诗出自《诗经·小雅·大东》。

〔译文〕

万章问：“请问士人不去谒见诸侯，这是什么道理呢？”

孟子说：“无职位的士人，在都市里叫作市井之臣，在郊野叫作草莽之臣，都算是百姓。百姓没有向诸侯传送见面礼而成为臣属，就不敢谒见诸侯，这是礼的规定。”

万章问：“百姓，召唤他服役，就去服役；国君要见他，召唤他，却不去谒见，这是为什么呢？”

孟子说：“去服役，合乎义；去谒见，不合乎义。况且国君要见他，是因为什么呢？”

万章说：“因为他见闻广博，因为他贤能。”

孟子说：“如果因为他见闻广博，那么连天子也不能召见老师，何况诸侯呢？如果因为他贤能，那么我还不曾听说过，要见贤人竟可以召唤他来的。鲁缪公多次去拜访子思，说：‘古代具有千辆兵车的国君与士人交朋友，是怎么做的？’子思不高兴，说：‘古人说过，国君只能把士人当老师，怎么能说要与他交朋友呢？’子思的不高兴，难道不是说：‘论地位，你是国君，我是臣子，哪敢同你交朋友呢？论德行，你应该像对待老师一样侍奉我，怎么可以与我交朋友？’拥有千辆兵车的国君想要与他交朋友尚且办不到，更何况要召见他呢？齐景公田猎，用旌旗来召唤管理猎场的人，那人不来，景公便要杀他。孔子得知后说：'有志之士不怕弃尸沟壑，勇敢的人不怕丢掉脑袋。'孔子赞赏他的哪一点呢？是赞赏他因召唤不当就不去的精神。"

万章问："请问，召唤管理猎场的小吏应该用什么呢？"

孟子说："用皮帽子。召唤百姓用旃旗，召唤士人用旂旗，召唤大夫用旌旗。用召唤大夫的旗帜去召唤猎场管理员，猎场管理员死也不肯去；用召唤士人的旗帜去召唤百姓，百姓难道敢去吗？更何况用召唤不贤之人的礼节去召唤贤人呢？想见贤人却不依循礼节，那就像请人进屋却把门关上一样。义，好比是路；礼，好比是门。只有君子能沿着这条路行走，出入这扇门。《诗经》说：'大道平如磨刀石，又如箭矢一般直；君子上面走，百姓来效法。'"

万章问："孔子听说有国君召见，不等车马驾好就动身。那么，孔子错了吗？"

孟子说："孔子当时正在做官，有职务在身，而国君是按他担任的官职召见他的。"

八

10 · 8 孟子谓万章曰："一乡之善士，斯友一乡之善士，一国之善士，斯友一国之善士，天下之善士，斯友天下之善士。以友天下之善士为未足，又尚论古之人[①]。颂其诗[②]，读其书，不知其人，可乎？是以论其世也。是尚友也。"

〔注释〕

①尚：上溯。

②颂：通“诵”。

〔译文〕

孟子对万章说：“一乡之中的优秀人物，与这一乡之中的优秀人物交朋友；一国之中的优秀人物，与这一国之中的优秀人物交朋友；天下的优秀人物，与天下的优秀人物交朋友。与天下的优秀人物交朋友还不满足，便追论古人。吟咏他们的诗，研读他们的著作，不了解他们的为人，可以吗？所以要讨论他们所处的时代。这就是与古人交友。”

九

10·9 齐宣王问卿。孟子曰：“王何卿之问也？”

王曰：“卿不同乎？”

曰：“不同。有贵戚之卿，有异姓之卿。”

王曰：“请问贵戚之卿。”

曰：“君有大过则谏，反复之而不听，则易位。”

王勃然变乎色。

曰：“王勿异也。王问臣，臣不敢不以正①对。”

王色定，然后请问异姓之卿。

曰：“君有过则谏，反复之而不听，则去。”

〔注释〕

①正:真实。

〔译文〕

齐宣王询问公卿的职责。孟子说:“王问的是哪一种公卿?”

王说:“公卿难道还有不同吗?”

孟子说:“有不同。有和王室同宗族的公卿,也有和王室不同姓氏的公卿。”

王说:“请问和王室同宗族的公卿。”

孟子说:“国君若有重大错误,他就劝谏,反复劝谏还不听从,就另立国君。”

齐宣王突然变了脸色。

孟子说:“大王不要诧异。大王问我,我不敢不以实话回答。”

齐宣王脸色恢复正常,又请问和王室不同姓氏的公卿。

孟子说:“国君若有过错,就要劝谏,反复劝谏还不听从,自己就离开。”

卷十一　告子上

〔**题解**〕

本篇共二十章。内容涉及人性论、修养工夫、理想人格、为学方法等。

孟子与告子之间曾就人性问题进行过著名的论辩，人性善恶、生之谓性、仁内义外等都是他们辩论的重要议题。孟子认为，人的本性是善的，人无有不善犹如水无有不下。人有内在的善性，孟子称之为“才”，也就是恻隐、羞恶、辞让、是非之心。孟子实际是即心言性，人性中本来就有善的种子，后天的塑造不过是将善端“扩而充之”，发展壮大。孟子同时强调，人本来生而具有善性，但如果不加培养，这种善性就会一点点地丧失，便与禽兽无异。

孟子还提出了“本心”的概念，本心就是原本固有之心，实际也就是“良心”“仁义之心”。在孟子看来，人有“大体”“小体”的区别，“大体”指心，“小体”指耳目之官，而人首先应当重视心的培养，先将本心确立起来，才不会被耳目之欲所扰乱。

孟子认为，从终极意义上说，人乃是精神的存在，而不是生物的存在，人有比生命更高的价值追求。当个体生命与道德原则发生冲突而不能两全时，应该道德优先，舍弃生命以维护理想中的道德原则。只有确立了这一点，才能凸显人的高贵与尊严。

否则，人便会为贪生避祸而无所不为，那就与禽兽无异了。孟子这种舍生取义的观点，上承孔子主张，下启荀子之说，并为后世儒家一致认同。这一价值观为培养中华民族的浩然正气和高尚情操起到了积极作用，曾鼓舞中国历史上无数仁人志士为理想而献身。

一

11·1 告子曰："性犹杞柳也[①]，义犹桮棬也[②]；以人性为仁义，犹以杞柳为桮棬。"

孟子曰："子能顺杞柳之性而以为桮棬乎？将戕贼杞柳而后以为桮棬也？如将戕贼杞柳而以为桮棬，则亦将戕贼人以为仁义与？率天下之人而祸仁义者，必子之言夫！"

〔注释〕

①杞柳：树名，枝条柔韧，可编箱、筐等器物。

②桮棬（bēiquān）："杯棬"，形状弯曲的木制饮酒器。

〔译文〕

告子说："人性好比杞柳，仁义好比杯盘；用人性成就仁义，就好比将杞柳做成杯盘。"

孟子说："你是顺着杞柳的本性去制成杯盘呢，还是毁伤杞柳的本性去制成杯盘呢？如果是残害了杞柳的本性然后制成杯盘，那也要残害人的本性去成就仁义吗？率领天下的人来损害仁义的，一定是你这种言论！"

二

11·2 告子曰："性犹湍水也[①]，决诸东方则东流[②]，决诸西方则西流。人性之无分于善不善也，犹水之无分于东西也。"

孟子曰："水信无分于东西[③]，无分于上下乎？人性之善也，犹水之就下也。人无有不善，水无有不下。今夫水，搏而跃之，可使过颡[④]；激而行之，可使在山。是岂水之性哉？其势则然也。人之可使为不善，其性亦犹是也。"

〔**注释**〕

①湍水：急流。

②决：打开缺口排水。

③信：确实。

④颡（sǎng）：额头。

〔**译文**〕

告子说："人性好比湍急的流水，从东面开了缺口便向东流，从西面开了缺口便向西流。人性没有善与不善之分，就像流水没有东、西之分。"

孟子说："水诚然没有向东流与向西流之分，难道也没有向上流或向下流的区分吗？人性的善，就好像水性趋向下流。人性没有不善的，水性没有不趋向下的。水，拍打使它飞溅起来，也能高过额头；阻挡使它倒流，可以引上高山。这难道是水的本性吗？是形势造成的。人可以让他干坏事，这时他的性也是形势造成的。”

三

11·3 告子曰：“生之谓性。”

孟子曰：“生之谓性也，犹白之谓白与？”

曰：“然。”

“白羽之白也，犹白雪之白；白雪之白，犹白玉之白与？”

曰：“然。”

“然则犬之性犹牛之性，牛之性犹人之性与？”

〔译文〕

告子说：“生来具有的叫作本性。”

孟子说：“生来具有的叫作本性，就好比白色的东西叫作白吗？”

告子说：“是的。”

孟子说：“白羽毛的白，如同白雪的白；白雪的白，如同白玉的白吗？”

告子说：“是的。”

孟子说：“那么，狗性如同牛性，牛性如同人性吗？”

四

11·4 告子曰:“食、色,性也。仁,内也,非外也;义,外也,非内也。”

孟子曰:“何以谓仁内义外也?”

曰:“彼长而我长之,非有长于我也;犹彼白而我白之,从其白于外也,故谓之外也。”

曰:“异于白马之白也①,无以异于白人之白也;不识长马之长也,无以异于长人之长与?且谓长者义乎?长之者义乎?”

曰:“吾弟则爱之,秦人之弟则不爱也,是以我为悦者也,故谓之内。长楚人之长,亦长吾之长,是以长为悦者也,故谓之外也。”

曰:“耆秦人之炙②,无以异于耆吾炙,夫物则亦有然者也,然则耆炙亦有外与?”

〔注释〕

①异于:疑为衍文。

②耆:同“嗜”。炙:烤肉。

〔译文〕

告子说:“饮食、男女,是人的本性。仁是内在的,不是外在的;义是外在的,不是内在的。”

孟子说:“为什么说仁是内在的、义是外在的呢?”

告子说："他年长，我便恭敬他，并不是我内心原本就尊敬他。就像白色的东西，我认为它白，是根据它的外表是白色的，所以说义是外在的。"

孟子说："白马的白与白人的白没有不同，但是不知道对老马的尊敬，与对长者的尊敬是不是也没有什么不同呢？而且你说的义，是在于长者呢，还是在于尊敬长者的人呢？"

告子说："是我的弟弟就爱他，是秦国人的弟弟就不爱他，这是因我乐意的缘故，所以说仁是内在的。尊敬楚国的长者，也尊敬我自己的长者，这是为了使长者乐意的缘故，所以说义是外在的。"

孟子说："喜欢吃秦国人的烤肉，和喜欢吃自己的烤肉没有不同，其他事物也有这种情况。那么，爱吃烤肉也是外在的吗？"

五

11·5 孟季子问公都子曰①："何以谓义内也？"

曰："行吾敬，故谓之内也。"

"乡人长于伯兄一岁，则谁敬？"

曰："敬兄。"

"酌则谁先？"

曰："先酌乡人。"

"所敬在此，所长在彼，果在外，非由内也。"

公都子不能答，以告孟子。

孟子曰："敬叔父乎？敬弟乎？彼将曰：'敬叔父。'

曰：'弟为尸[②]，则谁敬？'彼将曰：'敬弟。'子曰：'恶在其敬叔父也？'彼将曰：'在位故也。'子亦曰：'在位故也。庸敬在兄[③]，斯须之敬在乡人。'"

季子闻之，曰："敬叔父则敬，敬弟则敬，果在外，非由内也。"

公都子曰："冬日则饮汤，夏日则饮水，然则饮食亦在外也？"

〔注释〕

①孟季子：其人不可详考。公都子：战国时期鲁国人，孟子弟子。

②尸：古代祭祀时代死者受祭的人。

③庸：平时，平常。

〔译文〕

孟季子问公都子："为什么说义是内在的呢？"

公都子说："恭敬发自我的内心，所以说是内在的。"

孟季子问："同乡人比长兄大一岁，那么尊敬谁呢？"

公都子说："尊敬兄长。"

孟季子问："饮酒时先给谁斟酒？"

公都子说："先给同乡长者斟酒。"

孟季子问："内心所敬重的是长兄，却要先向同乡长者斟酒，可见义果然是外在的，不是内在的。"

公都子不能对答，便将此事告诉了孟子。

孟子说："你可以问他：'尊敬叔父，还是尊敬弟弟呢？'他会说：'尊敬叔父。'你再问：'弟弟若做了受祭的尸主，那该尊敬谁？'他会说：'尊敬弟弟。'你再问：'那为什么又说尊敬叔父呢?'他会说:'这是因为弟弟处在尸主的位置上。'你也说:'同乡长者处在需要先斟酒的位置上,所以要先给他斟酒。平时的尊敬在长兄,此刻的尊敬在同乡。'"

孟季子听说了这话,说:"该尊敬叔父时就尊敬叔父,该尊敬弟弟时就尊敬弟弟,义果然是外在的,不是发自内心的。"

公都子说:"冬天喝热水,夏天喝凉水,那么,饮食也是外在的吗?"

六

11·6 公都子曰:"告子曰:'性无善无不善也。'或曰:'性可以为善,可以为不善。是故文、武兴[①],则民好善;幽、厉兴[②],则民好暴。'或曰:'有性善,有性不善。是故以尧为君而有象;以瞽瞍为父而有舜;以纣为兄之子,且以为君,而有微子启、王子比干[③]。'今曰'性善',然则彼皆非与?"

孟子曰:"乃若其情,则可以为善矣,乃所谓善也。若夫为不善,非才之罪也。恻隐之心,人皆有之;羞恶之心,人皆有之;恭敬之心,人皆有之;是非之心,人皆有之。恻隐之心,仁也;羞恶之心,义也;恭敬之心,礼也;是非之心,智也。仁、义、礼、智,非由外铄我也,我固有之也,弗思耳矣。故曰:'求则得之,舍则失之。'或相倍蓰而无算者,不能尽其才者也。《诗》曰[④]:'天生蒸民,有物有则。民之秉彝,好是懿德。'孔子曰:'为此诗者,其知道乎!故有物必有则,民之秉彝也,故好是懿德。'"

〔注释〕

①文、武：周文王、周武王，周代早期的两位圣王。

②幽、厉：周幽王、周厉王，西周晚期的两位暴君。

③微子启：子姓，宋氏，名启，河南商丘人。宋国的开国君王，商王帝乙的长子，商纣王庶兄。曾屡次劝谏商纣王。王子比干：商王文丁庶子，帝乙之弟，商纣王叔父，因劝谏被纣王剖心而死。

④《诗》：引诗出自《诗经·大雅·烝民》。

〔译文〕

公都子说："告子说：'人的本性无所谓善，也无所谓不善。'也有人说：'人的本性可以为善，也可以为不善。所以文王、武王兴起，百姓就变得善良；幽王、厉王兴起，百姓就变得残暴。'又有人说：'有的人性善，有的人性不善。所以，有尧这样的君主，却有象这样的坏人；有瞽瞍这样的父亲，却有舜这样的儿子；有纣这样的侄儿，而且做了君主，却有微子启、王子比干这样的贤人。'现在您说'性善'，那么他们都错了吗？"

孟子说："至于人性的实情，可以表现为善，这就是我说的善。至于它表现为不善，那就不是才资的过错了。恻隐之心，每个人都有；羞恶之心，每个人都有；恭敬之心，每个人都有；是非之心，每个人都有。恻隐之心就是仁，羞恶之心就是义，恭敬之心就是礼，是非之心就是智。仁、义、礼、智，不是由外部授予我的，是我本来就具有的，只是不自觉罢了。所以说：'追求便得到它，舍弃就失去它。'人与人相比，有相差一倍、五倍甚至无数倍的，这是不能充分施展他们才资的缘故。《诗经》说：'天生众民，万物便有了法则。百姓禀受常性，所以爱好这美德。'孔子说：'作这首诗的，大概是懂得道啊！所以，凡事皆有法则；百姓禀受常性，所以爱好这美德。’”

七

11·7 孟子曰：“富岁，子弟多赖[1]；凶岁，子弟多暴。非天之降才尔殊也，其所以陷溺其心者然也。今夫麰麦[2]，播种而耰之[3]，其地同，树之时又同，浡然而生，至于日至之时[4]，皆熟矣。虽有不同，则地有肥硗[5]、雨露之养、人事之不齐也。故凡同类者，举相似也，何独至于人而疑之？圣人，与我同类者。故龙子曰：‘不知足而为屦[6]，我知其不为蒉也[7]。’屦之相似，天下之足同也。口之于味，有同耆也，易牙先得我口之所耆者也[8]。如使口之于味也，其性与人殊，若犬马之与我不同类也，则天下何耆皆从易牙之于味也？至于味，天下期于易牙，是天下之口相似也。惟耳亦然。至于声，天下期于师旷，是天下之耳相似也。惟目亦然。至于子都[9]，天下莫不知其姣也。不知子都之姣者，无目者也。故曰：口之于味也，有同耆焉；耳之于声也，有同听焉；目之于色也，有同美焉。至于心，独无所同然乎？心之所同然者何也？谓理也，义也。圣人先得我心之所同然耳。故理、义之悦我心，犹刍豢之悦我口[10]。”

〔注释〕

①赖：善。

②麰（móu）麦：大麦。

③耰(yōu)：平整土地的农具。这里用作动词，指播种后覆土保护种子。

④日至：夏至。

⑤硗(qiāo)：土地贫瘠。

⑥屦(jù)：草鞋。

⑦蒉(kuì)：用草编的筐。

⑧易牙：人名，齐国彭城(今江苏徐州)人，齐桓公宠臣，传说他擅长烹饪，被后世厨师尊为“祖师”。

⑨子都：公孙子都，姬姓，名阏，字子都，郑桓公之孙，春秋时期郑国的美男子。

⑩刍豢(chúhuàn)：牛、羊、猪、狗等牲畜。

〔译文〕

孟子说：“丰年，年轻人大多善良；荒年，年轻人大多凶暴。不是才资有不同，而是由于外部环境使他们丧失本性。以大麦为喻，播种后用土把种子覆盖好，同样的土地，同样的播种时间，它们会蓬勃地生长，到夏至时，都会成熟了。即使有收获多少的不同，那也是由于地土的肥瘠、雨露的多少、人工的勤惰不同造成的。所以凡是同类，大体都是相似的，为什么唯独讲到人却要怀疑呢？圣人也是和我们一样的人。龙子说：‘即便不知道脚的大小去编一双草鞋，我也知道他一定不会编成草筐。’草鞋的相似，是因为天下人脚的形状是大致相同的。口对于味道，有相同的嗜好，易牙就是先掌握了我们的共同嗜好的人。即使口对于味道，人人生来就不同，如狗、马与人类不是同类一样，那么，为什么天下人都喜欢易牙烹调出来的味道呢？说到口味，天下人都期望做到易牙那样，说明天下人的味觉是相似的。对于耳朵来说也是如此。一提到音乐，天下人都期望做到师旷那样，这就说明天下人的听觉是相近的。对于眼睛来说也是如此。一提到子都，天下没有人不知道他的漂亮。认为子都不漂亮的，是没有眼睛的人。所以说：口对于味道，有相同的嗜好；耳对于声音，有相同的听觉；眼睛对于容貌，有相同的美感。至于心，难道就没有相同之处吗？心的相同之处是什么呢？是理，是义。圣人不过就是先掌握了我们内心的相同之处罢了。所以理、义愉悦我们的内心，就像牛、羊、猪、狗的肉合乎我们的口味一样。”

八

11·8 孟子曰：“牛山之木尝美矣①，以其郊于大国也②，斧斤伐之，可以为美乎？是其日夜之所息，雨露之所润，非无萌蘖之生焉③，牛羊又从而牧之，是以若彼濯濯也④。人见其濯濯也，以为未尝有材焉，此岂山之性也哉？虽存乎人者，岂无仁义之心哉？其所以放其良心者，亦犹斧斤之于木也，旦旦而伐之，可以为美乎？其日夜之所息，平旦之气⑤，其好恶与人相近也者几希，则其旦昼之所为⑥，有梏亡之矣⑦。梏之反复，则其夜气不足以存；夜气不足以存，则其违禽兽不远矣。人见其禽兽也，而以为未尝有才焉者，是岂人之情也哉？故苟得其养，无物不长；苟失其养，无物不消。孔子曰：‘操则存，舍则亡；出入无时，莫知其乡⑧。’惟心之谓与？”

〔注释〕

①牛山：山名，在今山东临淄南。

②郊：生长在郊外。
③萌糵(niè)：植物的新芽。
④濯濯(zhuó)：形容山上没有草木。
⑤平旦：清晨。
⑥旦昼：第二天的白天。
⑦梏(gù)：古代拘在罪人两手的刑具。
⑧乡：通“向”。

〔译文〕

孟子说：“牛山的树木曾经很茂盛，由于它长在都市的郊外，经常被刀斧砍伐，它还能够茂盛吗？虽然它日夜都在生长，雨露也在不断滋养着它，不是没有新枝嫩芽生长出来，但又有人赶着牛羊来放牧，所以就变得光秃秃了。人们见它光秃秃的，便以为这山不曾有过大树木，这难道是山的本性吗？在某些人身上，难道没有仁义之心吗？他们之所以丧失了良心，也正像刀斧砍伐树木一样，天天砍伐，它能茂盛吗？他日夜所萌发出来的善心，他在清晨所触及的清明之气，这些在他心中所引发的好恶跟一般人也有一点相近。然而，他第二天白天的所为，就把仅有的善性给泯灭了。反复地扰乱，那么他夜里的清明之气就不足以保存；夜里的清明之气不足以保存，那么他就与禽兽相差不远了。人们见他像禽兽，就以为他不曾有过好的才资，这难道是人的本性吗？所以，如能得到滋养，没有东西不生长；如失掉滋养，没有东西不会消亡。孔子说：‘抓住了就存在，放弃了就失去；出入无定时，没谁知道它的去向。’说的就是人心吧？”

九

11·9 孟子曰：“无或乎王之不智也[①]。虽有天下易生之物也，一日暴之[②]，十日寒之，未有能生者也。吾见亦罕矣，吾退而寒之者至矣，吾如有萌焉何哉？今夫弈之为数[③]，小数也；不专心致志，则不得也。弈秋，通国之善弈者也。使弈秋诲二人弈，其一人专心致志，惟弈秋之为听。一人虽听之，一心以为有鸿鹄将至[④]，思援弓缴而射之[⑤]，虽与之俱学，弗若之矣。为是其智弗若与？曰：非然也。”

〔注释〕

①或：同“惑”，疑惑。

②暴（pù）：同“曝”，晒。

③弈：围棋。数：技艺。

④鸿鹄：天鹅。

⑤缴（zhuó）：系于箭上的丝绳。

〔译文〕

孟子说：“难怪大王不聪明。即使有天下最容易生长的植物，晒它一天，又冻它十天，没有能够生长的。我和大王相见的次数太少了，我每次回去后那些“冻”大王的奸佞之人就到了，那么我对大王善良之心的萌芽能起到什么作用呢？围棋是一种小技艺，可是如果不专心致志，就学不好。弈秋是全天下的下棋高手。假若让他教授两个人，其中一个人专心致志，只听弈秋的讲授。另一个虽然在听，而心里却盘算着有只天鹅就要飞来，想着拿起弓箭去射它。虽然与别人一起学习，却比不上人家。是因为他的智力不如人家吗？当然不是。”

十

11·10 孟子曰:“鱼,我所欲也,熊掌亦我所欲也;二者不可得兼,舍鱼而取熊掌者也。生亦我所欲也,义亦我所欲也;二者不可得兼,舍生而取义者也。生亦我所欲,所欲有甚于生者,故不为苟得也;死亦我所恶,所恶有甚于死者,故患有所不辟也。如使人之所欲莫甚于生,则凡可以得生者,何不用也?使人之所恶莫甚于死者,则凡可以辟患者,何不为也?由是则生而有不用也,由是则可以辟患而有不为也,是故所欲有甚于生者,所恶有甚于死者。非独贤者有是心也,人皆有之,贤者能勿丧耳。一箪食①,一豆羹②,得之则生,弗得则死,呼尔而与之,行道之人弗受;蹴尔而与之③,乞人不屑也。万钟则不辩礼义而受之④,万钟于我何加焉?为宫室之美、妻妾之奉、所识穷乏者得我与?乡为身死而不受⑤,今为宫室之美为之;乡为身死而不受,今为妻妾之奉为之;乡为身死而不受,今为所识穷乏者得我而为之,是亦不可以已乎?此之谓失其本心。”

〔注释〕

①箪(dān):盛饭的竹器。

②豆:古代食器,形似高脚盘。

③蹴尔:喻指无礼、污辱性的施舍。

④钟:古代的计量单位,春秋时期齐国以十釜为“钟”,后或以六斛四

斗为一钟。

⑤乡:通“向”,以往。

〔译文〕

孟子说:“鱼是我想要的,熊掌也是我想要的;如果二者不能兼得,宁可放弃鱼而选取熊掌。生命是我想要的,道义也是我想要的;如果二者不能兼得,宁可牺牲生命而选择道义。生命是我想要的,但想要的有比生命更重要,所以就不干苟且偷生的事;死亡是我厌恶的,但所厌恶的胜过了死亡,所以对有些祸害就不能躲避。如果人们想要的东西没有超过生命的,那么只要可以求生,什么方法不去使用呢?如果人们所厌恶的没有什么超过死亡的,那么只要可以避免祸害,什么手段不能利用呢?然而,有些人由此而行便可以得到生存,但他却不去做;有些人由此而行便可以避免祸害,但他也不去干。由此可知,有比生命更为重要的东西,也有比死亡更为厌恶的东西。这种心不只贤人有,人人都有,只不过贤人能够保持它罢了。一筐饭,一碗汤,得到便活下去,得不到就死亡,呵斥着施舍给人,就是过路的饥饿之人都不会接受;用脚踩过再施舍给人,就是乞丐也不屑一顾。然而万钟的俸禄却不问是否合乎礼义就接受了,万钟俸禄对我有何益处呢?是为了住宅的华丽、妻妾的侍奉、相识的穷人感激我吗?过去宁肯死亡也不愿接受,现在却为了住宅的华丽而去接受;过去宁肯死亡也不愿接受,现在却为了妻妾的侍奉而接受;过去宁肯死亡也不愿接受,现在却为了让相识的穷人感激我而接受,这难道不可以停下来吗?这叫丧失了他的本心。”

十一

11·11 孟子曰:"仁,人心也;义,人路也。舍其路而弗由①,放其心而不知求②,哀哉!人有鸡犬放,则知求之;有放心,而不知求。学问之道无他,求其放心而已矣。"

〔注释〕

①由:经过。

②放:放任。

〔译文〕

孟子说:"仁是人的本心;义是人的正路。舍弃正路不走,丧失本心不知寻求,可悲啊!人丢失了鸡、狗,还知道去寻找;丢失了本心,却不知寻求。学问之道没有别的,就是将丢失的本心找回来罢了。"

十二

11·12 孟子曰:"今有无名之指屈而不信①,非疾痛害事也,如有能信之者,则不远秦、楚之路,为指之不若人也。指不若人,则知恶之;心不若人,则不知恶,此之谓不知类也。"

〔注释〕

①信:同“伸”。

〔译文〕

孟子说:“现在有个人的无名指弯曲不能伸直,既不疼痛也不妨碍做事,但只要有人能够使它伸直,就是到秦国、楚国也不以为远,因为无名指不及别人。无名指不及别人,就知道厌恶;心性不及别人,却不知道厌恶,这就叫作不知轻重。”

十三

11·13 孟子曰:“拱把之桐梓[①],人苟欲生之,皆知所以养之者。至于身,而不知所以养之者,岂爱身不若桐梓哉?弗思甚也。”

〔注释〕

①拱把:表示树木尚小。拱,两手合围。把,一手所握。

〔译文〕

孟子说:“一两把粗的桐树、梓树,人们如果想使它生长,都知道如何去培养。对于自己,却不知道如何去培养,难道爱自己还不及爱桐树、梓树吗?真是太不用脑子了。”

十四

11·14 孟子曰："人之于身也，兼所爱。兼所爱，则兼所养也。无尺寸之肤不爱焉，则无尺寸之肤不养也。所以考其善不善者，岂有他哉？于己取之而已矣。体有贵贱，有小大。无以小害大，无以贱害贵。养其小者为小人，养其大者为大人。今有场师，舍其梧槚[①]，养其樲棘[②]，则为贱场师焉。养其一指而失其肩背，而不知也，则为狼疾人也[③]。饮食之人，则人贱之矣，为其养小以失大也。饮食之人无有失也，则口腹岂适为尺寸之肤哉[④]？"

〔注释〕

①梧：梧桐树。槚（jiǎ）：梓树。都是较好的木材。

②樲（èr）：酸枣树。棘：荆棘。都是次等的木材。

③狼疾：同"狼藉"，昏乱，糊涂。

④适：同"啻"，但，只。

〔译文〕

孟子说："人对于自己的身体，每一部分都爱护。都爱护，便都保养。没有一寸肌肤不爱护，那么就没有一寸肌肤不被保养。考察他保养得好不好，难道有别的方法吗？只是看他所注重的是身体的哪一部分就可以了。身体有重要部分，也有次要部分；有小的部分，也有大的部分。不要因为小的部分损害大的部分，不要因为次要部分损害重要部分。保养小的就是普通百姓,保养大的就是君子。如果有位园艺师,不去种梧桐、梓树,而去种酸枣、荆棘,那就是位不称职的园艺师。如果有人只保养一个手指却忘了肩背,自己还不明白,那他便是糊涂透顶的人。只知吃喝的人,人人都鄙视他,因为他保养了小的部分而丧失了大的部分。如果讲究吃喝的人没有丢失什么,那么,他的吃喝难道只是为了保养一寸肌肤吗?”

十五

11·15 公都子问曰:“钧是人也①,或为大人,或为小人,何也?”

孟子曰:“从其大体为大人,从其小体为小人。”

曰:“钧是人也,或从其大体,或从其小体,何也?”

曰:“耳目之官不思,而蔽于物。物交物,则引之而已矣②。心之官则思,思则得之,不思则不得也。此天之所与我者。先立乎其大者,则其小者不能夺也。此为大人而已矣。”

〔注释〕

①钧:同“均”,同样。

②引:引诱。

〔译文〕

公都子问:“同样是人,有些是君子,有些是小人,这是为什么呢?”

孟子说："顺从大体的就是君子，顺从小体的就是小人。"

公都子问："同样是人，有的顺从大体，有的顺从小体，又为什么呢？"

孟子说："耳朵、眼睛这类的器官不会思考，故为外物所蒙蔽。一与外物接触，便被引向迷途。心这个器官会思考，一思考就能得到心中的仁义，不思考就得不到。这是天赋予我的能力。先确立了心这个大体，那么耳朵、眼睛之类的小体就不会被外物夺去。这样便可以成为君子。"

十六

11·16 孟子曰："有天爵者①，有人爵者。仁义忠信，乐善不倦，此天爵也；公卿大夫，此人爵也。古之人修其天爵，而人爵从之。今之人修其天爵，以要人爵②；既得人爵，而弃其天爵，则惑之甚者也，终亦必亡而已矣。"

〔注释〕

①天爵：天赐的爵位。指天赋之德性。

②要：通"邀"，求取，追求。

〔译文〕

孟子说："有天赐的爵位，有人授的爵位。仁义忠信，好善不倦，这是天赐的爵位；公卿大夫，这是人授的爵位。古代的人修养天赐的爵位，自然就得到人授的爵位。今天的人修养天赐的爵位，是为了获得人授的爵位；一旦获得人授的爵位，便抛弃天赐的爵位，实在是很愚蠢，最终连人授的爵位也会失去。”

十七

11·17 孟子曰：“欲贵者，人之同心也。人人有贵于己者，弗思耳矣。人之所贵者，非良贵也。赵孟之所贵①，赵孟能贱之。《诗》云②：‘既醉以酒，既饱以德。’言饱乎仁义也，所以不愿人之膏粱之味也③；令闻广誉施于身，所以不愿人之文绣也④。”

〔注释〕

①赵孟：春秋时期晋国正卿赵盾。此指代有权势的人。
②《诗》：引诗见《诗经·大雅·既醉》。
③膏粱：精美的食物。膏，肥肉。粱，精美的主食。
④文绣：刺绣华美的丝织品或衣服。

〔译文〕

孟子说：“渴望尊贵，这是人们的共同心愿。其实每个人都有可尊贵的东西，只是没有想到罢了。别人给予的尊贵，不是真正的尊贵。赵孟能使他尊贵，赵孟也可以使他下贱。《诗经》说：‘既喝醉了酒，又饱享了德。’这是说饱享了仁义，所以就不羡慕别人的美味佳肴；美好的名声加在自己身上了，也就不羡慕别人的锦绣衣裳了。”

十八

11·18 孟子曰：“仁之胜不仁也，犹水胜火。今之为仁者，犹以一杯水救一车薪之火也；不熄，则谓之水不胜火，此又与于不仁之甚者也[①]，亦终必亡而已矣。”

〔注释〕

①与：助长，帮助。

〔译文〕

孟子说：“仁胜过不仁，好比水可以灭火。如今奉行仁道的人，就好比用一杯水去救熊熊燃烧的一车柴木；火不熄灭，就说水不能灭火。这又大大助长了那些不仁之人，最终一定会连那一点点仁也丧失了。”

十九

11·19 孟子曰：“五谷者，种之美者也；苟为不熟，不如荑、稗[①]。夫仁，亦在乎熟之而已矣。”

〔注释〕

①荑（tí）稗（bài）：稊稗。荑、稗为二草名，似禾，实比谷小，亦可食。荑，通“稊”。

〔译文〕

孟子说：“五谷是庄稼中的佼佼者，假若没有收成，反而不及稊米、稗子。仁，也在于使它成熟罢了。”

二十

11·20 孟子曰："羿之教人射，必志于彀[1]；学者亦必志于彀。大匠诲人必以规矩，学者亦必以规矩。"

〔**注释**〕

①彀(gòu)：拉满弓弩。

〔**译文**〕

孟子说："羿教人射箭，一定拉满弓；学习的人也一定要努力拉满弓。高明的工匠教人，一定依循规矩，学习的人也要遵循规矩。"

卷十二　告子下

〔题解〕

本篇共十六章，内容十分丰富，如论述礼与食、色的关系，论《诗》，阐明尊王黜霸的政治理想，批评白圭"以邻为壑"的治水方式等。整篇内容看似庞杂，实际上是从学习、生活以及为政等实践层面对孟子的性善论进行解析。

孟子认可"人皆可以为尧、舜"的观点，他提出，人皆有"不忍人之心"，只要扩充善性，每个人都有可能成为圣人。孟子既重视善的动机，也强调善的效果。善的动机体现的是性善理论的内化，而对善的效果的追求，则是性善理论的外化，只有做到内外统一，才是真正的性善理念。

孟子还列举了舜、傅说、胶鬲、管仲、孙叔敖、百里奚等人的经历，说明只有艰苦环境的磨炼，才能成为大有作为的人。他勉励人们奋发有为，在逆境中磨炼自己的意志，增加自己的才能。本篇末章所揭示的这种"生于忧患，死于安乐"的道理，成为传颂千古的名言。

一

12·1　任人有问屋庐子曰[①]："礼与食孰重？"

曰："礼重。"

曰"色与礼孰重？"

曰："礼重。"

曰"以礼食，则饥而死；不以礼食，则得食，必以礼乎？亲迎[2]，则不得妻；不亲迎，则得妻，必亲迎乎？"

屋庐子不能对，明日之邹以告孟子。

孟子曰："于答是也，何有？不揣其本[3]，而齐其末，方寸之木可使高于岑楼[4]。金重于羽者，岂谓一钩金与一舆羽之谓哉[5]？取食之重者与礼之轻者而比之，奚翅食重[6]？取色之重者与礼之轻者而比之，奚翅色重？往应之曰：'紾兄之臂而夺之食[7]，则得食；不紾，则不得食，则将紾之乎？逾东家墙而搂其处子[8]，则得妻；不搂，则不得妻，则将搂之乎？'"

〔注释〕

①任：春秋时国名，风姓任氏，伏羲、大皞（昊）之后，在今山东济宁。屋庐子：孟子弟子，姓屋庐，名连。战国时期任国人。

②亲迎：古代结婚之礼，新郎亲自至女家，迎新娘入室。

③揣（chuǎi）：衡量。

④方寸：长宽各一寸的面积。岑楼：尖顶高楼。

⑤一钩金：做成一个衣带钩所需的金，比喻数量很小。

⑥奚翅：何止。翅，同"啻"。

⑦紾（zhěn）：扭。

⑧搂：抱。处子：犹言"处女"。

〔译文〕

有一个任国人问屋庐子道："礼与食哪一个重要？"

屋庐子说："礼重要。"

那人又问："娶妻与礼哪样重要？"

屋庐子说："礼重要。"

那人又问："按照礼去谋食，就得饿死；不遵守礼去谋食，就能得到食物，那么一定要遵守礼仪吗？遵照亲迎礼，就娶不到妻子；不遵照亲迎礼，就能娶到妻子，那一定要遵照亲迎礼吗？"

屋庐子不能对答，第二天便去邹国，把这件事告诉了孟子。

孟子说："回答这个问题有什么困难呢？不衡量基础的高低，只比较双方的顶端，那么一寸厚的木块也可以高过尖顶高楼。金子比羽毛重，难道是说一丁点金子比一车羽毛还重吗？拿饮食重要的方面和礼的细节相比较，何止是饮食重要？拿女色重要的方面和礼的细节相比较，何止是女色重要？你这样去答复他：'扭折哥哥的胳膊，抢夺他的食物，就可以得到吃的；不扭，便得不到吃的，那么你去扭吗？翻过东邻家的墙头，搂抱人家的姑娘，就能得到妻子；不去搂抱，就得不到妻子，那么你去搂抱吗？'"

二

12·2 曹交问曰[①]："人皆可以为尧、舜，有诸？"

孟子曰："然。"

"交闻文王十尺，汤九尺，今交九尺四寸以长，食粟而已，如何则可？"

曰："奚有于是？亦为之而已矣。有人于此，力不能胜一匹雏，则为无力人矣；今曰举百钧，则为有力人矣。然则举乌获之任[2],是亦为乌获而已矣。夫人岂以不胜为患哉?弗为耳。徐行后长者谓之弟[3],疾行先长者谓之不弟。夫徐行者,岂人所不能哉?所不为也。尧、舜之道,孝弟而已矣。子服尧之服,诵尧之言[4],行尧之行,是尧而已矣。子服桀之服,诵桀之言,行桀之行,是桀而已矣。"

曰:"交得见于邹君,可以假馆,愿留而受业于门。"

曰:"夫道,若大路然,岂难知哉?人病不求耳[5]。子归而求之,有余师。"

〔注释〕

①曹交:战国时人,曹君之弟。

②乌获:战国时期秦国大力士,与任鄙、孟贲齐名。

③弟:同"悌",敬从兄长。

④诵:讲述。

⑤病:缺点。

〔译文〕

曹交问:"人人都可以成为尧、舜,是这样吗?"

孟子说:"是的。"

曹交问:"我听说文王身高十尺,汤身高九尺,如今我有九尺四寸多高,却只知道吃饭而已,怎样才能成为尧、舜呢?"

孟子说:"这有什么呢?只要去做就行了。比如现在有个人,自认为一只小鸡都提不起来,便是毫无力气的人了;说自己能举起三千斤,便是很有力气的人了。那么,举得起乌获所能举的重量的,也就是乌获了。一个人怎能以不胜任为忧呢?只是不去做罢了。慢点儿走，走在长者之后，便叫悌；走得很快，抢在长者之前，便叫不悌。慢慢走，难道是人不能做到的吗？只是不去做罢了。尧、舜之道，只是孝悌而已。你穿尧的衣服，说尧的话，做尧的事，便是尧了。你穿桀的衣服，说桀的话，做桀的事，便是桀了。”

曹交说：“我准备去谒见邹君，向他借个住处，希望能留在您门下学习。”

孟子说：“道就像大路一样，难道难以知晓吗？人们的缺点是不去寻求。你回去自己寻找，老师多得很呢。”

三

12·3 公孙丑问曰：“高子曰[①]：‘《小弁》[②]，小人之诗也。’”

孟子曰：“何以言之？”

曰：“怨。”

曰：“固哉，高叟之为诗也！有人于此，越人关弓而射之[③]，则己谈笑而道之，无他，疏之也。其兄关弓而射之，则己垂涕泣而道之，无他，戚之也。《小弁》之怨，亲亲也。亲亲，仁也。固矣夫，高叟之为诗也！”

曰：“《凯风》何以不怨[④]？”

曰：“《凯风》，亲之过小者也；《小弁》，亲之过大者也。亲之过大而不怨，是愈疏也；亲之过小而怨，是不可矶也[⑤]。愈疏，不孝也；不可矶，亦不孝也。孔子曰：‘舜其至孝矣，五十而慕[⑥]。’”

〔注释〕

①高子：人名，齐国文公之子公子高的后裔。
②《小弁（pán）》：《诗经·小雅》中的一篇。
③关弓：拉满弓。关，通“弯”。
④《凯风》：《诗经·邶风》中的一篇。
⑤矶（jī）：激怒，触犯。
⑥慕：依恋。

〔译文〕

公孙丑问：“高子说：‘《小弁》这首诗是小人所作。’”

孟子说：“为什么这样说呢？”

公孙丑说：“因为诗中有怨恨。”

孟子说：“高老先生对诗的理解真是太呆板了！现在有个人，如果越国人张开弓去射他，他可以有说有笑地讲述这事，没有别的原因，因为越国人和他距离太远了。如果他哥哥张开弓去射他，那他会哭哭啼啼地讲述这事，没有别的原因，因为哥哥和他关系亲近。《小弁》的怨恨，出于爱护亲人；爱护亲人，就合乎仁。高老先生对诗的理解真是太呆板了！”

公孙丑问：“《凯风》为什么没有怨恨呢？”

孟子说：“《凯风》是因为亲人过错小；《小弁》是因为亲人过错大。父母的过错大却不抱怨，就会与父母更加疏远；父母的过错小却去抱怨，是不能受一点儿委屈。与父母更加疏远，这是不孝；不能受一点儿委屈，也是不孝。孔子说：‘舜大概是最孝顺的人，五十岁还依恋父母。’”

四

12 · 4 宋牼将之楚[①]，孟子遇于石丘[②]，曰："先生将何之？"

曰："吾闻秦、楚构兵[③]，我将见楚王说而罢之。楚王不悦，我将见秦王说而罢之。二王我将有所遇焉。"

曰："轲也请无问其详，愿闻其指[④]。说之将何如？"

曰："我将言其不利也。"

曰："先生之志则大矣，先生之号则不可[⑤]。先生以利说秦、楚之王，秦、楚之王悦于利，以罢三军之师，是三军之士乐罢而悦于利也。为人臣者怀利以事其君，为人子者怀利以事其父，为人弟者怀利以事其兄，是君臣、父子、兄弟终去仁义，怀利以相接，然而不亡者，未之有也。先生以仁义说秦、楚之王，秦、楚之王悦于仁义，而罢三军之师，是三军之士乐罢而悦于仁义也。为人臣者怀仁义以事其君，为人子者怀仁义以事其父，为人弟者怀仁义以事其兄，是君臣、父子、兄弟去利，怀仁义以相接也，然而不王者，未之有也。何必曰利？"

〔注释〕

①宋牼（kēng）：人名，也作宋钘、宋荣，宋国人，战国时期著名学者。

②石丘：地名。

③构兵：交战。

④指：同"旨"，意向。

⑤号：主张。

〔译文〕

宋牼准备到楚国去，孟子在石丘遇到了他，孟子问："先生准备到哪里去？"

宋牼说："我听说秦、楚两国交战，我准备去拜见楚王，劝他罢兵。如果楚王不接受，我再去拜见秦王，劝他罢兵。两位君王中，总会有一位与我投合。"

孟子说："我不想问得太详细，只想知道你的要点。你准备怎样去劝说他们呢？"

宋牼说："我将告诉他们交战的不利之处。"

孟子说："先生的志向固然很好，可是先生的说法却行不通。先生用利去劝说秦、楚的国君，秦、楚的国君因为好利而让三军停战，这样三军将士就是因为喜欢利才乐于罢兵。做臣子的怀着利来服事君主，做儿子的怀着利来侍奉父亲，做弟弟的怀着利来对待兄长，这样君臣、父子、兄弟之间都会抛去仁义，怀着利来互相对待，如此而不灭亡，是从来没有的。先生用仁义去劝说秦、楚的国君，秦、楚的国君因喜好仁义而让三军停战，这样三军将士就是因为仰慕仁义才乐于罢兵。做臣子的怀着仁义来服事君主，做儿子的怀着仁义来侍奉父亲，做弟弟的怀着仁义来对待兄长，这样君臣、父子、兄弟之间都会抛弃利，怀着仁义来彼此相待。如此还不能称王天下，也是没有的事。何必要说利呢？"

五

12·5 孟子居邹，季任为任处守①，以币交，受之而不报。处于平陆[2]，储子为相，以币交，受之而不报。他日，由邹之任，见季子；由平陆之齐，不见储子。屋庐子喜曰："连得间矣[3]。"问曰："夫子之任，见季子；之齐，不见储子，为其为相与？"

曰："非也。《书》曰[4]：'享多仪[5]，仪不及物曰不享，惟不役志于享。'为其不成享也。"

屋庐子悦。或问之，屋庐子曰："季子不得之邹，储子得之平陆。"

〔注释〕

①季任：人名，任国国君之弟。

②平陆：地名，今山东汶上县。

③连：屋庐子的名。间：可乘之机。

④《书》：此处引自《尚书·洛诰》。

⑤享：进献。多：重视。仪：礼仪。

〔译文〕

孟子住在邹国时，季任代理任国的国政，送来礼物与孟子结交，孟子接受了礼物但并没有回谢。孟子住在平陆时，储子做齐国的卿相，也送来礼物与孟子结交，孟子接受了礼物也没有回谢。后来，孟子从邹国到任国，前去拜访季子；从平陆到齐国，却没有拜访储子。屋庐子高兴地说："我可找到机会了。"问道："老师到任国拜访季子，到齐国却不拜访储子，是因为储子是齐国的卿相吗？"

孟子说："不是。《尚书》说：'进献看重的是仪节，仪节不够，礼物虽多，只能叫作没有进献，因为心思不在进献上。'这是因为他没有完成那进献的缘故。”

屋庐子听了很高兴。有人问他这件事,屋庐子说:“季子不能亲自去邹国,储子却可以亲自去平陆。”

六

12·6 淳于髡曰[①]:“先名实者,为人也;后名实者,自为也。夫子在三卿之中,名实未加于上下而去之,仁者固如此乎?”

孟子曰:“居下位,不以贤事不肖者,伯夷也;五就汤,五就桀者,伊尹也;不恶污君,不辞小官者,柳下惠也。三子者不同道,其趋一也。一者何也?曰:仁也。君子亦仁而已矣,何必同?”

曰:“鲁缪公之时,公仪子为政[②],子柳、子思为臣[③],鲁之削也滋甚,若是乎,贤者之无益于国也!”

曰:“虞不用百里奚而亡,秦穆公用之而霸。不用贤则亡,削何可得与?”

曰:“昔者王豹处于淇[④],而河西善讴[⑤];绵驹处于高唐[⑥],而齐右善歌;华周、杞梁之妻善哭其夫,而变国俗[⑦]。有诸内,必形诸外。为其事而无其功者,髡未尝睹之也。是故无贤者也,有则髡必识之。”

曰:“孔子为鲁司寇,不用,从而祭,燔肉不至[⑧],不税冕而行[⑨]。不知者以为为肉也,其知者以为为无礼也。乃孔子则欲以微罪行,不欲为苟去。君子之所为,众人固不识也。”

〔注释〕

①淳于髡(kūn):详见卷七《离娄上》注。

②公仪子:公仪休,鲁国博士,曾任鲁相。

③子柳:泄柳,春秋时期鲁国人,曾任鲁缪公的卿。

④王豹:春秋时期卫国人,擅长歌唱。

⑤讴:歌唱。

⑥绵驹:春秋时期齐国高唐人,擅长唱歌。高唐:地名。

⑦华周、杞梁:人名,传说为春秋时期齐国大夫。

⑧燔肉:宗庙祭祀所用的熟肉。

⑨税冕:脱去礼帽。税,通“脱”。

〔译文〕

淳于髡说:“重视名誉功业,是为了济世救民;轻视名誉功业,是为了独善其身。先生为齐国三卿之一,上不能辅佐国君,下不能造福百姓,却要辞职而去,仁者原来是这样的吗?”

孟子说:“身居下位,不以自己贤能之身侍奉无德之君,这是伯夷;五次前往商汤那里,又五次前往夏桀那里,这是伊尹;不厌恶污浊之君,不拒绝卑微的官职,这是柳下惠。三个人的处世之道不同,目标却是一样的。一样的是什么呢?就是仁。君子只要做到仁就行了,何必要相同呢?”

淳于髡说:“当鲁缪公时,公仪子主持国政,泄柳、子思都在朝为臣,可是鲁国却更加削弱,贤者对于国家没有益处,就像这样啊!”

孟子说:“虞国不用百里奚而灭亡,秦穆公用了百里奚就称霸。可见不用贤人就会亡国,岂止是削弱呢?”

淳于髡说："从前王豹住在淇水边，河西的人因而善于唱歌；绵驹住在高唐，齐国西部的人因而善于唱歌；华周、杞梁的妻子痛哭她们的丈夫，因而改变了一国的习俗。内部有的，一定会表现在外。做了一件事却见不到功效，我还不曾见过。所以现在是没有贤者，如果有，我一定会知道。"

孟子说："孔子做鲁国司寇，不被信任，跟随鲁君去祭祀，祭肉没有按规定送来，于是顾不上脱下祭帽就离去。不了解孔子的，还以为他是为了那点儿祭肉呢；了解孔子的，知道他是因为鲁国国君失礼而离去。至于孔子，则是想自己背一点儿小罪名而离去，不想随便辞官而去。君子的行为，本来就是一般人所不能理解的。"

七

12·7 孟子曰："五霸者，三王之罪人也；今之诸侯，五霸之罪人也；今之大夫，今之诸侯之罪人也。天子适诸侯曰巡狩，诸侯朝于天子曰述职。春省耕而补不足[①]，秋省敛而助不给[②]。入其疆，土地辟，田野治，养老尊贤，俊杰在位，则有庆[③]，庆以地。入其疆，土地荒芜，遗老失贤，掊克在位[④]，则有让。一不朝，则贬其爵；再不朝，则削其地；三不朝，则六师移之。是故天子讨而不伐，诸侯伐而不讨。五霸者，搂诸侯以伐诸侯者也[⑤]，故曰：五霸者，三王之罪人也。五霸，桓公为盛。葵丘之会诸侯，束牲、载书而不歃血[⑥]。初命曰，诛不孝，无易树子，无以妾为妻。再命曰，尊贤育才，以彰有德。三命曰，敬老慈幼，无忘宾旅。四命曰，士无世官，官事无摄⑦，取士必得，无专杀大夫⑧。五命曰，无曲防⑨，无遏籴⑩，无有封而不告。曰：'凡我同盟之人，既盟之后，言归于好'。今之诸侯皆犯此五禁，故曰：今之诸侯，五霸之罪人也。长君之恶其罪小，逢君之恶其罪大。今之大夫皆逢君之恶，故曰：今之大夫，今之诸侯之罪人也。"

〔注释〕

①省：视察。

②敛：收敛。给：丰足。

③庆：赏赐。

④掊克：聚敛。

⑤搂：拉，挟持。

⑥载书：把盟书放在牺牲上。歃血：结盟时的一种仪式，杀牲而饮血以示诚信。

⑦摄：代理。

⑧专：专断。

⑨曲防：遍设堤防。

⑩籴（dí）：买进粮食。

〔译文〕

孟子说："五霸，是三王的罪人；现在的诸侯，是五霸的罪人；现在的大夫，是现在诸侯的罪人。天子巡行诸侯国叫巡狩，诸侯朝见天子叫作述职。春天视察耕种情况，补助穷困的人；秋天考察收获情况，周济缺粮的人。进入诸侯的疆界，如果土地已经开辟，田野整治，老人得到赡养，贤人受到尊敬，出色的人才在位，那么就有赏赐，赏赐的是土地。进入诸侯的疆界，如果土地荒废,老人被遗弃,贤者被排斥,贪官污吏在位,那么就有责罚。诸侯一次不朝,就降低爵位;两次不朝,就削减封地;三次不朝,就派六军讨伐。所以,天子声讨而不征伐,诸侯征伐而不声讨。五霸,是挟持一部分诸侯来攻伐别的诸侯,所以说,五霸是三王的罪人。五霸中,齐桓公声威最大。在葵丘会盟上,诸侯捆绑了牺牲,把盟约放在它身上,却没有歃血。第一条盟约说,诛罚不孝之人,不改立太子,不立妾为妻。第二条盟约说,尊贵贤人,养育人才,以此表彰有德者。第三条盟约说,敬老爱幼,不怠慢来宾和旅客。第四条盟约说,士人不世袭官职,不兼任公务,选士要得当,不擅自杀戮大夫。第五条盟约说,不得遍筑堤防,不得拒绝邻国采购粮食,不能封赏而不通告。并约定,凡是参加同盟者,盟会之后,言归于好。现在的诸侯都违背了这五条誓约,所以说,现在的诸侯是五霸的罪人。助长君主的过错,这罪行还算小;逢迎君主的过错,这罪行就大了。现在的大夫都逢迎国君的过错,所以说,现在的大夫是现在诸侯的罪人。”

八

12 · 8 鲁欲使慎子为将军[①]。孟子曰:“不教民而用之,谓之殃民[②]。殃民者,不容于尧、舜之世。一战胜齐,遂有南阳[③],然且不可。”

慎子勃然不悦曰:“此则滑釐所不识也[④]。”

曰:“吾明告子。天子之地方千里;不千里,不足以待诸侯。诸侯之地方百里;不百里,不足以守宗庙之典籍。周公之封于鲁,为方百里也;地非不足,而俭于百里⑤。太公之封于齐也,亦为方百里也;地非不足也,而俭于百里。今鲁方百里者五,子以为有王者作,则鲁在所损乎,在所益乎?徒取诸彼以与此,然且仁者不为,况于杀人以求之乎?君子之事君也,务引其君以当道,志于仁而已。”

〔注释〕

①慎子:名滑釐(xī),鲁国将军,善于用兵。

②殃:残害。

③南阳:地名,即汶阳,在泰山之南,汶水之北。

④识:知道。

⑤俭于:限于。

〔译文〕

鲁国有意任命慎子为将军。孟子说:“不教导百姓就让他们去打仗,这叫作残害百姓。残害百姓的人,在尧、舜的时代是容不下他的。即使一仗打败了齐国,收回了南阳,仍然是行不通的。”

慎子脸色一变,不高兴地说:“这我就不明白了。”

孟子说:“我明白地告诉你吧。天子的土地方圆千里;不到千里,便不足以接待诸侯。诸侯的土地方圆百里;不到百里,便不足以奉守宗庙的典章制度。周公被封于鲁,为方圆百里;土地不是不够,却仅限于百里。太公被封于齐,也是方圆百里;土地不是不够,却仅限于百里。如今鲁国的土地有五个方圆百里,你认为如果有圣王兴起,那么鲁国的土地是在被削减之列呢?还是在被增加之列呢?不费力就能把那里的土地取来并入这里,仁者尚且不干，何况杀人来求得土地呢？君子服事国君，只是努力引导君主合乎道，立志于仁罢了。”

九

12·9 孟子曰：“今之事君者曰：‘我能为君辟土地，充府库。’今之所谓良臣，古之所谓民贼也。君不乡道[1]，不志于仁，而求富之，是富桀也。‘我能为君约与国[2]，战必克。’今之所谓良臣，古之所谓民贼也。君不乡道，不志于仁，而求为之强战，是辅桀也。由今之道，无变今之俗，虽与之天下，不能一朝居也。”

〔注释〕

①乡：同“向”。

②与国：盟国。

〔译文〕

孟子说：“如今服事君主的人都说：‘我能为君主开疆拓土，充实府库。’今天所谓良臣，正是古代所谓的民贼。君主不向往道，不立志于仁，却设法让他富有，这等于是让夏桀富有。又说：‘我能为国君邀结盟国，每战必胜。’今天所谓良臣，正是古代所谓的民贼。君主不向往道，不立志行仁，却设法替他拼命打仗，这等于是帮助夏桀。沿着目前这条道路走，不改变现在的风气，即使把天下都给了他，也是一天都不能坐稳的。”

十

12·10 白圭曰[①]："吾欲二十而取一，何如？"

孟子曰："子之道，貉道也[②]。万室之国，一人陶，则可乎？"

曰："不可，器不足用也。"

曰："夫貉，五谷不生，惟黍生之；无城郭、宫室、宗庙、祭祀之礼，无诸侯币帛饔飧[③]，无百官有司，故二十取一而足也。今居中国，去人伦，无君子，如之何其可也？陶以寡，且不可以为国，况无君子乎？欲轻之于尧、舜之道者，大貉、小貉也；欲重之于尧、舜之道者，大桀、小桀也。"

〔注释〕

①白圭：战国时期洛阳人，姓白，名丹，字圭。曾拜鬼谷子为师，善治水、经商，有"商祖"之誉。为魏惠王大臣。

②貉(mò)：同"貊"。我国古代东北方夷狄之国名。

③饔飧(yōngsūn)：馈食及宴饮之礼。饔，早餐。飧，晚餐。

〔译文〕

白圭说："我想采用二十抽一的税率，怎么样？"

孟子说："你的做法是貉国的方针。一万户的国家，只有一个人制作陶器，可以吗？"

白圭说："不可以，陶器会不够用。"

孟子说："貉国五谷不生，只有黍能成活；没有城墙、宫室、宗庙和祭祀的礼仪，没有诸侯之间的互送礼物和宴饮，没有各种衙署和官吏，所以二十抽一就够了。如今在中原，废弃人伦，不要官吏，那怎么行呢？制作陶器的太少，尚且不能治理好一个国家，更何况没有官吏呢？想使税率比尧、舜轻的，那就是大貉、小貉；想使税率比尧、舜重的，那就是大桀、小桀。"

十一

12·11 白圭曰："丹之治水也愈于禹。"

孟子曰："子过矣。禹之治水，水之道也，是故禹以四海为壑[①]。今吾子以邻国为壑。水逆行，谓之洚水。洚水者，洪水也，仁人之所恶也。吾子过矣。"

〔注释〕

①壑（hè）：水坑，水沟。

〔译文〕

白圭说："我治理洪水，胜过大禹。"

孟子说："你错了。大禹治水，是顺着水性疏导，所以大禹把四海作为沟壑。如今你却使水流到邻近的国家去，把邻国当作沟壑。水逆流倒行叫作洚水。洚水，就是洪水，这是仁者最憎恶的。你错了。"

十二

12 · 12 孟子曰:“君子不亮[1],恶乎执?”

〔**注释**〕

①亮:同“谅”。诚信,忠诚。

〔**译文**〕

孟子说:“君子不讲诚信,如何能有操守?”

十三

12 · 13 鲁欲使乐正子为政[1]。孟子曰:“吾闻之,喜而不寐。”

公孙丑曰:“乐正子强乎?”

曰:“否。”

“有知虑乎?”

曰:“否。”

“多闻识乎?”

曰:“否。”

“然则奚为喜而不寐?”

曰:“其为人也好善。”

“好善足乎?”

曰:“好善优于天下[2],而况鲁国乎?夫苟好善,则四海之内皆将轻千里而来告之以善[3];夫苟不好善,则人将曰:‘訑訑[4],予既已知之矣。’訑訑之声音颜色距人于千里之外[5]。士止于千里之外,则谗谄面谀之人至矣。与谗谄面谀之人居,国欲治,可得乎?”

〔注释〕

①乐正子:战国时人,仕于鲁,即乐正克,孟子弟子。

②优:宽裕。

③轻:容易。

④訑訑(yí):洋洋自得。

⑤距:通“拒”。

〔译文〕

鲁国打算让乐正子治理国政。孟子说:“我听到这一消息,高兴得睡不着。”

公孙丑问:“乐正子很有能力吗?”

孟子说:“不是。”

公孙丑问:“有智慧谋略吗?”

孟子说:“没有。”

公孙丑问:“见多识广吗?”

孟子说:“不。”

公孙丑问:“那您为什么高兴得睡不着呢?”

孟子说:“他这个人喜欢听取善言。”

公孙丑问:“喜欢听取善言就足够了吗?”

孟子说:“喜欢听取善言足以治理天下,何况鲁国呢?一个人如果喜欢听取善言,那么四方之人都会从千里之外赶来把美好的事物告诉他；如果不喜欢听取善言，他会说：‘嗯，嗯！我早已知道了！’这种嗯嗯的腔调、脸色会拒人于千里之外。士人止步于千里之外，那些进谗言、拍马屁的人就来了。与进谗言、拍马屁的人在一起，国家想要得到治理，可能吗？”

十四

12·14 陈子曰[①]：“古之君子何如则仕？“

孟子曰：“所就三，所去三。迎之致敬以有礼，言将行其言也，则就之；礼貌未衰，言弗行也，则去之。其次，虽未行其言也，迎之致敬以有礼，则就之；礼貌衰，则去之。其下，朝不食，夕不食，饥饿不能出门户。君闻之，曰：‘吾大者不能行其道，又不能从其言也，使饥饿于我土地，吾耻之。’周之[②]，亦可受也，免死而已矣。”

〔注释〕

①陈子：陈臻，孟子弟子。

②周：周济。

〔译文〕

陈子说：“古代的君子怎样才出仕呢？”

孟子说：“就职的情况有三种，离职的情况也有三种。国君礼貌恭敬地迎接他，有所进言，就准备实行，便就职；国君的礼貌虽未衰减，但对于进言却不去实行，便离开。其次，国君虽然没有实行他的言论，但对他依然恭敬有礼，便就职。国君的礼貌衰减了，便离开。最下一等的情况是，早晨没有吃，晚上也没有吃，饿得无力出门，国君知道后说：‘我在大政上不能实行他的主张，又不能听取他的进言，使他在我的国土上忍饥挨饿，我感到羞耻。’于是周济他，这也可以接受，不过是为了免于死亡罢了。”

十五

12·15 孟子曰：“舜发于畎亩之中[①]，傅说举于版筑之间[②]，胶鬲举于鱼盐之中[③]，管夷吾举于士[④]，孙叔敖举于海[⑤]，百里奚举于市。故天将降大任于是人也，必先苦其心志，劳其筋骨，饿其体肤，空乏其身，行拂乱其所为，所以动心忍性，曾益其所不能[⑥]。人恒过，然后能改；困于心，衡于虑，而后作；征于色[⑦]，发于声，而后喻。入则无法家拂士[⑧]，出则无敌国外患者，国恒亡。然后知生于忧患而死于安乐也。”

〔注释〕

①发：举荐。畎亩：田地。

②傅说（yuè）：殷商时卓越的政治家、军事家，殷高宗武丁时的相。初隐居于傅岩（今山西平陆东），高宗梦到他，往访而知其贤，于是举他为相，国家大治。版筑：古代筑墙的方法。用两版夹土，以杵把土捣实。

③胶鬲（gé）：殷末贤者。商纣时因遭世乱，曾隐遁经商。

④管夷吾：管仲。士：掌管刑狱的官员。

⑤孙叔敖：楚国令尹，芈姓，蒍氏，名敖，字孙叔，楚郢都（今湖北荆州）人。春秋时期水利专家，曾辅佐楚庄王称霸，成春秋五霸之一。

⑥曾益：增加。曾，同“增”。

⑦征：表征。

⑧拂(bì)：通“弼”，辅助。

〔译文〕

孟子说：“舜兴起于田野之中，傅说在构筑宫墙的工作中得到选用，胶鬲举用于贩鱼售盐之中，管夷吾从狱官手里获释而得到选用，孙叔敖从海边被选用，百里奚从集市中被选用。所以上天要把重任降临在某人身上，一定要先磨砺他的心志，劳累他的筋骨，饥饿他的身体，困乏他的身骨，扰乱他的行为，以此来鼓动他的心志，坚韧他的品性，增加他的能力。一个人常有过失，然后才能改正；心意困苦，思虑阻塞，然后才能奋发有为；表露在脸色，抒发在语言，才能被人了解。一个国家，内没有知晓法度的大臣和辅佐君主的贤人，外没有相与抗衡的国家和外在的忧患，便会容易灭亡。由此可知，忧患使人生存，而安逸快乐使人灭亡。”

十六

12·16 孟子曰：“教亦多术矣，予不屑之教诲也者，是亦教诲之而已矣。”

〔译文〕

孟子说：“教育也有多种方式，我不屑去教诲，这也是在教诲啊。”

卷十三　尽心上

〔题解〕

本篇共四十六章。内容涵盖孟子的心性理论、修养功夫、理想人格、王霸之辩、治世之道等。

孟子认为，我们每个人都生而具有恻隐、羞恶、辞让、是非之心，只要自己"尽心"，充分扩充、实现每个人的善端，就可以了解我们的性。而当我们用心了解了性，也就认识了天。人的善性是上天赋予的，存心、养性其实就是在奉行天之使命。存心、养性是个人的道德修养，是自身可以决定的，而穷达福祸、寿命长短属于命，是个人不能控制的。因此，人们应该树立起对命运的正确态度，积极地培养自身的德性，尽人事以待天命，在人与命运的碰撞中确立人之为人的价值与尊严。

"良知""良能"是我们理解孟子性善论的重要概念。人生而具有不必通过学习和思考的"良知""良能"，也就是善性。但"良知""良能"还只是萌芽、开端，需要将其进一步推广到天下。所以，孟子说当舜居住在深山时，他的善性与深山的野人没有什么不同，而一旦将其推广开来，便如江河之水浩浩荡荡，没有什么力量可以阻挡。

一

13·1 孟子曰："尽其心者，知其性也。知其性，则知天矣。存其心，养其性，所以事天也。殀寿不贰[1]，修身以俟之，所以立命也。"

〔**注释**〕

①殀(yāo)：同"夭"，短命而死。

〔**译文**〕

孟子说："充分发挥人的善良本心，就是知晓了人的本性。知晓人的本性，就知晓天命了。保存人的本心，培养人的本性，这就是对待天命的办法。无论寿命长短，都不要三心二意，修养自身，等待天命，这就是安身立命的态度。"

二

13·2 孟子曰："莫非命也，顺受其正。是故知命者，不立乎岩墙之下。尽其道而死者，正命也；桎梏死者[1]，非正命也。"

〔**注释**〕

①桎梏：拘系，囚禁。

〔译文〕

孟子说:“没有什么不是命运决定的,但顺应规律去行事,就会得到正常的命运。因此,知晓天命的人不站在有倒塌危险的墙壁下。尽力行道而死的人,是正当的命运;犯法而被处死的人,不是正当的命运。”

三

13·3 孟子曰:“求则得之,舍则失之,是求有益于得也,求在我者也。求之有道,得之有命,是求无益于得也,求在外者也。”

〔译文〕

孟子说:“有些东西寻求就能得到,舍弃就会失去,这是有益于收获的寻求,因为所寻求的东西存在于我自身。寻求有一定的方法,能否得到却取决于命运,这是无益于收获的寻求,因为所寻求的东西存在于我自身之外。”

四

13·4 孟子曰:“万物皆备于我矣。反身而诚,乐莫大焉。强恕而行,求仁莫近焉。”

〔译文〕

孟子说:“一切我都具备了。反省自身发现自己是真诚的,这是最大的快乐。强迫自己依从推己及人的恕道行事,这是求仁之路的捷径。”

五

13·5 孟子曰:“行之而不著焉,习矣而不察焉,终身由之而不知其道者,众也。”

〔译文〕

孟子说:“做了却不知道为什么要做,习以为常却不知道其所以然,终生都顺着这条路走,却不知道这是条什么道路,这就是普通人。”

六

13·6 孟子曰:“人不可以无耻。无耻之耻,无耻矣。”

〔译文〕

孟子说:“人不可以没有羞耻。不知羞耻的羞耻,是真正的羞耻啊。”

七

13·7 孟子曰:“耻之于人大矣,为机变之巧者[①],无所用耻焉。不耻不若人,何若人有?”

〔注释〕

①机变：机谋，权诈。

〔译文〕

孟子说："羞耻对于人来说关系重大，行巧诈之事的人没有地方用得着羞耻。不把不如别人看作羞耻，怎么能超越别人呢？"

八

13·8 孟子曰："古之贤王，好善而忘势，古之贤士何独不然？乐其道而忘人之势，故王公不致敬尽礼，则不得亟见之[①]。见且由不得亟[②]，而况得而臣之乎？"

〔注释〕

①亟（qì）：多次，一再。
②由：同"犹"。

〔译文〕

孟子说："古代的贤明君主喜欢良善，因而忘了自身的权势，古代的贤明士人何尝不是如此？喜欢行道而忘了别人的权势，因此王公贵族不对他恭敬尽礼，就不能够多次见到他。会面的次数尚且不能够很多，何况要他当臣下呢？"

九

13·9 孟子谓宋勾践曰①:"子好游乎②?吾语子游。人知之,亦嚣嚣③;人不知,亦嚣嚣。"

曰:"何如斯可以嚣嚣矣?"

曰:"尊德乐义,则可以嚣嚣矣。故士穷不失义,达不离道。穷不失义,故士得己焉;达不离道,故民不失望焉。古之人,得志,泽加于民;不得志,修身见于世。穷则独善其身,达则兼善天下。"

〔注释〕

①宋勾践:人名,其事不详。

②游:游说。

③嚣嚣:自得无欲的样子。

〔译文〕

孟子对宋勾践说:"你喜欢游说君主吗?我和你说说游说的事。别人了解你的用意,你自得其乐;别人不了解你的用意,你也要自得其乐。"

宋勾践问道:"怎么做才能够自得其乐呢?"

孟子回答说:"尊崇德,喜欢义,就能够自得其乐了。因此,士人困窘时,不会失去义;得意时,不会背离道。困窘时不失去义,所以士人能保持住自己的操守;得意时不背离道,因此百姓不会对他感到失望。古时的人,得志时施恩泽于百姓;不得志时,修养自身显现于世间。困窘时便独善其身,得志时便兼善天下。"

十

13·10 孟子曰："待文王而后兴者[①]，凡民也。若夫豪杰之士，虽无文王犹兴。"

〔注释〕

①兴：感动奋发。

〔译文〕

孟子说："等待周文王那样的贤王出来才奋发的，是普通的百姓。至于那些杰出的人才，即使没有周文王，也能够奋发。"

十一

13·11 孟子曰："附之以韩、魏之家[①]，如其自视欿然[②]，则过人远矣。"

〔注释〕

①附：增益。韩、魏之家：春秋时晋国六卿中最富有的两个家族。

②欿（kǎn）然：不自满貌。

〔译文〕

孟子说："拿（春秋时晋国）韩、魏两大家臣的财富来增强他，如果他不因此而自满，那么这种人就大大超出常人了。"

十二

13 · 12 孟子曰："以佚道使民[①]，虽劳不怨。以生道杀民，虽死不怨杀者。"

〔注释〕

①佚：通"逸"。

〔译文〕

孟子说："用使其获得安逸的方式役使百姓，百姓即使劳累也不怨恨；用使其获得生存的方式牺牲百姓，百姓即使失去生命也不怨恨让其做出牺牲的人。"

十三

13 · 13 孟子曰："霸者之民，驩虞如也[①]；王者之民，皞皞如也[②]。杀之而不怨，利之而不庸[③]，民日迁善而不知为之者。夫君子所过者化[④]，所存者神，上下与天地同流，岂曰小补之哉？"

〔注释〕

①驩虞：同"欢娱"。

②皞皞（hào）：广大自得貌。

③庸：酬谢。

④君子：依朱熹《四书集注》，此处的君子指圣人而言。

〔译文〕

孟子说："〔功业显著的〕霸主，他的百姓欢喜雀跃，〔功德浩荡的〕圣王，他的百姓怡然自得。百姓被杀了不会怨恨，得到好处也不知感谢，一天天趋向善，却不知道谁使他这样。圣人所过之处人们受到感化，存留心中，所起的作用神妙莫测，他的精神上与天，下与地一起流动，难道说仅是小有补益吗？

十四

13 · 14 孟子曰："仁言不如仁声之入人深也，善政不如善教之得民也。善政，民畏之；善教，民爱之。善政得民财，善教得民心。"

〔译文〕

孟子说："仁爱的言说不如仁爱的声望那样深入人心，好的政令不如好的教育那样赢得民众。好的政令，百姓畏服；好的教育，百姓喜爱。好的政令赢得百姓财力，好的教育赢得民心。"

十五

13 · 15 孟子曰："人之所不学而能者，其良能也①；所不虑而知者，其良知也。孩提之童，无不知爱其亲者，及其长也，无不知敬其兄也。亲亲，仁也；敬长，义也；无他，达之天下也。"

〔注释〕

①良能:生而具有的能力。

〔译文〕

孟子说:“人无须学习就会的,那是本能;无须思考就知道的,是良知。幼小的孩子没有不知道亲爱父母的,长大后,没有不知道敬重兄长的。亲爱父母就是仁,敬重兄长就是义;做人没有别的,重要的是把仁义推行天下。”

十六

13·16 孟子曰:“舜之居深山之中,与木、石居,与鹿、豕游,其所以异于深山之野人者几希。及其闻一善言、见一善行,若决江河,沛然莫之能御也。”

〔译文〕

孟子说:“舜住在深山之中时,与树木、石头相处,与麋鹿、野猪往来,他与深山中的野人没有什么两样。可当他听到一句善言、看到一种善行,他的善性就像决了口的江河,浩浩荡荡,没有什么力量可以阻挡。”

十七

13·17 孟子曰:“无为其所不为,无欲其所不欲,如此而已矣。”

〔译文〕

孟子说："不做不该做的，不要不该要的，这样就可以了。"

十八

13 · 18 孟子曰："人之有德慧术知者，恒存乎疢疾[①]。独孤臣孽子[②]，其操心也危[③]，其虑患也深，故达[④]。"

〔注释〕

①疢(chèn)疾：忧患。
②孽子：庶子，非嫡妻所生之子。
③危：忧惧，不安。
④达：通晓，明白。

〔译文〕

孟子说："人之所以有德行、智慧、谋略、见识，往往是因为生活在忧患之中。那些被疏远的大臣、贱妾所生的儿子，他们内心总是忧惧不安，考虑祸患也非常深刻，所以能通达事理。"

十九

13 · 19 孟子曰："有事君人者，事是君则为容悦者也；有安社稷臣者，以安社稷为悦者也；有天民者，达可行于天下而后行之者也；有大人者，正己而物正者也。”

〔译文〕

孟子说：“有侍奉君主的人，那是以服侍某个君主就要讨得君主欢喜的人；有安邦定国的臣子，那是以安邦定国为欢乐的人；有奉了上天使命的人，那是看到他的理想能够推行天下然后就来推行的人；具备道德高位的人，那是端正了自己从而使别人也能端正的人。”

二十

13·20 孟子曰：“君子有三乐，而王天下不与存焉。父母俱存，兄弟无故①，一乐也；仰不愧于天，俯不怍于人②，二乐也；得天下英才而教育之，三乐也。君子有三乐，而王天下不与存焉。”

〔注释〕

①故：变故。

②怍（zuò）：羞愧。

〔译文〕

孟子说：“君子有三种快乐，而统治天下不包括在内。父母健在，兄弟平安，这是第一种快乐；上不愧于天，下无愧于人，这是第二种快乐；得到天下优秀的人而教育他们，这是第三种快乐。君子有三种快乐，而统治天下不包括在内。”

二十一

13 · 21 孟子曰："广土众民，君子欲之，所乐不存焉；中天下而立，定四海之民，君子乐之，所性不存焉。君子所性，虽大行不加焉①，虽穷居不损焉，分定故也。君子所性，仁义礼智根于心，其生色也睟然②，见于面，盎于背③，施于四体④，四体不言而喻。"

〔注释〕

①大行：广为推行。
②睟(suì)然：润泽貌。
③盎：充溢。
④施：延及。

〔译文〕

孟子说："广阔的土地、众多的民众，是君子想要的，但乐趣不在这里；居天下的中央，安定四方的百姓，君子以此为乐，但本性不表现在这里。君子的本性，即使他的主张通行于天下也不会因此而增加，即使穷困隐居也不会因此而减少，这是他的职分已经确定的缘故。君子的本性，仁义礼智根源自心中，表现出的气色温润和顺，呈现于脸面，流溢于肩背，延伸到四肢，四肢不必等待吩咐，便知道该怎么做。"

二十二

13 · 22 孟子曰："伯夷辟纣①，居北海之滨，闻文王作，兴曰：‘盍归乎来，吾闻西伯善养老者[②]。’太公辟纣，居东海之滨，闻文王作，兴曰：‘盍归乎来，吾闻西伯善养老者。’天下有善养老，则仁人以为己归矣。五亩之宅，树墙下以桑，匹妇蚕之，则老者足以衣帛矣。五母鸡、二母彘，无失其时，老者足以无失肉矣。百亩之田，匹夫耕之，八口之家足以无饥矣。所谓西伯善养老者，制其田里，教之树畜，导其妻子使养其老。五十非帛不暖，七十非肉不饱。不暖不饱，谓之冻馁。文王之民无冻馁之老者，此之谓也。”

〔注释〕

①伯夷：子姓，墨胎氏，名允，殷商末年孤竹君之子。西周建立后，与其弟叔齐耻食周粟，饿死于首阳山。

②西伯：周文王。

〔译文〕

孟子说：“伯夷躲避纣王，住在北海海边，听说周文王强盛起来了，便说：‘何不归附西伯呢！我听说他是善于养老的人。’姜太公躲避纣王，住在东海海边，听说周文王强盛起来了，便说：‘何不归附西伯呢！我听说他是善于养老的人。’天下有善于养老的人，仁人便把他作为自己的归宿。五亩地的住宅，在墙下栽培桑树，妇女靠它养蚕，老年人就能穿上丝绵做成的衣服了。五只母鸡、两头母猪，不错过繁殖期，老年人就能吃上肉了。百亩的土地，男子去耕种，八口人的家庭足以吃饱了。所谓的西伯善于养老，就是指他制定了土地制度，教育百姓种植桑田、畜养牲畜，引导百姓的妻子儿女奉养老人。五十岁的人，没有丝绵穿就不觉得暖和；七十岁的人，没有肉吃就不觉得饱。穿不暖、吃不饱，就叫挨冻受饿。周文王的百姓没有挨冻受饿的老人，说的就是这个意思。”

二十三

13·23 孟子曰：“易其田畴[①]，薄其税敛，民可使富也。食之以时，用之以礼，财不可胜用也。民非水火不生活，昏暮叩人之门户求水火，无弗与者，至足矣。圣人治天下，使有菽粟如水火。菽粟如水火，而民焉有不仁者乎？”

〔注释〕

①易：整治。

〔译文〕

孟子说：“整治耕地，减轻税收，可以使百姓富足。按时饮食，依礼消费，财物便用不完。百姓没有水和火便无法生活，晚上敲人门窗讨要水火，没有人会不给，因为家家都有很多。圣人治理天下，就要使百姓家的粮食像水火那样多。粮食如同水火那样多了，百姓哪有不仁爱的呢？”

二十四

13·24 孟子曰：“孔子登东山而小鲁[①]，登泰山而小天下。故观于海者难为水,游于圣人之门者难为言。观水有术,必观其澜[②]。日月有明,容光必照焉。流水之为物也,不盈科不行[③];君子之志于道也,不成章不[④]达。”

〔注释〕

①东山:鲁国东部的高山,即蒙山,在山东临沂西北,古称“东蒙”“东山”。

②澜:水中大波。

③科:坎。

④成章:乐终为一章。引申之,凡积渐生变,自成格局,皆可称成章。

〔译文〕

孟子说:“孔子登上东山,便觉得鲁国变小了;登上泰山,便觉得天下都变小了。所以,看过大海的人,就很难被别的水所吸引,在圣人门下学习过的人,就很难被别的言论所吸引。观赏水有方法,一定要看它的波澜。日月有光,一点儿缝隙都一定能照到。流水这东西,不充满洼坑就不再向前;君子有志于道,不到一定的程度就不会通达。”

二十五

13 · 25 孟子曰:“鸡鸣而起,孳孳为善者[①],舜之徒也;鸡鸣而起,孳孳为利者,跖之徒也[②]。欲知舜与跖之分,无他,利与善之间也。”

〔注释〕

①孳孳(zī):勤勉,努力不懈。

②跖(zhí):春秋时有名的大盗。

〔译文〕

孟子说:"鸡鸣便起,努力行善的,是舜一类的人;鸡鸣便起,孜孜求利的,是跖一类的人。想知道舜和跖的分别,没有别的,只是利和善的不同。"

二十六

13·26 孟子曰:"杨子取为我①,拔一毛而利天下,不为也。墨子兼爱,摩顶放踵利天下,为之。子莫执中②,执中为近之。执中无权,犹执一也。所恶执一者,为其贼道也,举一而废百也。"

〔注释〕

①杨子:杨朱,杨姓,字子居,魏国人,战国时期伟大的思想家、哲学家,道家杨朱学派的创始人。

②子莫:战国时期鲁国贤人。

〔译文〕

孟子说:"杨子主张为我,拔去一根毫毛有利于天下,他都不愿意做。墨子提倡兼爱,摩秃头顶、磨破脚跟,只要对天下有利的,他都去做。子莫主张折中,折中就接近正确。但折中没有权变，就如同固执在一点上。人们之所以厌恶固执一点，是因为它损害了正道，抓住了一点而废弃了其余。”

二十七

13·27 孟子曰：“饥者甘食，渴者甘饮，是未得饮食之正也，饥渴害之也。岂惟口腹有饥渴之害？人心亦皆有害。人能无以饥渴之害为心害，则不及人不为忧矣。”

〔译文〕

孟子说：“饥饿的人觉得什么食物都好吃，口渴的人觉得什么水都好喝，这是因为没有尝到饮食的正味，是饥渴损害了口腹的感觉。难道只有口腹会受到饥渴的损害？人的心同样也会受到损害。一个人能使心不受到饥渴那样的损害，那就不必为不如别人忧愁了。”

二十八

13·28 孟子曰：“柳下惠不以三公易其介①。”

〔注释〕

①介：独特的操守。

〔译文〕

孟子说：“柳下惠不因为身居三公的高位就改变他的操守。”

二十九

13 · 29　孟子曰："有为者辟若掘井，掘井九轫而不及泉[1]，犹为弃井也。"

〔注释〕

①轫：通"仞"。一仞为八尺，或说七尺。

〔译文〕

孟子说："有作为的人譬如打井，井挖到很深却没有挖到泉水，还是一口废井。"

三十

13 · 30　孟子曰："尧、舜，性之也；汤、武，身之也；五霸，假之也。久假而不归，恶知其非有也。"

〔译文〕

孟子说："尧、舜是本性自然表现为仁义；商汤、周武王是身体力行仁义；五霸是假借利用仁义。假借久了仍不回归仁义，哪里知道自己不是真有呢？"

三十一

13 · 31　公孙丑曰："伊尹曰[1]：'予不狎于不顺[2]。'

放太甲于桐,民大悦。太甲贤,又反之,民大悦。贤者之为人臣也,其君不贤,则固可放与?"

孟子曰:"有伊尹之志,则可;无伊尹之志,则篡也。"

〔注释〕

①伊尹:姒姓,伊氏,名挚,生于莘国。商汤之臣,曾助商汤讨伐夏桀。

②狎(xiá):亲近。

〔译文〕

公孙丑说:"伊尹说过:'我不亲近违背礼义道德的人。'因而把太甲放逐到桐邑,百姓十分高兴。太甲变贤明了,又让他返回做君主,百姓十分高兴。贤人做臣子,如果他的君王不贤德,本来就可以放逐的吗?"

孟子说:"如果有伊尹那样的心志便可;如果没有,便是篡夺了。"

三十二

13·32 公孙丑曰:"《诗》曰①:'不素餐兮。'君子之不耕而食,何也?"

孟子曰:"君子居是国也,其君用之,则安富尊荣;其子弟从之,则孝悌忠信。'不素餐兮',孰大于是?"

〔注释〕

①《诗》曰:此句出自《诗经·魏风·伐檀》。

〔译文〕

公孙丑说："《诗经》说：'不是白吃饭呀。'可是君子不种庄稼，却可得食，为什么呢？"

孟子说："君子居住在一个国家，君王任用他，就能带来安定富足、尊贵荣耀；学生们跟随他，就会变得孝悌友爱、忠诚守信。'不白吃饭'，还有比这功劳更大的吗？"

三十三

13 · 33 王子垫问曰[①]："士何事？"

孟子曰："尚志。"

曰："何谓尚志？"

曰："仁义而已矣。杀一无罪非仁也，非其有而取之非义也。居恶在？仁是也；路恶在？义是也。居仁由义，大人之事备矣。"

〔注释〕

①王子垫：齐王之子，名垫。

〔译文〕

王子垫问道："士该做什么？"

孟子答道："士要使自己的志向高尚。"

问道："使志向高尚是什么意思？"

答道："行仁义就是了。杀死一个无罪的人就是不仁，不是自己的东西却强行拿来就不义。居住在哪里？仁便是。道路在哪里？义便是。居住于仁，行动由义，大人所做的事便齐全了。”

三十四

13·34 孟子曰："仲子[1]，不义与之齐国而弗受，人皆信之，是舍箪食豆羹之义也[2]。人莫大焉亡亲戚、君臣、上下[3]。以其小者信其大者，奚可哉？"

〔注释〕

①仲子：陈仲子，本名陈定，字子终，又称田仲，战国时期齐国著名思想家、隐士。

②箪（dān）：盛饭的竹器。

③亡：无。

〔译文〕

孟子说："陈仲子这个人，要是用不正当的方式把齐国送给他，他都不会接受，人们都相信这一点。不过这只是拒绝一箪饭、一碗汤的义。人没有比失去亲戚、君臣、上下关系更大的事了。因为他的小节，就相信他的大节，怎么可以呢？"

三十五

13·35 桃应问曰[1]："舜为天子，皋陶为士[2]，瞽瞍杀人[3]，则如之何？"

孟子曰："执之而已矣。"

"然则舜不禁与？"

曰："夫舜恶得而禁之？夫有所受之也。"

"然则舜如之何？"

曰："舜视弃天下犹弃敝蹝也[④]。窃负而逃，遵海滨而处，终身䜣然[⑤]，乐而忘天下。"

〔注释〕

①桃应：孟子弟子。

②皋陶(gāoyáo)：偃姓，皋氏，名繇，字庭坚，少昊之墟(今山东曲阜)人。上古时期东夷部落首领，传说为舜的大臣，掌管刑狱之事。

③瞽瞍：此指舜的父亲。

④蹝(xǐ)：草鞋。

⑤䜣(xīn)：同"欣"。

〔译文〕

桃应问道："舜做天子，皋陶做法官，如果瞽瞍杀了人，那怎么办？"

孟子答道："把他抓起来就是了。"

"那么舜不阻止吗？"

孟子答道："舜怎么能去阻止呢？皋陶抓人是有根据的。"

"那么舜又怎么办呢？"

孟子答道："舜把抛弃天子之位看成抛弃破鞋一样。他会偷偷地背上父亲而逃走，到海边住下来，一辈子快乐得很，快乐得忘掉了天下。"

三十六

13 · 36 孟子自范之齐[①]，望见齐王之子，喟然叹曰："居移气，养移体，大哉居乎！夫非尽人之子与？"

孟子曰："王子宫室、车马、衣服多与人同，而王子若彼者，其居使之然也。况居天下之广居者乎[②]？鲁君之宋，呼于垤泽之门[③]。守者曰：'此非吾君也，何其声之似我君也？'此无他，居相似也。"

〔注释〕

①范：齐国地名，其地在今河南范县东南。

②广居：广大的居处，这里指仁。

③垤（dié）泽之门：宋国都城东南门。

〔译文〕

孟子从范邑到齐国都城，远远地望见齐王的儿子，长叹一声说："居处环境改变气度，所得奉养改变体质，居处环境真是太重要了！他不同样都是人的儿子吗？为什么显得那么特别？"

孟子说："王子的住所、车马和衣服多半同别人相同，而王子却那样与众不同，就是因为他所居住的环境使他这样的。何况居住在'仁'这个天下最宽广的住所中的人呢？鲁国的国君到宋国去，在宋国的东南城门下喊话。守城人说：'这个人不是我们的国君，为什么他的声音和我们的国君这样相似呢？'这没有别的原因，是由于居处环境相似罢了。"

三十七

13·37 孟子曰："食而弗爱，豕交之也；爱而不敬,兽畜之也。恭敬者,币之未将者也[①]。恭敬而无实,君子不可虚拘。”

〔注释〕

①币:古代以束帛为祭祀或馈赠的礼物,叫作“币”。后来称其他聘享的礼物,如车、马、玉等也叫“币”。将:送。

〔译文〕

孟子说:“养活而不爱护,那就像养猪一样;爱护而不恭敬,那就像养牲口一样。恭敬之心,在送上礼物之前就应具备。表面恭敬而不诚心实意,君子是不会被这种虚假的礼数留住的。”

三十八

13·38 孟子曰:“形色,天性也;惟圣人然后可以践形[①]。”

〔注释〕

①践形:通过扩充内在善性,影响、改变外在的形体、容色。

〔译文〕

孟子说:“人的形体、容色是与生俱来的,只有圣人才能充分实现了他的形体、容色的内在之美。

三十九

13·39 齐宣王欲短丧。公孙丑曰:"为朞之丧[①],犹愈于已乎?"

孟子曰:"是犹或紾其兄之臂[②],子谓之姑徐徐云尔,亦教之孝悌而已矣[③]。"

王子有其母死者,其傅为之请数月之丧[④]。公孙丑曰:"若此者何如也?"

曰:"是欲终之而不可得也。虽加一日愈于已,谓夫莫之禁而弗为者也。"

〔注释〕

①朞(jī):同"期",一年。

②紾(zhěn):扭,拧。

③亦:只是。

④"王子"二句:按照古代丧礼规定,王子母亲死后,因父亲尚在,不能为母服三年丧,甚至无服。母亲下葬前,只穿麻衣,下葬后脱掉。

〔译文〕

齐宣王想要缩短服丧的时间。公孙丑说:"父母去世的话,服一年丧,不是比不服丧好吗?"

孟子说:"这就像有人扭他哥哥的胳膊,你却对他说姑且慢慢地拧。这不是个办法,只是教导他孝父母、敬兄长罢了。"

有个死了生母的王子,他的师傅替他请求守几个月的丧。公孙丑问道:"像这种情况该怎么办?"

孟子答道："这个王子是想服完三年之丧却无法做到。即使多服一天也比不服好。这句话是对那些没人禁止他，而自己不愿意服丧的人说的。"

四十

13·40 孟子曰："君子之所以教者五：有如时雨化之者，有成德者，有达财者①，有答问者，有私淑艾者②。此五者，君子之所以教也。"

〔注释〕

①财：通"材"。

②私淑艾（yì）：谓取人之善以自治其身。淑，通"叔"，拾取。艾，治。

〔译文〕

孟子说："君子有五种教育方法：有像及时雨般滋润感化的，有成全品德的，有培养才干的，有解答疑问的，有靠学问品德使人私下受益的。这五种便是君子教育的方法。"

四十一

13·41 公孙丑曰："道则高矣，美矣，宜若登天然①，似不可及也。何不使彼为可几及而日孳孳也？"

孟子曰："大匠不为拙工改废绳墨，羿不为拙射变其彀率②。君子引而不发，跃如也。中道而立，能者从之。"

〔注释〕

①宜:大概。

②彀(gòu)率:弓张开的程度。

〔译文〕

公孙丑说:“道的确是很高、很美,就像登天一样,似乎是不可企及。为何不让道变成能够有希望达到的东西,从而让人们每天都努力追求呢?”

孟子说:“高明的木匠不会为手艺拙劣的木工改变或废弃规矩,羿不会为技艺拙劣的射手而改变他拉弓的标准。君子教导别人正如射手拉满弓,却不把箭射出去,做出跃跃欲试的样子。他站在正确的道路上,有才能的人就会追随他。”

四十二

13·42 孟子曰:“天下有道,以道殉身①;天下无道,以身殉道②;未闻以道殉乎人者也。”

〔注释〕

①以道殉身:道从身得以实行。殉:从。

②以身殉道:用身去遵从道。

〔译文〕

孟子说:“天下有道,用生命实践道;天下无道,用生命捍卫道;没有听说用道来屈从人的。”

四十三

13·43 公都子曰："滕更之在门也[①]，若在所礼，而不答，何也？"

孟子曰："挟贵而问，挟贤而问，挟长而问，挟有勋劳而问，挟故而问，皆所不答也。滕更有二焉。"

〔注释〕

①滕更：滕国国君的弟弟，曾向孟子问学。

〔译文〕

公都子说："滕更在您门下时，似乎应属于您以礼相待的人，可您却不解答他的问题，这是为什么呢？"

孟子说："倚仗自己地位高贵来发问，倚仗自己贤能来发问，倚仗自己年纪大来发问，倚仗自己有功劳来发问，倚仗自己有老交情来发问，都属于我不回答的范畴。滕更占了其中的两条。"

四十四

13·44 孟子曰："于不可已而已者[①]，无所不已。于所厚者薄，无所不薄也。其进锐者，其退速。"

〔注释〕

①已：放弃。或说停止。

〔译文〕

孟子说："对于不该放弃的却放弃，那就没有什么不可以放弃。对于该重视的却忽略，那就没有什么不可以忽略的。前进太快的，后退的也快。"

四十五

13·45 孟子曰："君子之于物也，爱之而弗仁；于民也，仁之而弗亲。亲亲而仁民，仁民而爱物。"

〔译文〕

孟子说："君子对于万物，爱惜它，但谈不上仁爱；对于百姓，仁爱，但谈不上亲爱。君子亲爱亲人进而仁爱百姓，仁爱百姓进而爱惜万物。"

四十六

13·46 孟子曰："知者无不知也，当务之为急；仁者无不爱也，急亲贤之为务。尧、舜之知而不遍物，急先务也；尧、舜之仁不遍爱人，急亲贤也。不能三年之丧，而缌、小功之察①；放饭流歠②，而问无齿决③，是之谓不知务。"

〔注释〕

①缌（sī）、小功：丧服名。古代丧服分为斩衰、齐衰、大功、小功、缌麻

五个等级,服丧期相应分为三年、一年、九个月、五个月、三个月五等。小功为五服之第四等。其服以熟麻布制成,服期五个月。缌为五种丧服之最轻者,以细麻布为孝服,服丧三个月。

②放饭:大口吃饭。流歠(chuò):大口喝汤。

③齿决:用牙齿啃断东西。

〔译文〕

孟子说:"智者无所不知,但应以当前要做的事为当务之急;仁者没有不想爱护的,但应以亲近贤人为第一要务。尧、舜的智慧虽高,却不遍知一切事物,是因为他们急于知道重要的事物;尧、舜的仁德虽大,却不遍爱所有的人,是因为他们急于亲近贤人。不能服丧三年,却讲究缌麻、小功;在长辈面前大口吃饭、大口喝汤,却讲究不用牙齿啃断干肉,这叫作不识大体。"

卷十四　尽心下

〔**题解**〕

本篇共三十八章。围绕“仁”与“不仁”在现实世界中的不同表现，孟子对“仁”的内涵做了深入诠释，内容涉及民贵君轻、性命之分、独立人格、修养方法等。

“民为贵”是孟子民本思想的精华。孟子认为，民是国家的根基、基础，是国家的价值主体。与社稷和君主相比，民最重要、最有价值。这既是从国家治理的重要程度来讲的，也是对民之国家主体资格的肯定，包含了对政权合法性的思考。

本篇最后一章是对《孟子》全书的总结。孟子揭示了中国历史文化中一脉相承的尧、舜、禹、汤、文、武、周公、孔子的圣王之道，并借此表达了“承三圣”的个人抱负，他将继承、发扬这一圣王之道视为自己的历史使命。

一

14·1　孟子曰：“不仁哉，梁惠王也！仁者以其所爱及其所不爱，不仁者以其所不爱及其所爱。”

公孙丑问曰：“何谓也？”

“梁惠王以土地之故，糜烂其民而战之，大败，将复之，恐不能胜，故驱其所爱子弟以殉之，是之谓以其所不爱及其所爱也。”

〔译文〕

孟子说：“梁惠王真是不仁呀！仁者把他所喜爱的推及他所不喜爱的人，不仁者把他不喜爱的推及他所喜爱的人。”

公孙丑问道：“这话是什么意思呢？”

答道：“梁惠王因为争夺土地的缘故，摧残、驱使百姓去作战，使他们〔暴尸郊野，〕骨肉糜烂，大败之后，又想报复，担心不能取胜，就驱使他所喜爱的子弟去死战，这就叫作把他加给所不喜爱者的祸害推及于他所喜爱的人。”

二

14·2 孟子曰：“春秋无义战。彼善于此，则有之矣。征者，上伐下也，敌国不相征也。”

〔译文〕

孟子说：“春秋时代没有正义的战争。那一方比这一方好一些，是有的。所谓征讨，是在上者讨伐在下者，对等的国家不能相互征讨。”

三

14·3 孟子曰：“尽信《书》[①]，则不如无《书》。吾于《武成》[2],取二三策而已矣[3]。仁人无敌于天下,以至仁伐至不仁,而何其血之流杵也[4]?”

〔注释〕

①《书》:《尚书》

②《武成》:《尚书》篇名,已亡。今本《尚书·武成》为伪古文。

③策:古代用以记事的单竹片、木片。有时称编在一起的竹书也叫“策”。

④杵:舂米的木棒。

〔译文〕

孟子说:“完全相信《尚书》,那不如没有《尚书》。我对于《尚书·武成》篇,只相信其中的两三简罢了。仁者无敌于天下,以周武王这样的至仁者,去讨伐商纣这样的至不仁者,何至于血流成河,把舂米用的木棒都漂起来呢?”

四

14·4 孟子曰:“有人曰:‘我善为陈[1],我善为战。’大罪也。国君好仁,天下无敌焉。南面而征,北狄怨;东面而征,西夷怨,曰:‘奚为后我?’武王之伐殷也,革车三百两[2],虎贲三千人。王曰:‘无畏!宁尔也,非敌百姓也。’若崩厥角稽首[3]。征之为言正也,各欲正己也,焉用战?”

〔注释〕

①陈:同“阵”。

②革车:兵车。

③厥角:顿首。

〔译文〕

孟子说:“有人说:‘我善于布阵,我善于作战。’这是大罪过。国君喜爱仁德,就会天下无敌。商汤征讨南方,北方的民族就会怨恨;征讨东方,西方的民族便怨恨,说:‘为什么不先到我们这里来?’周武王讨伐殷商的时候,兵车三百辆,勇士三千人。武王对殷商的百姓说:‘不要害怕!我是来让你们得到安宁的,不是同你们为敌的。’殷商的百姓便都把额角触地叩起头来,声响好像山陵倒塌一般。‘征’的意思是‘正’,如果各个国家都端正自身,哪里用得着作战呢?”

五

14·5 孟子曰:“梓、匠、轮、舆能与人规矩[1],不能使人巧。”

〔注释〕

①梓、匠、轮、舆:梓人、匠人、轮人及舆人。

〔译文〕

孟子说:“木工、车工能教人规矩法度,却不能使人做到巧妙。”

六

14·6 孟子曰："舜之饭糗茹草也[1]，若将终身焉。及其为天子也，被袗衣[2]，鼓琴，二女果[3]，若固有之。"

〔注释〕

①糗(qiǔ)：干粮。茹(yù)：吃。
②袗(zhěn)衣：绘绣有文采的华丽衣服。
③果(wǒ)：同"婐"，女侍。

〔译文〕

孟子说："舜在啃干粮、吃野菜的时候，好像打算一辈子就这么过。到他做了天子，穿着华贵的衣服，弹着琴，尧的两个女儿侍候着，又像本来就拥有这些似的。"

七

14·7 孟子曰："吾今而后知杀人亲之重也：杀人之父，人亦杀其父；杀人之兄，人亦杀其兄。然则非自杀之也，一间耳[1]。"

〔注释〕

①一间(jiàn)：一点儿间隔，指距离很近。间，间隔。

〔译文〕

孟子说："我从今以后知道杀害别人亲人的严重性了：杀了

别人的父亲，别人也会杀了自己的父亲；杀了别人的兄长，别人也会杀了自己的兄长。这样，虽然不是自己杀了父亲、兄长，但也相差不远。”

八

14·8 孟子曰：“古之为关也，将以御暴；今之为关也，将以为暴。”

〔**译文**〕

孟子说：“古时候设立关卡，是为了防御暴行；现在设立关卡，是为了制造暴行。”

九

14·9 孟子曰：“身不行道，不行于妻子；使人不以道，不能行于妻子。”

〔**译文**〕

孟子说：“自己不身体力行道，就无法使妻子儿女也遵行道，〔更不要说对别人了〕；不按照道去使唤人，连妻子儿女也使唤不了，〔更不要说使唤别人了。〕”

十

14·10 孟子曰：“周于利者①，凶年不能杀；周于德者,邪世不能乱。”

〔注释〕

①周:完备,充足。

〔译文〕

孟子说:“财产富足的人,荒年饿不死;道德高尚的人,乱世不会惊慌失措。”

十一

14·11 孟子曰:“好名之人,能让千乘之国。苟非其人,箪食豆羹见于色。”

〔译文〕

孟子说:“喜好名声的人,能够让出千乘之国。假如不是这种人,一箪饭、一盆汤也会显出吝啬的神色。”

十二

14·12 孟子曰:“不信仁贤,则国空虚[①];无礼义,则上下乱;无政事,则财用不足。”

〔注释〕

①空虚:人才不足。

〔译文〕

孟子说："不信任仁人、贤者，国家的人才就会不足；没有礼义，上下关系就会混乱；没有好的政治措施，国家财政就会发生困难。"

十三

14·13 孟子曰："不仁而得国者，有之矣；不仁而得天下者，未之有也。"

〔译文〕

孟子说："没有仁德而得到一个国家，是有的；没有仁德而得到天下，从未有过。"

十四

14·14 孟子曰："民为贵，社稷次之，君为轻。是故得乎丘民而为天子①，得乎天子为诸侯，得乎诸侯为大夫。诸侯危社稷，则变置。牺牲既成②，粢盛既洁③，祭祀以时，然而旱干水溢，则变置社稷。"

〔注释〕

①丘民：众民。

②牺牲：供祭祀用的纯色牲畜。

③粢盛（zīchéng）：盛在祭器中供祭祀用的谷物等。

〔译文〕

孟子说："民众是最重要的，土谷之神为次，国君分量最轻。因此，得到百姓的拥护就能做天子，得到天子的信任就能做诸侯，得到诸侯的信任就能做大夫。诸侯危害国家，那就改立。牺牲肥壮，祭品洁净，祭祀又按照时令，但仍有干旱水涝，就改立土神、谷神。"

十五

14·15 孟子曰："圣人，百世之师也，伯夷、柳下惠是也。故闻伯夷之风者，顽夫廉①、懦夫有立志。闻柳下惠之风者，薄夫敦、鄙夫宽②。奋乎百世之上，百世之下，闻者莫不兴起也。非圣人而能若是乎？而况于亲炙之者乎③？"

〔注释〕

①顽：贪婪。

②鄙：狭隘。

③亲炙：直接受到熏陶。

〔译文〕

孟子说："圣人是百代后人的老师，伯夷和柳下惠就是这样的人。所以听到伯夷的高风亮节，贪婪的人会变得廉洁、懦弱的人会立定志向。听到柳下惠的高风亮节，刻薄的人会变得厚道，狭隘的人会变得心胸宽广。他们在百代之前奋发，百代之后听说的人没有不感奋振作的。不是圣人哪能有这样的影响呢？何况亲身受到熏陶的人呢？”

十六

14·16 孟子曰：“仁也者，人也。合而言之，道也。”

〔**译文**〕

孟子说：“‘仁’就是‘人’。‘仁’和‘人’合起来就是‘道’。”

十七

14·17 孟子曰：“孔子之去鲁，曰：‘迟迟吾行也。’去父母国之道也。去齐，接淅而行①，去他国之道也。”

〔**注释**〕

①接淅而行：淅，淘（米）；接淅，漉干淘的米。米捞出来就走，形容行色匆忙。

〔**译文**〕

孟子说：“孔子离开鲁国，说：‘我们慢慢走罢。’这是离开祖国的态度。离开齐国的时候，把淘完的米捞出来，来不及把饭做熟就出发了，这是离开别国的态度。”

十八

14·18 孟子曰："君子之戹于陈、蔡之间，无上下之交也。"

〔译文〕

孟子说："孔子在陈国、蔡国之间遭遇困境，是因为与两国君臣没有交往的缘故。"

十九

14·19 貉稽曰[①]："稽大不理于口[②]。"

孟子曰："无伤也。士憎兹多口。《诗》云：'忧心悄悄，愠于群小[③]。'孔子也。'肆不殄厥愠，亦不殒厥问[④]。'文王也。"

〔注释〕

①貉稽：人名，生平不详。

②理：顺。

③"忧心"二句：出自《诗经·邶风·柏舟》。悄悄，忧伤貌。愠，怨，怒。

④"肆不殄（tiǎn）"二句：出自《诗经·大雅·绵》。肆，所以。殄，消灭。厥，自己。问，通"闻"，声誉。

〔译文〕

貉稽说："我被别人说得很坏。"

孟子说："没有关系。士人厌恶这种多嘴多舌。《诗经》说过：'烦恼沉沉压在心，小人对我恼又恨。'孔子就是这样。'别人的怨恨虽未消，自己的声誉并不倒。'文王就是这样。"

二十

14·20 孟子曰："贤者以其昭昭使人昭昭[1]，今以其昏昏使人昭昭。"

〔注释〕

①昭昭：明白。

〔译文〕

孟子说："贤者以自己的清楚明白，去使别人清楚明白；如今有人自己糊里糊涂，却想使别人清楚明白。"

二十一

14·21 孟子谓高子曰："山径之蹊间[1]，介然用之而成路[2]；为间不用[3]，则茅塞之矣。今茅塞子之心矣。"

〔注释〕

①山径：山岭。蹊：小径。间：阻隔。

②介然：专一，坚持，持续不断。

③为间："有间"，时间不久。

〔译文〕

孟子对高子说道:“山岭间的小径非常狭窄,人们一直走的话就成了路;隔些时候不走,茅草就会堵塞它。现在就好比茅草堵塞了你的心。”

二十二

14 · 22 高子曰:“禹之声尚文王之声①。”

孟子曰:“何以言之?”

曰:“以追蠡②。”

曰:“是奚足哉?城门之轨,两马之力与?”

〔注释〕

①尚:通“上”,超过。

②追(duī)蠡:器物久磨将断的样子。追,钟钮。蠡:虫蛀木。

〔译文〕

高子说:“夏禹的音乐胜过周文王的音乐。”

孟子说:“为什么这样说呢?”

高子答道:“因为禹传下来的钟钮都快断了。”

孟子说:“这怎么足以证明呢?城门内的车辙那样深,难道是两匹拉车的马的力量造成的吗?”

二十三

14 · 23 齐饥。陈臻曰[①]:“国人皆以夫子将复为发棠[②],殆不可复。”

孟子曰:“是为冯妇也[③]。晋人有冯妇者,善搏虎,卒为善士。则之野,有众逐虎。虎负嵎[④],莫之敢撄[⑤]。望见冯妇,趋而迎之。冯妇攘臂下车,众皆悦之,其为士者笑之。”

〔注释〕

①陈臻:见《公孙丑下》注。

②发:开仓发粮。棠:齐地名,在今山东即墨附近。

③冯妇:春秋末期晋国勇士。

④嵎:山势曲折险峻的地方。

⑤撄:逼迫,触犯。

〔译文〕

齐国发生饥荒,陈臻对孟子说:“国人都认为老师会再次请求齐王打开棠邑的粮仓来赈灾,恐怕不会再这么做了吧。”

孟子说:“再这样做便成了冯妇了。晋国有个人叫冯妇,擅长捕捉老虎。后来变成善人,〔不再打虎了。〕有次他到野外,有许多人在驱赶一只老虎。老虎背靠着山角顽抗,没有人敢靠近它。人们望见冯妇,便跑上去迎接。冯妇捋袖伸臂走下车来,大家都很高兴,可是士人却在讥笑他。”

二十四

14·24 孟子曰："口之于味也，目之于色也，耳之于声也，鼻之于臭也[①]，四肢之于安佚也，性也，有命焉，君子不谓性也。仁之于父子也，义之于君臣也，礼之于宾主也，知之于贤者也，圣人之于天道也，命也，有性焉，君子不谓命也。"

〔**注释**〕

①臭(xiù)：通"嗅"，气味，特指香味。

〔**译文**〕

孟子说："口对于美味，眼对于美色，耳对于好听的声音，鼻对于芬芳的气味，手足四肢对于安逸，这些爱好都是天性，但能否得到，要由命运来决定，君子不把它们看成是天性所致。仁对于父子，义对于君臣，礼对于宾主，智慧对于贤者，圣人对于天道，能否实现，有命运的作用，但也有天性的必然，君子不把它们看作是命运的范畴。"

二十五

14·25 浩生不害问曰[①]："乐正子何人也[②]？"

孟子曰："善人也，信人也。"

"何谓善？何谓信？"

曰："可欲之谓善，有诸己之谓信，充实之谓美，充实而有光辉之谓大，大而化之之谓圣，圣而不可知之之谓神。乐正子，二之中、四之下也。"

〔注释〕

①浩生不害：姓浩生，名不害，战国时期齐国人。

②乐正子：孟子弟子乐正克。

〔译文〕

浩生不害问道："乐正子是怎样的人？"

孟子答道："好人，实在人。"

"怎么叫好？怎么叫实在？"

孟子答道："值得人喜欢便叫作好；好处确实存在于他自己本身便叫作实在；那些好处充满于他全身便叫作'美'；不但充满，而且能够光彩夺目地表现出来便叫作'大'；大而又能化育万物，便叫作'圣'；圣达到妙不可言的境界便叫作'神'。乐正子是处于好和实在两者之中，但还没达到'美''大''圣''神'四者的要求。"

二十六

14·26 孟子曰："逃墨必归于杨，逃杨必归于儒。归，斯受之而已矣。今之与杨、墨辩者，如追放豚，既入其苙①，又从而招之②。"

〔注释〕

①苙（lì）：畜圈。

②招:通“罥(juàn)”。用绳索束缚、缠绕。

〔译文〕

孟子说:“脱离墨家必定会归向杨朱一派,脱离杨朱一派必定会归向儒家。归向儒家,接纳他们就是了。如今与杨朱、墨家辩论的人,就像在追赶走失的猪一样,已经被关进猪圈里了,还要把它的四蹄捆上。”

二十七

14·27 孟子曰:“有布缕之征①、粟米之征、力役之征,君子用其一,缓其二。用其二而民有殍,用其三而父子离。”

〔注释〕

①布缕:布与线,也泛指织物。

〔译文〕

孟子说:“赋税有征收布帛与麻线的、有征收粮食的、有征发人力的,君子采用其中的一项,就暂时不用其他两项。同时采用两项,百姓就会有饿死的;同时采用三项,父子就会骨肉离散。”

二十八

14·28 孟子曰:“诸侯之宝三:土地,人民,政事。

宝珠玉者,殃必及身。”

〔译文〕

孟子说:“诸侯有三件宝:土地、人民和政事。以珍珠、美玉为宝物的,灾祸必定会降临到他身上。”

二十九

14·29 盆成括仕于齐①,孟子曰:“死矣盆成括!”

盆成括见杀,门人问曰:“夫子何以知其将见杀?”

曰:“其为人也小有才,未闻君子之大道也,则足以杀其躯而已矣。”

〔注释〕

①盆成括:姓盆成,名括,战国时人,仕于齐。曾经想跟孟子学习,未闻道而去。

〔译文〕

盆成括在齐国做官,孟子说:“盆成括快要死了!”

盆成括被杀后,学生问道:“老师怎么知道他会被杀?”

孟子回答道:“盆成括这个人有点儿小才智,但还不知道君子所具有的大道理,这就足以招致杀身之祸了。”

三十

14·30 孟子之滕,馆于上宫①。有业屦于牖上②,

馆人求之弗得。或问之曰："若是乎从者之廋也[3]？"

曰："子以是为窃屦来与？"

曰："殆非也。夫子之设科也，往者不追，来者不拒。苟以是心至，斯受之而已矣。"

〔注释〕

①馆：住馆舍，招待。上宫：上等的楼馆。

②业屦（jù）：没有编织好的草鞋。

③廋（sōu）：藏匿。

〔译文〕

孟子到了滕国，住在上宫。旅馆的人把一双没有编织好的草鞋放在窗台上，结果找不到了。便问孟子说："或许是您的随从把它藏起来了吧？"

孟子说："你以为他们是为着偷草鞋而来的吗？"

答道："大概不是的。但是，您开设科目，招收学生，走了的不追问，来的不拒绝。只要怀着求学的心来，就接受他，难免道德水准不一。"

三十一

14 · 31 孟子曰："人皆有所不忍，达之于其所忍，仁也；人皆有所不为，达之于其所为，义也。人能充无欲害人之心，而仁不可胜用也；人能充无穿窬之心，而义不可胜用也；人能充无受尔、汝之实[1]，无所往而不为义也。士未可以言而言，是以言餂之也[2]；可以言而不言，是以不言餂之也，是皆穿窬之类也。”

〔注释〕

①无受尔、汝之实：不愿受别人的轻贱，就要先有不受轻贱的言语行为。“尔”“汝”是古代汉语中表示轻蔑感情色彩的人称代词。

②餂（tiǎn）：诱取。

〔译文〕

孟子说：“人都有他所不忍心干的事情，将其推广到他所忍心干的事情上，就是仁；人都有他不耻做的事，将其推广到他耻于做的事，就是义。人能够扩充不愿害人之心，仁就用之不尽了；人能扩充不愿挖洞翻墙之心，义就用之不尽了；人能扩充不受人轻蔑的言行，不管到哪里都不会不合乎义了。对于士人不可以与之言谈的却与之言谈，这是用言谈诱取别人的想法；可以言谈的却不与之言谈，这是用沉默诱取别人的想法，这些都属于挖洞翻墙一类的行为。”

三十二

14·32 孟子曰：“言近而指远者①，善言也；守约而施博者，善道也。君子之言也，不下带而道存焉②；君子之守，修其身而天下平。人病舍其田而芸人之田——所求于人者重，而所以自任者轻。”

〔注释〕

①指：同“旨”，主旨。

②不下带:比喻注意眼前常见之事。带,腰带。

〔译文〕

孟子说:“言语浅近而旨意深远,这是善言;操持简约而效果明显,这是善道。君子的言谈,虽然内容平常却蕴含着深刻的道理;君子的操守,修养自己而使天下太平。人们的毛病往往在于放着自己的田不耕,却去耕别人的田——要求别人的很多,自己承担的却很少。”

三十三

14·33 孟子曰:“尧、舜,性者也;汤、武,反之也。动容周旋中礼者,盛德之至也。哭死而哀,非为生者也。经德不回①,非以干禄也②。言语必信,非以正行也。君子行法,以俟命而已矣。“

〔注释〕

①经德不回:遵从德而不违背礼节。经,遵行。回,违背。

②干禄:求官。

〔译文〕

孟子说:“尧、舜,是本性如此;汤王、武王,不是本性如此,而是努力的结果。举动、仪容与应对进退都符合礼,那是德性的最高表现。为死者而悲哀哭泣,不是为了做给活人看的。遵行道德而不违背礼节,不是为了谋取官位。说话必守信用,不是为了让人知道自己的行为端正。君子依法度行事,以等待天命。”

三十四

14 · 34 孟子曰："说大人，则藐之，勿视其巍巍然。堂高数仞[①]，榱题数尺[②]，我得志，弗为也。食前方丈[③]，侍妾数百人，我得志，弗为也。般乐饮酒[④]，驱骋田猎，后车千乘，我得志，弗为也。在彼者，皆我所不为也；在我者，皆古之制也，吾何畏彼哉？"

〔注释〕

①堂高：堂阶。
②榱（cuī）题：屋檐下的椽子头，借指屋檐。
③方丈：一丈见方。
④般（pán）乐：大肆游乐。

〔译文〕

孟子说："向达官显贵进言，要藐视他，不要把他高高在上的样子放在眼里。殿堂几丈高，屋檐几尺宽，如果我得志，不追求这些。面前的食物摆得有一丈见方，侍奉的姬妾有好几百，如果我得志，不追求这些。毫无节制地饮酒作乐、驰骋打猎，跟随的车子有上千辆，我如果得志，不追求这些。他们所拥有的，都不是我追求的；我所追求的，都符合古代的制度，我为什么要惧怕他们呢？"

三十五

14 · 35 孟子曰："养心莫善于寡欲。其为人也寡欲,虽有不存焉者[1],寡矣;其为人也多欲,虽有存焉者[2],寡矣。"

〔注释〕

①不存:本心的丧失。

②存:本心的保留。

〔译文〕

孟子说:"修养心性的方法没有比减少物质欲望更好的了。一个人减少了欲望,即使本心有所丧失,也不会太多;一个人物质欲望很多,即使本心有所保留,也是很少的。"

三十六

14·36 曾皙嗜羊枣[1],而曾子不忍食羊枣。公孙丑问曰:"脍炙与羊枣孰美[2]?"

孟子曰:"脍炙哉!"

公孙丑曰:"然则曾子何为食脍炙而不食羊枣?"

曰:"脍炙所同也,羊枣所独也。讳名不讳姓[3],姓所同也,名所独也。"

〔注释〕

①羊枣:黑枣,因形状色泽似羊粪,故称羊枣。

②脍炙:烤肉。

③讳:忌讳,指对君主或尊长的名字避讳而不直称。

〔译文〕

曾皙喜欢吃羊枣，曾子因而不忍吃羊枣。公孙丑问道："烤肉同羊枣哪一种好吃？"

孟子答道："当然是烤肉呀！"

公孙丑又问："那么，曾子为什么吃烤肉却不吃羊枣？"

答道："烤肉是大家都喜欢吃的，羊枣是曾子父亲一个人喜欢吃的。这就好像避讳只避名而不避姓，因为姓是许多人所共有的，而名是一个人所独有的。"

三十七

14 · 37 万章问曰："孔子在陈曰[①]：'盍归乎来！吾党之小子狂简[②]，进取，不忘其初。'孔子在陈，何思鲁之狂士？"

孟子曰："孔子'不得中道而与之[③]，必也狂狷乎[④]！狂者进取，狷者有所不为也'。孔子岂不欲中道哉？不可必得，故思其次也。"

"敢问何如斯可谓狂矣？"

曰："如琴张、曾皙、牧皮者[⑤]，孔子之所谓狂矣。"

"何以谓之狂也？"

曰："其志嘐嘐然[⑥]，曰'古之人，古之人'。夷考其行[⑦]，而不掩焉者也。狂者又不可得，欲得不屑不洁之士而与之，是狷也，是又其次也。孔子曰：'过我门而不入我室，我不憾焉者，其惟乡原乎[⑧]！乡原，德之贼也。’”

曰：“何如斯可谓之乡原矣？”

曰：“‘何以是嘐嘐也？言不顾行，行不顾言，则曰“古之人，古之人”。行何为踽踽凉凉[9]？生斯世也，为斯世也，善斯可矣。’阉然媚于世也者[10]，是乡原也。”

万子曰：“一乡皆称原人焉，无所往而不为原人，孔子以为德之贼，何哉？”

曰：“非之无举也，刺之无刺也，同乎流俗，合乎污世，居之似忠信，行之似廉洁，众皆悦之，自以为是，而不可与入尧、舜之道，故曰‘德之贼’也。孔子曰：‘恶似而非者：恶莠[11]，恐其乱苗也；恶佞，恐其乱义也；恶利口，恐其乱信也；恶郑声，恐其乱乐也；恶紫，恐其乱朱也[12]；恶乡原，恐其乱德也。’君子反经而已矣[13]。经正，则庶民兴；庶民兴，斯无邪慝矣。”

〔注释〕

①孔子在陈曰：见《论语·公冶长》，文字略有异。

②党：犹言“乡”。古代五家为邻，五邻为里，五百家为党。

③中道：无过无不及，中庸之道。

④狂狷（juàn）：狂与狷，指志向高远与拘谨自守的人。

⑤琴张：一说孔子弟子子张，或说另有其人。牧皮：身世不详，或说是孔子弟子。

⑥嘐嘐（xiāo）：形容志大而言夸。

⑦夷：发语词。

⑧乡原：乡里貌似谨厚，而实与流俗合污的伪善者。原，同“愿”，谨厚的样子。

⑨踽踽(jǔ)凉凉:孤单冷清的样子。踽踽,独行不进貌。凉凉,不被人亲近。

⑩阉然:曲意逢迎。

⑪莠:田间常见杂草,俗称狗尾草。

⑫朱:大红色,属正色。

⑬反经:恢复常道。

〔译文〕

万章问道:“孔子在陈国时说:‘为什么不回去呢!我家乡的弟子志向远大而处世简单,但都发愤进取而不忘原有的志向。’孔子在陈国,为什么思念鲁国的狂放之士呢?”

孟子答道:“孔子说过,‘找不到中道之人来交往,那就只能找狂者和狷者了!狂放的人勇于进取,狷介的人有所不为’。孔子难道不想与合于道义的人交友吗?由于难以找得到,所以只能想次一点的了。”

“请问怎样才可以算是狂放人呢?”

孟子答道:“像琴张、曾皙、牧皮这类人,就是孔子所说的狂放人了。”

“为什么说他们是狂放的人呢?”

孟子答道:“他们志大而言夸,嘴巴总是说‘古时候的人,古时候的人’。可是一考查他们的行为,却很难和言语相吻合。狂者结交不到,就找不屑于同流合污的人为友,这就是狷者,这又是次一等的。孔子说:‘路过我的家门却不进到屋里,我不对此感到遗憾,恐怕只有乡里的好好先生吧。好好先生,是德行的损害者。’”

问道:“怎样的才算是乡里的好好先生呢?”

孟子答道:“〔这种人认为〕‘为什么要那样志向大、口气也大呢？言语与行为不符，行为与言语不合，却说什么“古时候的人，古时候的人”。处世为什么落落寡合呢？生在这个社会，为这个社会做点儿事，只要过得去就可以了。’低声下气地献媚于世人，就是好好先生。”

万章说：“全乡的人都说他是老好人，到哪儿都被视为老好人，孔子却认为他是德行的损害者，这是为什么呢？”

孟子答道：“这种人，要说他不对，却举不出例证；要责骂他，却找不到理由。混同于流俗，迎合于浊世，为人好像忠诚老实，行为好像清正廉洁，大家也都喜欢他，自己也以为不错，但实际上，却不能与他一起践行尧、舜之道，所以说他是‘德之贼’。孔子说：‘憎恶那些似是而非的东西：厌恶狗尾草，是怕它混淆了禾苗；厌恶花言巧语，是怕它扰乱了正义；厌恶夸夸其谈，怕它混淆了事实；厌恶郑国的音乐，是怕它搞乱了雅乐；憎恶紫色，是怕它混淆了红色；厌恶好好先生，是怕它把道德搞乱了。’君子不过使一切回到正道罢了。回到正道，百姓就会振作起来；百姓振作起来，也就没有邪恶了。”

三十八

14 · 38 孟子曰：“由尧、舜至于汤，五百有余岁，若禹、皋陶，则见而知之；若汤，则闻而知之。由汤至于文王，五百有余岁，若伊尹、莱朱[①]，则见而知之；若文王，则闻而知之。由文王至于孔子，五百有余岁，若太公望、散宜生[②]，则见而知之；若孔子，则闻而知之。由孔子而来至于今，百有余岁，去圣人之世，若此其未远也；

近圣人之居，若此其甚也，然而无有乎尔，则亦无有乎尔！”

〔注释〕

①莱朱：一说名仲虺（huǐ），商汤的贤臣，任左相。其先人奚仲，居薛，为夏王车正。商汤以莱朱、伊尹为左、右相灭夏。

②散宜生：姓散宜，名生，周文王的贤臣，“文王四友”之一，西周开国功臣。

〔译文〕

孟子说：“从尧、舜到商汤，经历了五百多年，像禹、皋陶，是亲眼见到而了解尧、舜的；至于商汤，则是由听说而了解尧、舜的。从商汤到文王，经历了五百多年，像伊尹、莱朱，是亲眼见到而了解商汤的；至于文王，则是由听说而了解商汤的。从文王到孔子，又经历了五百多年，像太公望、散宜生，是亲眼见到而了解文王的；至于孔子，则是由听说而了解文王的。从孔子到现在，不过一百多年，距离圣人生活的时代如此近，距离圣人的家乡如此地接近，但是已经没有承继的人了，已经没有承继的人了！”